国家重点研发计划课题（编号：2018YFF0300603）"冬残奥运动员运动表现提升的关键技术" State Key R&D Program（No. 2018YFF0300603）"Key Technology for Improving the Performance of Winter Paralympic Athletes"

光明社科文库
GUANGMING DAILY PRESS:
A SOCIAL SCIENCE SERIES

·教育与语言书系·

越野滑雪运动 II

——基本身体素质的教学技巧与发展方法

（白俄）伊万·维克托罗维奇·利斯托巴德 ｜ 著

徐守森　崔卓媚 ｜ 译

光明日报出版社

图书在版编目（CIP）数据

越野滑雪运动. Ⅱ，基本身体素质的教学技巧与发展
方法／（白俄）伊万·维克托罗维奇·利斯托巴德著；
徐守森，崔卓媚译. -- 北京：光明日报出版社，2022.2
　ISBN 978-7-5194-6501-8

　Ⅰ. ①越… Ⅱ. ①伊… ②徐… ③崔… Ⅲ. 越野滑
雪 Ⅳ. ①G863.13

　中国版本图书馆 CIP 数据核字（2022）第 042511 号

版权登记号：01-2022-0817

Лыжный спорт Ⅱ

Авторское право © 2019 И. В. Листопад

Авторское право перевода на упрощённом китайском языке © 2022 Ү Сюй
Шойсеня и Цуй Чжуомэя

越野滑雪运动Ⅱ：基本身体素质的教学技巧与发展方法
YUEYE HUAXUE YUNDONG Ⅱ：JIBEN SHENTI SUZHI DE JIAOXUE
JIQIAO YU FAZHAN FANGFA

著　者：（白俄）伊万·维克托罗维奇·利斯托巴德

译　者：徐守森　崔卓媚

责任编辑：史　宁　　　　　　　责任校对：周建云
封面设计：中联华文　　　　　　责任印制：曹　净

出版发行：光明日报出版社
地　　址：北京市西城区永安路 106 号，100050
电　　话：010-63169890（咨询），010-63131930（邮购）
传　　真：010-63131930
网　　址：http：//book. gmw. cn
E - mail：gmrbcbs@ gmw. cn
法律顾问：北京市兰台律师事务所龚柳方律师

印　　刷：三河市华东印刷有限公司
装　　订：三河市华东印刷有限公司
本书如有破损、缺页、装订错误，请与本社联系调换，电话：010-63131930

开　　本：170mm×240mm
字　　数：252 千字　　　　　　印　　张：14.5
版　　次：2022 年 2 月第 1 版　　印　　次：2022 年 2 月第 1 次印刷
书　　号：ISBN 978-7-5194-6501-8

定　　价：95.00 元

前　言

本教材《越野滑雪运动》（Ⅱ）根据白俄罗斯共和国高等教育第一阶段的教育标准（OSRB 1-88　02-01-01-2008）及专业教学计划编制，面向专业为"体育教学活动（滑雪教练）"（1-88-02-01-01）的高等院校学生。

本教材中的材料能够帮助三、四年级大学生获取成为越野滑雪教练员必不可少的知识、技能及教学和方法论基础。

本教材根据"教学方法与体育教学技巧"纲要，介绍了有关为教学训练课程和比赛提供物质技术保障的问题，广泛涉及了为训练课程和比赛处理雪板板底的过程以及测试雪板的方法，给出了雪板板底分步处理的插图及打块蜡、面蜡、快蜡、固体蜡和液体蜡的顺序。

描述了在为训练和比赛处理雪板板底时雪蜡材料的测试技术。

讨论了以各种方式改进滑雪技术的方法。

就教师—教练心理教学工作的改进和集训队训练过程的计划问题给出了建议。

对少年体育学校教练工作的特点进行了探讨。

描述了训练过程的构建纲要，给出了训练负荷示范计划和在年训练周期中年轻和高资质越野滑雪运动员发展基本身体素质的多组练习。

本教材给出了滑雪运动员的基本身体、心理和道德意志素质及发展这些素质的教学特征和方法。

本教材描述了：有氧和无氧能力训练方法；力量训练方法；训练过程的计划和集训的组织；训练日志的形式和内容等。

考虑到培养短距离滑雪运动员的重要性，本教材中描述了短距离滑雪运动员的训练方法，提供了不同训练阶段每周小周期的训练计划样例和用于提高身体素质的多组练习。

给出了滑雪运动员在各种训练负荷后身体恢复的标准和根据血液生化分析指标确定身体负荷程度的方法。

讨论了与越野滑雪中的科学研究方法和撰写学期论文有关的问题。

在编写本教材时，我们借鉴了顶尖滑雪队的经验和在与白俄罗斯共和国国家越野滑雪队多年合作的过程中自身积累的经验。

在编写本教材的过程中，参考了白俄罗斯、俄罗斯和乌克兰作者的以下教辅和教材：教材《运动生物化学》（Н. Н. Яковлев，1974），教辅《滑雪者的技术训练》（В. В Ермакова 主编，1976）；教材《体育培养的教学基础》（А. А. Тер-Ованесян，1978）；教材《教练的创造力》（А. А. Деркач，А. А. Исаев，1982）；教材《合格运动员的培养》（В. Н. Платонов，1986）；针对体育学院教授和学生、教练、运动员编写的教辅《滑雪技术》（В. В. Ермаков，1989）；教辅《越野滑雪》（А. В. Гурский. В. В. Ермаков，Л. Ф. Кобзева，Л. И. Рыженкова，1990）；针对奥林匹克后备军体育学校学生编写的教辅《滑雪运动》（В. Н. Пальчевский，В. М. Киселев，Н. А. Демко и др. 1994）；教材《滑雪运动》（И. М. Бутин，2000）；教科书《滑雪者的专业训练》（Т. И. Раменская，2001）；高级教练教材《奥林匹克运动运动员训练体系》（В. Н. Платонов，2005）等。

本教材面向学生、教师、专攻冬季项目的进修学院和高等教练员学校的学员、奥林匹克后备军体育学校和体校的学生、教练员以及广大滑雪运动的爱好者。

目 录
CONTENTS

第一章

教学技巧

1.1 教学训练课程和比赛滑雪设备的处理

1.1.1 雪板板底的结构

雪板滑行能力不佳的主要原因：

——雪板板底有光泽，非常平整（未开槽）；

——用比说明中规定温度高的熨斗融化雪板板底的石蜡或面蜡；

——在使用滚刷加工的过程中，在雪板板底大力按压；

——保存雪板时板底未打蜡。

可以通过雪板板底开槽来改善滑行能力。一些图案或线性纹路（轮廓）被称为槽。在雪板板底开槽后，雪板与雪的接触面积减小。不论在何种天气条件下，雪板板底开出的槽均可减少雪板与雪之间的液体摩擦。槽可以撕裂板底连续不断的水膜，从而使雪板更快地滑行。许多公司生产开槽套件，以便根据不同温度和雪况选取不同的开槽图案：

——在雪温低、空气湿度超过70%、雪花硬的条件下；

——在不太冷（-11℃~0℃）、空气湿度超过70%、雪花硬的条件下；

——在湿度很高（潮湿）的旧雪的条件下；

——雪密度大并潮湿时的双层槽。

目前，来自不同国家和地区的大多数滑雪者都使用SWIX公司（挪威）的开槽器给雪板板底开槽。一套开槽器包含四种类型的滚轴：

（1）0.3mm滚轴（适用于气温为-20℃~-10℃时的小颗粒、转化后的雪及大颗粒雪）；

（2）0.5mm滚轴（适用于气温为-10℃~-1℃时的小颗粒、变化后的雪及大颗粒雪；

（3）0.7mm滚轴（适用于气温为0℃~2℃时的小颗粒、变化后的雪及大颗粒雪；

（4）大直径10mm滚轴（适用于气温为﹣5℃～5℃时的大颗粒雪、新雪和混合有水的雪）。

在雪板滑行面开槽之前，有必要进行测试，以确保所开槽能加快雪板的滑行速度。此项测试类似于面蜡、块蜡和快蜡测试。

1.1.2 雪板板底的机械处理

雪板板底的主要处理工作在工厂里用带有磨带或磨石的机床进行。要在使用雪板前及每个赛季定期在磨石磨床上对雪板进行加工。可以通过设置磨床来获得不同的纹路。使雪板板底通过快速旋转的磨石来进行打磨。磨石上的纹路在雪板板底开出槽。修理头的移动速度、磨石的旋转速度、将雪板压向磨石的力以及雪板在磨石上方的移动速度，都是影响雪板板底能否开出所需槽的主要因素。金刚石头以较高的横向速度运转时所开槽较大。要想得到更细的槽就必须降低该速度。使用机器进行磨削后，纤维会留在雪板板底，必须使用刮板将其清除。使用底蜡后残留的纤维应通过尖锐的金属刮板刮掉。建议将刮板轻轻地按在雪板板底上。要想看到剩余的纤维，必须使用放大镜。如果还有纤维存在，则通过纤维布将其擦去。纤维布专门为擦去剩余纤维而设计。使用细尼龙纤维制成的纤维布最佳。

当需处理大量雪板时，用机器加工效率更高。

1.1.3 新雪板的后续处理

用金属刷处理新板板底上的底蜡。需要在刷子上部画一个箭头，即刷子运动方向的指示，以便将来在处理雪板板底时，不改变刷子（刷毛）的运动方向。此时施加在金属刷上的压力不宜过大。随后用特殊清洗剂对滑行面进行清洗，并用尼龙刷和尼龙材料仔细擦拭。为使残留在板底的清洗剂蒸发，可以将雪板静置10分钟。然后，用钢刷对雪板板底进行处理。这种处理新雪板的方法相比较用熨斗处理石蜡的方法更加温和。此外，对新雪板板底进行基本处理还有必要使用黄色CH﹣10石蜡和加热到100℃～110℃的熨斗。等雪板冷却后，用刮板刮去石蜡，然后用马毛刷处理板底，随后用金属刷处理。刮板必须锋利，以便将块蜡切割下来而不是将其挤下来。刮板上施加的压力不应过大。应用黄色石蜡处理3次。然后，用含磨砂物最少的橙色纤维布处理雪板，将其在雪板上来回摩擦以切下剩余的微粒。然后，在雪板板底打2遍更硬的块蜡。同时，熨斗应在4～5秒之内通过整个板底。

自由板的整个板底都以上述方式进行处理，而传统板只处理雪板的快蜡区，而制动区（雪板的中间部分）则不加以处理。

每次用刮板处理后，用黄铜刷清理雪板以打开板底上所开的槽。传统板的防滑蜡区（制动区）从固定器开始，向前延伸40～50厘米。使用液体蜡时，制动区前边界向后移动5～10厘米。使用液体蜡时应选择更硬、更长（长10厘米）的雪板。为确定新板的制动区，必须逐渐缩小打蜡区域，以便确定雪板在何时能很好地制动和滑行。应在雪板侧面用一支马克笔标记固体蜡和液体蜡的打蜡边界。制动区越短，雪板的滑行能力越好。应当记住，在确定制动区的长度时，运动员的蹬地力量和滑行技术起着重要作用。手臂撑地和腿部蹬地的力量越强，传统板制动区的长度就应越短。图1-1-1为新雪板的处理顺序。

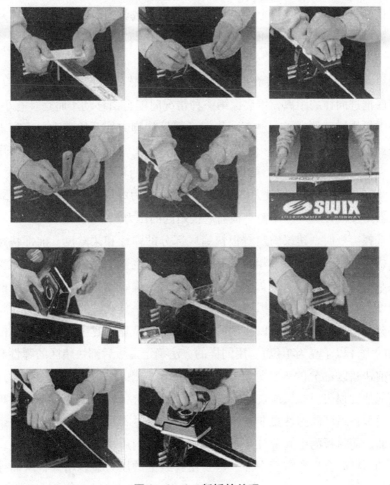

图1-1-1 新板的处理

在为青少年越野滑雪运动员和滑雪爱好者处理雪板时，有必要延长蜡区，这有助于其形成正确的传统式滑行技术。

要确定传统板蜡区长度，需要使用细尺找到每只板的平衡中心。要找到平衡中心，必须将雪板板底置于细尺侧边上（细尺拿在手里），并使雪板保持水平。确定平衡中心后，用马克笔在雪板侧边进行标记。用同样的方法确定另一个雪板的平衡中心。然后，我们将两只雪板板底朝下，放在适合于雪板尺寸的水平光滑平面上。越野滑雪运动员踩在两只雪板上，雪靴后跟位于雪板平衡中心的标记处，并将全身重量均匀分布于两只板上。然后，在一只雪板的负重区域下推进一支0.3毫米厚的金属尺或一张纸。细尺应能够在雪板平衡中心的左右两侧自由移动约20±5cm的距离。在细尺（纸）无法再移动的地方，用马克笔在雪板侧边做标记。雪板上两个标记之间的区域就是防滑蜡区。若穿双板滑行时，雪板滑行面负重区域40~50cm长度范围内与雪槽之间没有接触，则此类雪板可用于坚硬的雪槽上。

当沿着相对较软的雪槽滑行时，最好选用较软的雪板。当用细尺检查时，沿着板底推进同样的距离，不会像第一种情况时能自由移动，而是会有小摩擦。为检查雪板快蜡区的支撑接触点，我们将细尺从脚尖处开始移动，直到雪板最贴紧平面的地方。将测力器钩到细尺末端的小孔上，将其从雪板下均匀用力拉出。我们在脚跟部分进行同样的操作。脚跟部分的负荷应比脚尖部分大1.5~2.0kg。脚尖部分接触面积过大将导致滑行时摩擦力的增加。通过向前或向后移动固定器的安装位置可以平衡雪板前后快蜡区的压力。

在选择雪板时，建议确定雪板快蜡区部分的弹性和柔软度。前部快蜡区的弹性由板尖高度（以毫米为单位）确定，而柔软度则由将板尖抬高到与支撑点失去接触所需的力（以千克为单位）来确定。为确定雪板前快蜡区部分的弹性和柔软度，我们在板底与支撑点接触标记处穿过一条线，并通过测力计将前快蜡区部分向上提，在细尺可以移动的那一刻确定提升高度（以毫米为单位）和所施加的力（以千克为单位）。用同样的方法确定雪板后部快蜡区的弹性和柔软度。若前快蜡区部分的弹性好，在通过不平的雪槽时，雪板前部的阻力较小，不会造成速度损失。如果前快蜡区部分过于柔软有弹性，则说明雪板很难固定方向。后部快蜡区的弹性也非常重要，因为在通过不平的地段时，后快蜡区部分会弯曲，而雪板的中间部分是不接触雪槽的。当后快蜡区部分很硬时，在通过不平的雪槽时会压弯雪板中部，这会使脚跟上的压力显著增大，从而导致摩擦的增加。

安装固定器时需确定重心，并在重心位置绘制一条水平线。固定器安装模型上标记出了传统式和自由式雪板的重心线及螺钉孔处。在雪板上安装模型时，模型上的重心线必须与（传统式或自由式）雪板上的重心线重合。重心线重合后，将模型固定在雪板上，并在孔上拧紧螺钉。然后，摘下模型并安装固定器。

应当注意，存在不同型号的模型。例如，在安装 SALOMON 雪靴的固定器时，使用的是该公司生产的 ALPINA 雪靴相应的固定器模型，而 MADSHUS 雪靴应使用 ROTTEFELLA 公司的固定器模型。

1.1.4 教学训练课程和比赛雪板板底的处理

在处理之前，必须将雪板固定在打蜡台上。首先，使用亚克力片刮板刮去在工厂中打上的保护蜡。在使用刮板之前必须确保其边缘不会太过尖锐。如有必要，尤其是新的刮板，需用砂纸稍稍进行钝化处理。接下来，用黄铜刷清洁雪板板底上的石蜡。然后，使用加热到110℃～120℃的熨斗，将（无氟）紫色块蜡熔化到板底，并趁热用刮板刮。用刮板的圆形部分或专门的刮板从雪板中间的凹槽开始刮。接下来，用硬毛刷仔细清洁板底3～4次。同时应当记住，传统板的制动区（雪板中央部分）不打蜡。接着，在板底打一层石墨底蜡，直到其被充分吸收。图1－1－2为处理雪板板底的主要步骤。

石墨添加剂显著增加了雪板板底微孔中的石墨含量，而金属氧化物则增加了其耐磨性。用石墨蜡处理雪板板底后，雪板在滑行过程中和在与雪摩擦的过程中不会产生电势。

在用石蜡对雪板进行初处理（打蜡）期间，熨斗温度不应高于120℃。上完底蜡后，开始根据天气情况处理雪板。雪板板底必须保持干燥。首先，用无氟石蜡清洁雪板板底。传统板打防滑蜡的制动区（雪板最大接触区域）不经过此步处理，因为雪板防滑蜡区有小绒毛有助于防滑蜡更好地抓地。防滑蜡应使用各个打蜡材料公司生产的特殊液体（清洗剂）进行清理。为清洁雪板板底，将软石蜡在110℃～120℃的温度下熔化，并用刮板小心地将其刮去。塑料孔中的污垢将和热石蜡一起被挤出。剩余的石蜡用金属刷清除。若雪板下表面未开槽，则可以手动开槽。将滚轴从板尖推到板跟进行开槽。在雪板前部前15～20厘米部分，施加在滚轴上的压力应最小，并在朝板跟部分移动的过程中逐渐加大力度。通过这种开槽方法，雪板可以更好地滑行，并且在上坡时速度不会减慢。应该注意的是，如果雪板板底很脏，则必须先用清洁剂对其进行清洁。用刷子或柔软的纸将清洁剂施加到雪板板底，将雪板静置3分钟，然后用餐巾纸和软铜刷进行清洁。用包裹在有机玻璃刮板上的特殊吸水纸将残留的污垢和清洁剂从雪板板底清除。建议深度清洁2～3次。等待板底完全干燥后，就可以给雪板打蜡了。应当记住，在室温下，清洁产品会在40～60分钟内从雪板表面完全挥发。因此，为了获得更好的结果，必须等清洗剂完全挥发。否则，生产商是不能保证雪板有很高的滑行质量的。

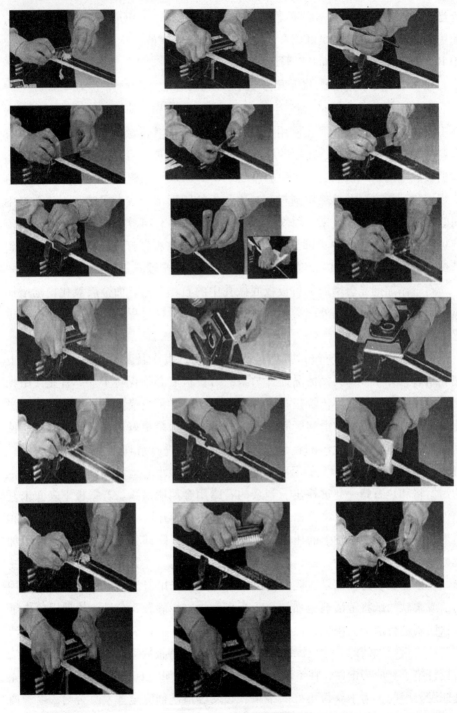

图1-1-2　雪板板底的处理

1.2　为教学训练课程和比赛处理雪板板底时打蜡材料的测试技巧

1.2.1　打蜡材料的选取

在比赛中取得成功的重要条件是打蜡材料的正确选择。

当前，为正确选择打蜡材料，广泛使用一种"雪板试滑"的方法。每队选择 8 ~ 10 副同一公司的比赛（测试）板，这些板应在先前的测试过程中显示出了大致相同的滑行速度（在未打蜡状态下，即"干"状态下）。试验板在硬度及板底材料的均匀性方面应彼此相似，并且磨削状态应相同。试板时应选择倾斜角度为 4° ~ 6°、距离为 50 ~ 60 米的下坡。在坡地的起点和终点须各放置一个高度为 40 ~ 50 厘米的磁性芯片，还必须设置一个 5 ~ 7 米的长度区间以进行加速。雪板测试区应尽可能无风。雪板进行编号。在整个测试期间，雪板测试专家的衣服应呈流线型并且保持不换。在打蜡师教练的一条小腿上固定一个仪器，记录从顶部标志物到底部标志物的滑行时间。将标志物放置于雪槽的左侧或右侧，距离雪槽 10 ~ 15 厘米。标志物的左右设置方向取决于固定滑行速度测量设备的腿的左右设置方向。打蜡师在试板时需要压低身体姿态，将体重平均分配到两只板上，这将避免在确定雪板滑行时间时出现误差。打蜡师不用杖撑地滑行下坡。当经过上面的标志物时，电子秒表打开，而经过下面的标志物时电子秒表关闭。每副雪板均测试 5 次，排除最好和最差结果，然后将剩余的三个结果相加，所得结果除以 3，得到算术平均值。在测试过程中，需记录 5 次测试中每一次测试的结果。

在用同一种块蜡处理后，以相同的方式确定所有测试板的滑行速度。然后，用黄铜刷清洁每副雪板的板底，并根据天气情况打不同的块蜡（表 1 - 2 - 1）。

用各个公司的块蜡处理后，采用类似方法进行雪板测试。将结果与未打蜡雪板的测试结果进行比较，拥有最佳效果的雪蜡是最佳选择方案。选择 3 ~ 4 副雪板打上效果最佳的雪蜡，打蜡师（建议体重相近）穿板并列从一条线开始从长坡上滑下。两位打蜡师在出发后最开始 5 ~ 10 米握住彼此的手，然后松手，每人继续独立滑性。滑行效果最佳的雪板上打的雪蜡是最佳方案。

然后对面蜡和快蜡进行类似测试。将面蜡的测试结果与用块蜡处理过的雪板的测试结果进行比较。将快蜡测试结果与面蜡测试结果进行比较。由此来决定比赛板雪蜡的最终方案。在进行测试时，有必要考虑到，在温暖天气下，应混合打软块蜡和微晶蜡。它们的摩擦系数很低，可以在雪晶体上很好地滑行和排水。硬石蜡最好在低温下使用，因为其中含有更长的碳原子链。

表 1 – 2 – 1   块蜡、面蜡和快蜡测试结果

日期 _____ 时间 _____ 地点 _____

雪_____

雪槽 _____

风_____

气温 _____ 雪温 _____

相对湿度_____

No 下坡编号	No 测试雪板编号							
	1	2	3	4	5	6	7	8
1								
2								
3								
4								
5								
平均值								
最少用时								

1.2.2   传统板板底的处理技术

在进行雪蜡测试之前，必须评估天气状况：比赛期间的气温、雪温、空气湿度和天气预报。同时需要考虑到，在很高的空气湿度条件下，雪的表层也会变得湿润。若比赛前很长一段时间天气非常寒冷，雪表层就会变得干燥，雪花会变得非常坚硬和锋利。选择雪蜡时应考虑到这一点。若雪槽上有人造雪，则其中比自然雪中含有更多的水，且更加粗糙，磨损作用更大。考虑到上述因素，有必要在无氟蜡和各种类型的含氟蜡之间进行选择。

传统板板底快蜡区的处理类似于自由式雪板。

在给经典板打蜡之前，有必要确定打固体蜡和液体蜡的制动区的界线。制动区，即防滑蜡区的界线可能由于雪板硬度和运动员的体重、蹬力、个人技术不同而发生变化。在给传统板打蜡之前，有必要在防滑蜡区的末端贴上胶带，以避免将防滑蜡打到已处理好的板底区域。用砂纸处理防滑蜡区，用 No100 ~ 150 粒度号砂纸处理液体蜡，用 No100 粒度号砂纸处理固体蜡，纵向摩擦处理。在雪质硬且为结晶雪的条件下，应在防滑蜡区打底蜡，底（防滑）蜡将防止主

蜡从防滑蜡区脱落。打一层薄薄的底蜡，然后用加热到 90℃ ~ 100℃ 的熨斗加热。待 10 ~ 15 分钟等雪板完全冷却后，用合成软木来回擦抹雪蜡。新雪时不需打底蜡。第一层不打底蜡，而是打主蜡，并用加热到 90℃ ~ 100℃ 的熨斗加热，然后根据天气情况决定打几层蜡（通常为 4 ~ 5 层）。雪板防滑蜡区的打蜡层数取决于滑行距离、雪况、雪板硬度及滑雪者的身体机能状态和滑行技术。

当雪槽底部结冰或潮湿时，可使用液体蜡。在雪结冰且坚硬、对雪板板底磨耗作用较大时，液体蜡比固体蜡更具黏性且能更牢固地保持在雪板上。在潮湿且非常硬的雪上，液体蜡的防滑质量优于固体蜡。在以上天气条件下，最好使用液体蜡。在雪槽较脏的情况下，建议在液体蜡上打一层固体蜡，以防止雪板防滑蜡区沾上脏污物质。

液体蜡比固体蜡要软，因此当把雪板置于雪上时，干雪会沾上去。在比赛开始前，为防止雪附着在液体蜡上，建议不要站在雪板上。在打蜡前，最好将液体蜡和固体底蜡用吹风机加热。加热过的蜡可以更轻松、更均匀地打在板上。将液体蜡每隔两厘米打在防滑蜡区的凹槽两侧。采用下列方式之一在液体蜡下打液体底蜡（底蜡）："鱼骨形""人字形"或凹槽左右两边两条与之平行的连续的线。用加热到 80℃ ~ 90℃ 的熨斗把蜡加热，无须等待冷却，用大拇指或手掌来回抚平，得到一个最大限度平整的表面。在打主液体蜡前先将雪板冷却。通常第一层打绿色或蓝色的液体蜡，然后根据天气情况打蜡。在临界温度下应在液体蜡上打一层固体蜡以避免结冰。

在用液体蜡处理防滑蜡区时，必须选择更硬、更长的雪板，这将有助于更好地滑行，因为这样在滑行过程中液体蜡才不会与雪相接触。在给传统板防滑蜡区打蜡时应该考虑到，加长蜡区会影响雪板在雪面的滑行，因此加长蜡区需谨慎。当在零上和临界气温条件下，尤其是在有正在降落的新雪的情况下使用半固体蜡和液体蜡时，滑雪者会遇到所谓的"卡顿"情况。这种情况可以通过减少雪蜡厚度及最后一层打更硬的雪蜡来避免。

当雪板的防滑蜡区抓力太强时，滑雪运动员总是会在下坡时损失速度；而当防滑力不够、滑行太好时，则很难在比赛中保持很高的速度。

传统板的测试与自由板相类似。

打蜡师教练确定最佳的雪蜡方案，即使雪板在上坡时能很好地抓地、下坡时能最快滑行的雪蜡方案。

记录测试结果，然后确定最佳"摩擦—滑行"系数，使雪板既能很好地滑行也能很好地抓地（表 1 – 2 – 2）。

表1-2-2　雪蜡测试结果

日期 _____　时间 _____　地点 _____
雪_____
雪槽 _____
风_____
气温 _____雪温_____
相对湿度_____

下坡编号	测试雪板编号							
	1	2	3	4	5	6	7	8
雪蜡								
顶层蜡								
1								
2								
3								
4								
5								
平均值								
最少用时								

在正在降雪和气温约为0℃的气候条件下进行训练课程或参加比赛时，使用"零（zero）"雪板，并在其防滑蜡区打防滑蜡。雪板滑蜡区部分用常规步骤处理。用暖高氟面蜡对雪板防滑蜡区进行处理，然后用粒度号为100的砂纸擦去防滑蜡区的绒毛。

在气温约为0℃且正在降雪的情况下，处理比赛板总是有很多问题，因为防滑蜡会被微微冻住，且雪板不能很好地滑行。

在这种天气条件下应使用"零（zero）"雪板，该雪板不需要在防滑蜡区打蜡，这有助于防止结冰并改善雪板的滑行。使用此雪板可提高滑行速度，特别是在平地区域的滑行速度。

在给雪板打蜡时，可以使用固体防滑蜡来抓地并在雪和雪板之间形成一个弹性层。在蹬地阶段，雪花进入雪蜡里，并在滑行的瞬间从蜡层离开。在正确打蜡的情况下，雪花不会渗入蜡层。若雪花渗入了蜡层，则雪花会被压断并使雪蜡开始结冰。非常软的雪蜡在滑行阶段会使速度减慢。固体蜡在滑行阶段可能会非常滑，因为雪花不会钻到蜡层中，如此一来雪板就会打滑。

当雪花在蹬地过程中进入防滑蜡时，防滑蜡应具有足够的弹性，滑行开始后，雪花应从防滑蜡中掉出来。在此种情况下雪板可以很好地抓地和滑行。基本上，雪板在使用固体蜡时要比使用液体蜡时滑行得更好，即便是在温和的天气条件下。但是，若为了防滑仍需要打液体蜡，则必须在打上液体蜡并冷却之后，拿到室外再打一层半固体蜡（天气温暖时用黄色蜡）。在天气温和时，钼氟固体蜡是非常好的保护层，可防止液体蜡结冰。

为实现良好滑行和抓地，防滑蜡应具有三个主要特性：弹性（防滑特性）、硬度（滑行质量）和黏度（防滑蜡区的抓地质量）。最佳雪蜡的选择就是在上述三个特性之间寻求一个折中点。

有两种提高黏度的方法：打黏性更强的防滑蜡（滑行能力下降，抓地能力增强）或打两种不同的蜡。在第二种情况下，底层打黏性底蜡，并根据天气情况在上层打防滑蜡。将底蜡在雪板上打薄薄一层，然后先用熨斗在80℃～90℃的温度下仔细推平，再用合成软木擦抹平整。将雪板放在室外冷却，在底蜡上层打防滑蜡，并置于室外温度下冷却。采用这样的方式打4～5层蜡并仔细推平。在打完上述层数的雪蜡之后，底蜡不会从防滑蜡中漏出。在摩擦过程中，底蜡可使其上层的蜡保持在防滑蜡区表面。雪板可以很好地抓地和很好地滑行。

雪板打蜡是一个最复杂的过程，其中任何一个处理步骤都会影响最终结果。

给雪板打滑蜡包括三个步骤：打底蜡、打块蜡以及用面蜡和快蜡打表层蜡。打底蜡是为了使块蜡和面蜡更好地渗入雪板表面中。为了将足够量的块蜡打到雪板表面，将块蜡压在熨斗上，同时使熔化的块蜡流下，滴到雪板板底。根据块蜡包装上的说明设置熨斗的加热温度。借助熨斗熔化快蜡，并使其沿着雪板板底来回快速移动。当使用低温块蜡（绿色）时，须在仍温热的情况下用刮板将其从雪板板底清理干净。若等其完全冷却，在刮擦时块蜡会在雪板表面破裂，就像碎玻璃一样。因此，最好趁雪板未冷却时刮掉大部分块蜡，然后让雪板完全冷却，并用锋利的塑料刮板轻轻移动刮掉剩下的块蜡。该步骤是必需的，因为所有的低温块蜡都是合成。当气温很低、在人造雪和硬雪上进行比赛时，使用块蜡非常有效，因为它们具有耐磨性，并且可以防止雪花进入雪蜡中。在给比赛板打蜡之前，应先用刷子清理底蜡并给雪板表面刮垢磨光。

在使用其他块蜡时，必须等待雪板冷却。用亚克力板和刮板清洁雪板表面后，须先用白色尼龙刷再用混合填充物刷对其进行处理。最后，用无纺布砂纸磨光雪板板底。

1.2.3 借助熨斗在雪板板底打面蜡（热打蜡法）

制造商通常会生产重量为30克的面蜡包装，足以处理3副比赛板。若试图通过打一层较薄的面蜡来减少用量，则滑行质量会降低，并且有可能烧坏雪板板底。

图1-2-1展示了用熨斗和面蜡处理雪板板底的步骤。

图1-2-1 用面蜡处理雪板板底的主要步骤

要处理雪板，需在其板底倒一层面蜡，然后用熨斗过一遍加热。熨斗的温度应与面蜡包装上的建议温度相一致。

同时不要担心会损坏雪板板底，因为只对其加热一次。用正确设定温度的熨斗熨烫雪板时，面蜡会很好地黏附在雪板板底上。此时在用熨斗熨烫雪板板底时，应观察到好似小闪星的现象。面蜡在熔化时不应形成烟雾。烟雾的出现意味着氟化物中的光滑微粒在蒸发。

然后，必须用安装旋转软木头的电钻来处理雪板板底。电钻的旋转速度应为1000rpm。若转速再高，可能会烧坏雪板板底。接下来，必须让雪板板底很好地进行冷却，然后用刮板在雪板板底轻轻过两次，并用马毛刷处理，最后用柔软的蓝色尼龙抛光刷清洁灰尘。

随后，对雪板板底手动进行抛光或用带有马毛刷的滚刷抛光，并用砂布磨抹。在运动员选好比赛板后，需要再次用刷子处理板底。雪板板底必须绝对干燥。应该注意的是，除了低湿度的寒冷天气外，在所有天气条件下，所有面蜡打在高氟石蜡上的效果是最佳的。

1.2.4 借助软木在雪板板底打面蜡（冷打蜡法）

用块蜡进行基本处理后，必须彻底清洁板底。

将面蜡均匀地打在雪板板底。面蜡层的厚度应小于热打蜡时的厚度，这有助于节省材料。冷打蜡法用于处理短距离或长距离比赛用板。干打蜡时，面蜡会更快地从雪板板底脱落。干打蜡的方法只有在赛场上直接打蜡的时候才会应用。将面蜡打到雪板板底后，使用干净的合成木刷（仅在打面蜡时使用）用力按压，前后磨抹，将面蜡摩擦进板中。必须大力按压，来回擦抹25～30次，以便面蜡能形成均匀覆盖板底的薄膜。若雪板数量很多，可以使用带有软木的旋转电钻来进行此过程。钻头的转速应为 1000r/min。此项操作之后，雪板板底会变成磨砂状。用旋转软木或滚刷处理雪板板底时，请勿将身体重量施加在雪板上，以免雪板过热并损坏表面的特氟龙涂层。然后，使用抛光块将面蜡继续摩擦到雪板板底中，使其进一步熔化到雪板里。接下来，使用马毛刷将面蜡集中地摩擦到雪板表面里（来回摩擦 25～30 次）。之后，用柔软的蓝色尼龙抛光刷将面蜡从板底扫掉（20～25 次）。用纤维布进行最后的抛光，将雪板板底抛光成镜面光泽（15～20 次）。这样比赛板就处理好了。

1.2.5 雪板板底打压缩硬面蜡（片状）

压缩面蜡方便于用在短距离比赛前，也可用作中距离和长距离比赛的最后一层，将其在打过含氟石蜡的板底上打薄薄一层。压缩面蜡可以在室外打，用普通或旋转软木沿雪板板底来回摩擦 20～30 次。然后用刷子处理雪板板底并用砂布打磨。

1.2.6 雪板板底打气溶胶蜡（快打蜡）

将液体蜡每隔 15～20 厘米的距离喷三至四组在处理好的比赛板上，并立即用软木沿整个板底迅速进行擦抹。待气溶胶干燥后（10～12 分钟），用马毛刷或尼龙刷处理雪板板底 2～3 分钟。该蜡适用于短距离比赛的雪板。

1.3 雪板处理产品的特性

1.3.1 SWIX 公司（挪威）雪板处理产品的特性

CH 碳氢块蜡由 100% 的高性能烃组成。该种块蜡不具有含氟成分。高温块蜡用于底蜡之下，用于清洁和雪板的运输。低温块蜡适用于非常寒冷和低空气湿度的条件下。软块蜡能更好地被吸收到小孔中并与聚乙烯充分混合，而硬块蜡的被吸收能力则差一些。

若多次在雪板板底打软块蜡，雪板板底小孔对硬块蜡的吸收会明显增加。通过这种处理，块蜡会在板底的小孔中停留更长的时间，并且会更长时间不与其他块蜡相混合。

HF 高氟块蜡是合成蜡，并且包含高百分比的低熔点有机氟添加剂。HF 块蜡是高空气湿度条件下理想的滑蜡，通常与面蜡结合使用作为结束层。如果将纯碳氟化合物（面蜡、片状蜡）作为最后一层打在雪板板底，则应使用氟化的 HF 块蜡作为基底。首先用纯碳氢化合物（软）块蜡清洁板底并填充特氟隆雪板中的小孔。在热的状态下将块蜡刮去，然后根据天气情况打两层高氟含量的块蜡。

由于碳氟化合物不会与碳氢化合物结合，碳氢化合物的混合分子末端将主要与最开始熔化的软块蜡结合，并一起进入雪板板底。同时，分子的碳氟化合物末端将更多地向雪板板底移动。在下一阶段，当将纯碳氟化合物打到板底时，它们会很好地"黏附"到混合分子的碳氟化合物末端，并完美地保持在上面。通过冷打蜡，可以达到更好的滑行状态。较高的硬度有助于抵抗蜡层在结冰和磨损作用较大的雪中被破坏，而氟可以优化升温过程中的滑行状况。

表1-3-1、表1-3-2列出了SWIX公司生产的主要块蜡产品的特性。

表1-3-1　SWIX公司生产的含碳块蜡的特性

块蜡	气温℃	简要说明
CH3	-32 ~ -12	白色块蜡，可防止雪板板底变白，增加雪板在磨损作用较强的雪中的耐磨性
CH4	-32 ~ -10	浅蓝色块蜡，耐结冰雪的磨损
CH6	-12 ~ -6	紫色块蜡，包含少量合成蜡，可以在人造雪上更好地滑行，适合夏季冰川训练
CH7	-8 ~ -2	白色块蜡，在低湿度条件下可很好地滑行，或与石墨石蜡混合是雪板板底底蜡的理想选择
CH8	-4 ~ 1	粉色块蜡，适合于雪板板底的机械加工和雪板的运输
CH10	0 ~ 10	黄色块蜡，用于非常潮湿、含水量很高的雪，适合于雪板的机械加工
BP77		低温块蜡，用于在寒冷条件下对雪板板底行基本处理
BP88	0 ~ 10	用于处理新雪板
BP99		软块蜡，在板底上可被深层吸收，可有效处理新板，并可以防止以后借助熨斗打更低温的石蜡时雪板过热
MB77		防止板底氧化，含氟，用作面蜡和片状蜡的Sega F的基底
GW66		冰川训练的良好选择，对磨耗和脏污物质具有很高的抵抗性，可保护雪板免于磨损性强的雪的磨损

表1-3-2 SWIX公司生产的低碳氟和高碳氟块蜡的特性

块蜡	气温 ℃	简要说明
低碳氟块蜡（LF）		
LF4	-32 ~ -10	绿色块蜡，在低空气湿度条件下可很好地滑行
LF6	-12 ~ -6	蓝色块蜡，在磨损作用较强的人造雪上可很好地滑行，是雪层温度低时的最佳选择
LF7	-8 ~ -2	紫色块蜡，在低湿度条件下可很好地滑行
LF8	-4 ~ 1	红色块蜡，可以很好地被雪板板底吸收
LF10	0 ~ 10	黄色块蜡，用于非常潮湿的天气
LF12		由LF6、LF7和LF8组成的组合块蜡
高碳氟块蜡（HF）		
HF4	-32 ~ -10	绿色块蜡，在高湿度的寒冷天气条件下能很好地滑行，用作面蜡的基底
HF6	-12 ~ -6	蓝色块蜡，由硬质合成石蜡组合而成，可在湿度高的人造雪和新雪上良好滑行
HF7	-8 ~ -2	紫色块蜡，可作为后续打面蜡的良好基底
HF8	-4 ~ 1	红色块蜡，与面蜡结合使用，是比赛时最普遍应用的石蜡
HF10	0 ~ 10	黄色块蜡，用于下雨时和被水饱和的潮湿的雪上，与水结合后可很好地排斥脏污物质
HF12		HF7和HF8的组合，最热门的块蜡

碳氟化合物面蜡（CERA F）可以优化滑行，尤其是在含水量高、潮湿和脏的雪上。以下为使用最广泛的面蜡：

-FC7的使用温度为-30℃ ~ -2℃，特别是在空气湿度低和旧雪的条件下，在雪板板底打上HF6、HF7、HF6BM、HF7BM或<HF6石蜡之后使用该蜡；

-FC8在温度为-4℃ ~4℃的旧雪和新雪上使用；

-FC10在气温高于0℃、高空气湿度的条件下使用，并用HF10或温度更低的石蜡做底蜡；

-FC10B在气温高于0℃及潮湿、融化后和较脏的雪上使用，用HF10做底蜡。

由于氟原子和氧相互排斥，氟碳蜡的滑行能力非常好。碳氟化合物只排斥液体状态的水，雪板在高空气湿度条件下、在潮湿或寒冷的雪（粉状、液体糊状）上能很好地滑行。如果打蜡材料包装上标有"100% FLUOR"的字样，则表示雪蜡由纯碳氟化合物而非纯氟组成。

CERA F100%碳氟化合物片状蜡因其用量节省且易于打在雪板上的特点得到了广泛使用，主要用于短距离和中、长距离比赛板的最后一层。使用最广泛的碳氟化合物片状蜡种类包括：

－FC7BS 用于－20℃~0℃的气温下融化后的人造雪，可防止石蜡的快速磨损；

－FC8WS 在细颗粒雪和气温－4℃~4℃的条件下被用作最后一层；

－FC10BS 专为气温高于0℃和雪质潮湿、肮脏、粗糙的条件设计，可防止石蜡的快速磨损。

CERA F100%碳氟化合物乳胶是作为最后一层打到雪板板底的，通常用于为短距离比赛处理雪板。使用最广泛的碳氟化合物乳胶 FC8L 用于雪花较软和气温为－4℃~4℃的条件下。FC10L 在气温为2℃~20℃、含水分高的细颗粒雪和非常潮湿的粒状雪中使用。

V 系列雪蜡不含氟化物添加剂，完全由石油、合成橡胶和药用油的提纯成分组成。VR 系列的雪蜡适用于新落的雪、正在降的雪和旧雪。

表1-3-3、表1-3-4列出了由 SWIX 公司生产的 V 系列和 VR 系列固体蜡的特性。

表1-3-3 SWIX 生产的 V 系列固体蜡特性

石蜡	气温℃	简要说明
V05	－25~－12	"极地"蜡，用于新雪
V20	－15~－8	绿色蜡，用于新雪
V30	－10~－2	蓝色蜡，用于新雪
V40	－7~－7	蓝色蜡，用于新雪，最热门
V45	－3~0	紫色蜡，用于新雪
V50	约为0	紫色蜡，用于新雪，当气温约为0℃、雪因寒冷而变得湿润的条件下使用非常有效
V55	0~1	红色蜡，用于新雪
V60	0~3	红色（银色）蜡，用于新雪

表 1 - 3 - 4　由 SWIX 公司生产的 VR 系列固体蜡的特性

石蜡	气温℃	简要说明
VR30	− 20 ～ − 7	浅蓝色蜡，用于新雪
VR40	− 8 ～ − 2	天蓝色蜡，用于新雪
VR45	− 4 ～ 0	浅紫色蜡，用于新雪
VR50	− 2 ～ 1	紫色蜡，用于新雪，其新包装中不含银，在约 0℃ 的温度下可很好地保持
VR55	0 ～ 2	银紫色蜡，用于新雪
VR60	0 ～ 2	银紫色蜡，用于新雪
VR65	0 ～ 3	红（黄）银色蜡，用于新雪，在新下的潮湿的雪上能很好地保持
VR70	1 ～ 3	红色蜡，用于新雪，在干燥、融化后的雪上能发挥很好的作用，在雪很潮湿的条件下蜡层要打得更厚
VR75	2 ～ 5	黄色蜡，用于新雪、干燥的雪和硬的雪槽

KRYSTAL（KR）系列的液体（Klister）蜡（表 1 - 3 - 5）适用于从非常潮湿的雪到温度很低的大颗粒雪的任何雪质。

表 1 - 3 - 5　SWIX 生产的 KRYSTAL（KR）系列液体（Klister）蜡的特性

石蜡	气温℃	简要说明
KR20	− 25 ～ 3	绿色基底液态蜡（底蜡）打在液体蜡 KR40、KR50 和 KR60 下使用，用于结冰的雪槽和极低温度条件下，作为底蜡在 90℃ ～ 100℃ 的熨斗温度下熔化
KR30	− 15 ～ 0	浅蓝色液体蜡，在大颗粒雪和结冰的雪槽上使用，可以用作液体蜡 KR50 和 KR60 的底蜡
KR40	− 7 ～ 2	紫色液体蜡，用于大颗粒和含水量高的粒状雪，在硬的大颗粒旧雪上能发挥很好的作用
KR50	3 ～ 4	用于变化后的细颗粒雪、粗颗粒雪和含水量高的颗粒状雪，在约 0℃ 的温度下在含水量高的细颗粒雪和粗糙的雪上能很好地滑行和抓地

续表

石蜡	气温℃	简要说明
KR60	0 ~ 5	用于变化后的细颗粒雪和含水量高的雪，是融雪时的最佳雪蜡选择方案
KR70	2 ~ 12	红色液体蜡，用于含水量高的湿润的粒状雪
K21N	−5 ~ 3	银色全能液体蜡，用于有些上冻、粒状、变化后的湿润细颗粒状和潮湿的颗粒状雪以及当雪的状态从大颗粒含水量高的雪变为潮湿的细颗粒状雪的条件下
K22N	−3 ~ 10	用于各种天气条件下有些上冻和湿润的粒状雪（从大颗粒雪到潮湿坚硬的雪）

1.3.2 START 公司（芬兰）雪板处理产品的特性

START 公司为训练课程和比赛雪板生产了许多打底的底蜡：BW 底蜡，BWG 石墨底蜡，BWLF 低氟底蜡，HFBR 高氟底面蜡，SW 底蜡（仅用于清洁和雪板的初步处理）。

START 公司生产四种类型的无氟蜡：白色 SG2（气温 −1℃ ~ 10℃），紫色 SG4（−16℃ ~ 7℃），蓝色 SG6（−12℃ ~ 7℃）和绿色 SG8（−30℃ ~ −10℃）。无氟石蜡很容易打和处理，在相对湿度小于 55% 的条件下能发挥很好的作用。当雪质较硬、滑蜡无法形成足够坚硬以抵抗磨损的表层时，可将 SG9 面蜡硬化剂打在雪板板底的顶层。SG 石蜡不含硅，因此可用于含氟蜡下的底蜡。

由于氟含量低，LF 系列的低氟蜡在空气湿度小于 55% 的条件下使用。LF 石蜡最经常用作高氟蜡的底蜡。以下低氟蜡最为常见：红色 LF04（−3℃ ~ 0℃），紫色 LF06（−8℃ ~ −3℃），绿色 LF08（−30℃ ~ −8℃）和紫色压缩蜡（−10℃ ~ 1℃）。

HF 系列的高氟蜡白色 HF20（0℃ ~ 10℃），红色 HF40（−3℃ ~ 0℃），紫色 HF60（−7℃ ~ −2℃），绿色 HF80（−25℃ ~ −7℃）和 HFG 含氟石墨用于空气湿度介于 55% ~ 75% 之间以及新雪和易变化的雪。

BLACK MAGIC（BM）系列含钼氟蜡在空气湿度为 55% ~ 75% 的条件下用在旧雪、硬雪和较脏的雪上，并能在人造雪上的滑行能力出色。BM 系列由三种滑蜡组成：黄色 BM2（0℃ ~ 10℃），紫色 BM4（−6℃ ~ 0℃）和绿色 BM6

（-25℃～-6℃）。BMR9 液体蜡可在 -3℃～10℃的温度下显著改善雪板的滑行状态。用这种蜡处理过的雪板不会积垢，易打且好处理。

n（纳米）系列的块蜡和面蜡是利用纳米技术领域的最新成果研制而成的。n 系列的滑动块蜡、面蜡和液体蜡可在特定范围的天气条件下具有很高的防水和防污能力，并有助于速度的保持。

雪板板底使用以下的 n（纳米）系列产品处理：

块蜡：红色 n2（-1℃～5℃）；紫色 n4（-6℃～-1℃），蓝色 n6（-15℃～-5℃）；

-面蜡：红色 n5（-2℃～5℃）和淡紫色 n7（-10℃～-2℃）；

-液体 n1（1℃～10℃）。

以上所有产品均在 75%～100%的空气湿度下使用。

SFR 组的面蜡和压缩蜡：含氟面蜡 SFR30（-5℃～5℃）和 SFR75（-15℃～-5℃）；含氟压缩蜡 SFR99（-9℃～9℃）和 SFR92（-20℃～-9℃）用于新雪和细颗粒雪。这组快蜡在相对湿度超过 75%时效果最佳。压缩蜡处理短距离比赛用板最有效果。

START 公司的合成蜡：黄色（1℃～3℃），紫色（-1℃～3℃），天蓝色（-6℃～-2℃），绿色（-10℃～-5℃）和 Nordica（-30℃～-10℃）适用于颗粒状旧雪。旧雪比新雪更具磨损性。合成蜡比固体蜡黏性更大且更坚硬，因此用这种蜡处理过的雪板可以更好地滑行，并且其板底更耐磨损。几乎在所有情况下，都需根据天气条件在合成蜡下打底蜡或蓝色液体蜡。底蜡用加热到约100℃的熨斗加热后能在雪板板底更好地保持。待（不完全）冷却后，打一层主蜡并轻轻熨平。将雪板和雪蜡冷却 15～20 分钟后，在室外打上其余的蜡层。

TERVA 树脂固体防滑蜡：黄色（2℃～12℃），紫色（-0.5℃～0.5℃），红色（-3℃～0℃），蓝色（-7℃～-2℃），绿色（-12℃～-7℃）和黑色（-30℃～-10℃）适用于新雪和细颗粒雪。在有新雪的情况下，雪槽通常是不平的，雪蜡存在结冰的风险并且很难保持。由于成分中含有树脂，树脂蜡能适应天气的变化并防止结冰。尽管树脂蜡下的雪很软，但还是必须打一层薄薄的底蜡并用熨斗在 80℃～90℃的温度下加热，然后用合成软木擦抹均匀。待稍微冷却后，立即打一层比赛用蜡并将其推平。在将雪蜡初步均匀推平后，所有其余的蜡层在室外打，这是使雪蜡在雪上能良好进行滑行的前提。

含钼氟的防滑蜡（MFW）主要在多变的天气条件和 55%～100%的空气湿度条件下在用较硬的雪上使用。有固体蜡（黄色（1℃～3℃），淡紫色（-1℃

~2℃)，红色（-3℃~0℃)，蓝色（-10℃~-3℃）和黄色（1℃~10℃)、红色（-5℃~1℃）两种颜色的液体蜡。MFW系列的防滑蜡用于在细颗粒新雪的条件下覆盖在普通的防滑蜡上，以提高其抓地和滑行的性能。近年来，滑雪比赛多在温暖潮湿的天气下举办。在这种天气下，雪道会变滑且雪会变脏，由此形成的水分会影响雪板的滑行，并会使雪板的抓地能力受到影响。可以通过打比天气条件更软的雪蜡来改善雪板的抓地性能，但是雪槽中的污垢会被吸附上，雪蜡会更容易吸收水分，由此会影响到雪板的滑行。在这种气候条件下，最好的选择是使用含钼氟防滑蜡，其中钼的密度可防止水分进入污垢中。氟会减少表面张力，从而有利于提高雪板的抓地和滑行性能。钼增加了雪蜡的密度，从而能有效地排斥污垢和水分。

BLACK MAGIC系列含钼氟防滑蜡按化学成分来讲非常适合做雪板的顶层蜡，可在雪板蹬地时优化其抓地性能。该系列中使用最广泛的是BM FLUOR氟顶层蜡（-30℃~2℃)，普通BM顶层蜡（-30℃~2℃）和BM液体蜡（-10℃~10℃)。在所有天气条件下，此类蜡可与普通防滑蜡混合在其他防滑蜡上打薄薄一层。以这种方式对表面进行涂层可以防止结冰、黏附污垢并提高其抓地和滑行能力。

START公司生产以下类型的普通液体蜡：浅紫色特殊（-2℃~2℃)、浅紫色（-5℃~0℃)、蓝色（-15℃~-4℃）和红色（用于潮湿的雪)。红色液体蜡与其他雪蜡一起用于潮湿的雪和潮湿结冰的雪槽。浅紫色和蓝色液体蜡用于结冰的雪槽，而浅紫色特殊液体蜡则用于粗糙的雪、气温约为0℃时。浅紫色特制液体蜡也可与其他雪蜡一起用于改善抓地力。

除了普通液体蜡外，还有一个特殊液体蜡系列：银色（用于坚硬、潮湿的雪)，TAG（树脂）（用于新雪)，PLUS通用（在气温1℃~10℃时)，WIDE通用（在气温为-5℃~10℃时)，底蜡（用作底层打底)。

特殊液体蜡适用于潮湿和结冰的雪槽。雪槽很脏并且处于变化中时应使用通用液体蜡。雪质坚硬且潮湿时应使用银色液体蜡，而在新雪和气温约为0℃时应结合固体蜡使用树脂液体蜡。WIDE通用液体蜡同样也要与其他液体蜡结合使用，这样可以产生黏性并防止碎屑黏附在雪板的滑行表面。在不断变化的天气条件下这种液体蜡可以单独使用。在结冰的雪槽和坚硬的雪上，液体蜡与固体蜡相比更粘，且能更好地保持在雪板上。液体蜡在潮湿、坚硬的雪上的保持能力要比固体蜡好。如果雪槽很脏，建议在液体蜡上打一层固体蜡或特殊BLACK MAGIC表顶层蜡，以防止尘屑黏附到雪板的防滑蜡区。液体蜡下始终应该打一层非常薄的液体底蜡，这可以使雪板具有弹性，并防止在沿着赛道滑行时主蜡从雪板上被摩擦掉。

表 1-3-6～1-3-8 给出了在不同天气条件下的新旧雪上 START 打蜡产品使用的实用建议。

表 1-3-6 有关在各种天气条件下的新雪上使用 START 公司打蜡产品的建议

滑蜡		防滑蜡	
底蜡	顶层蜡	底蜡	顶层蜡
1℃～3℃			
BW LF 底蜡，n2 纳米含氟石蜡或PHF200	n5 纳米含氟面蜡或 PF550	液体底蜡加热，红色液体蜡（20%）+ WIDE 液体蜡全能（80%）	顶层摩擦 5～6 滴 TERVA 液体蜡
1℃～3℃，雨			
BW LF 底蜡，n2 纳米含氟块蜡或 Golden Line Renovator Wet 块蜡	纳米含氟液体蜡 n1，其上打纳米含氟面蜡 n5 或 Golden Line Binder Wet 面蜡，再在上面打 Accelerator Wet 液体蜡	加热液体底蜡，红色液体蜡（20%）+ WIDE 液体蜡全能（80%），抓地力不够时添加少许黄色液体蜡 MFW	
0℃～1℃，雨			
底蜡 BW LF，纳米含氟块蜡 n2 或 PHF200	纳米含氟面蜡 n5 或 PF550	加热液体底蜡，液体蜡（20%）+ WIDE 液体蜡全能（80%）	可以摩擦 5～6 滴 TERVA 液体蜡
0℃～1℃，正在降落的潮湿的雪			
块蜡 LF08，块蜡 HF20	含氟面蜡 SFR30	加热液体底蜡，WIDE 液体蜡全能	可以摩擦 5～6 滴 TERVA 液体蜡
0℃			
底蜡 BW LF，纳米含氟 n4 或 PHF 400	纳米含氟面蜡 n5 或 PF550	加热液体底蜡，薄薄一层 WIDE 液体蜡全能，上面打 TERVA Nolla	抓地力不够时打薄薄一层无氟蜡 BM

续表

滑蜡		防滑蜡	
底蜡	顶层蜡	底蜡	顶层蜡
0 ℃，降雪			
块蜡 LF 08，块蜡 HF20	含氟面蜡 SFR30	加热液体底蜡，打非常薄一层 WIDE 液体蜡全能	TERVA Nolla，可以加一层无氟蜡 BM
-1℃~0℃			
底蜡 BW LF，纳米含氟块蜡 n4 或 PHF400	纳米含氟面蜡 n5 或 PF550	加热液体底蜡，3~4层合成紫色蜡或合成雪蜡（-2℃~2℃）	
-1℃~0℃，降雪			
底蜡 BW LF，块蜡 HF40	含氟面蜡 SFR30	加热液体底蜡，厚厚一层合成紫色蜡	厚厚一层黄色蜡 MFW，当稍稍上冻和太抢时打一层 TERRA Nolla
-3℃~-1℃			
底蜡 BW LF，纳米含氟块蜡 n6 或 PHF 600	纳米含氟面蜡 n5 或 PF550	液体底蜡加热，3~4层合成紫色蜡或合成雪蜡（-2℃~2℃）	2~3 层红色树脂蜡 MFW，最后一层添加少量合成蜡（-3℃~-1℃）
-3℃~-1℃，降雪			
块蜡 LF 08，块蜡 HF40	含氟面蜡 SFR30	液体底蜡加热，3~4层合成紫色蜡或合成雪蜡（-2℃~2℃）	1~3层合成红色蜡（-3℃~-1℃），最后一层添加少量红色树脂蜡（-3℃~0℃）

滑蜡		防滑蜡	
底蜡	顶层蜡	底蜡	顶层蜡
−6℃ ~ −2℃			
底蜡 BW LF，块蜡 HF 60	含氟面蜡 SFR30	液体底蜡加热，3 ~ 4 层合成雪蜡（−6℃ ~ −2 ℃）	2 ~ 3 层红色树脂蜡 MFW
−12℃ ~6 ℃			
块蜡 LF08，块蜡 HF80	含氟面蜡 SFR75	底蜡混合合成红色蜡，加热	厚厚一层合成蓝色蜡，上面打蓝色蜡 MFW，用熨斗加热，放在室外冷却 15min，然后修平
−15℃ ~ −12 ℃			
块蜡 LF08，块蜡 HF80	含氟压缩蜡 SFR92	底蜡混合合成红色蜡，加热	厚厚一层蓝色罐装蜡，上面打蓝色蜡 MFW，用熨斗加热，待室外冷却后修平
−25℃ ~16 ℃			
块蜡 LF08，块蜡 HF80	含氟面蜡 SFR75 或含氟压缩蜡 SFR92	底蜡混合合成蓝色蜡，加热	3 层绿色合成蜡，在寒冷处打两层绿色蜡 Terva

表 1-3-7 有关在各种天气条件下的旧雪上使用 START 公司打蜡产品的建议

滑蜡		防滑蜡	
底蜡	表面涂层	底蜡	表面涂层
3℃～10℃			
块蜡 BM6，块蜡 LF08，纳米含氟 n2 或块蜡 Golden Line Renovator	纳米含氟面蜡 n5 和纳米含氟液体蜡 n1	液体底蜡，加热	红色液体蜡（50%）+液体蜡全能 WIDE（50%），加入少量液体蜡 MFW（1℃～10℃）
1℃～3℃			
块蜡 BM6 或块蜡 BWLF，纳米含氟块蜡 n2 或块蜡 PHF200	纳米含氟面蜡 n5 纳米含氟液体蜡 n1 或面蜡 PF550	液体底蜡，加热	红色液体蜡（50%）+ 液体蜡全能 WIDE（50%），加入少量黄色液体蜡 MFW，抓地力不够时上面打红色液体蜡
3℃～10℃			
块蜡 BM6 或块蜡 BWLF，纳米含氟块蜡 n4 或块蜡 PHF400	纳米含氟面蜡 n5，上面打纳米含氟液体蜡 n1	液体底蜡 EXTRA 加热，液体蜡 Special 并添加 WIDE 全能蜡（或液体蜡上打 WIDE 全能 +少量 TERVA 液体蜡）	在寒冷处打上薄薄一层硬雪蜡 Terva Nolla
-1℃～0℃			
块蜡 BWLF 或块蜡 LF08，纳米含氟块蜡 n4	纳米含氟面蜡 n5 或面蜡 PF550	液体底蜡 EXTRA，加热	厚厚一层合成紫色蜡加热，上面打厚厚一层 MFW（1℃～3℃），待冷却后修平，抓地力不够时添加少量 BM 包覆

滑蜡		防滑蜡	
底蜡	表面涂层	底蜡	表面涂层
−3℃ ~ −1℃			
块蜡 BM6 或块蜡 LF08，纳米含氟块蜡 n6 或混时使用块蜡 HF40（70%）和 BM4（30%）	纳米含氟面蜡 n5 或含氟面蜡 SF10	液体底蜡，加热	2~3 层硬紫色蜡，抓地力不够时添加少量 BM 包覆
−6℃ ~ −3℃			
块蜡 LF08，块蜡 HF60	含氟面蜡 SF 10/SF30，上面打含氟压缩蜡 SFR99，在潮湿天气下短距离比赛使用液体蜡 Sprint SF300	液体底蜡，加热	3~4 层蓝色蜡 MFW
−10℃ ~ −6℃			
块蜡 HFG，纳米含氟块蜡 n6 或块蜡 PHF800	纳米含氟面蜡 n7 或 PF750	液体底蜡加热，2~3 层合成蜡（−6℃ ~ −2℃）	一层蓝色蜡 MFW
−15℃ ~ −10℃			
块蜡 LF08，块蜡 HF80	含氟面蜡 SFR75（短距离）或含氟压缩蜡 SFR92	液体底蜡加热，1 层合成蜡（−6℃ ~ −2℃）	1~2 层蓝色蜡 MFW，加热，冷却后修平，抓地力不够时只使用蓝色合成蜡
−25℃ ~ −15℃			
块蜡 HFG，块蜡 HF80	含氟压缩蜡 SFR92	合成蓝色底蜡，加热	3~4 层罐装合成绿蜡

表1-3-8　有关在各种天气条件下的硬雪、脏雪和

结冰雪上使用 START 公司打蜡产品的建议

滑蜡		防滑蜡	
底蜡	表面涂层	底蜡	表面涂层
1℃~10℃，硬雪			
块蜡 BM6 或 LF08，纳米含氟块蜡 n2	纳米含氟面蜡 n5，上面打纳米含氟液体蜡 n1，也可以打 Golden Line Binder Wet 面蜡和 Accelerator Wet 液体蜡	底蜡加热	红色液体蜡（50%）+液体全能蜡 WIDE（45%）+ 5%黄色液体蜡 MFW
1℃~10℃，脏雪			
块蜡 SG8，块蜡 BM2	含氟面蜡 BM7，短距离比赛时用液体蜡 BMR 9 代替面蜡	底蜡加热，红色液体蜡（60%）+ 银色液体蜡（40%）	在凹槽两边各添加 6~7 滴液体蜡 BM，当抓地力不足时增加红色液体蜡的量
0℃~1℃，硬雪			
块蜡 BM6 或纳米含氟块蜡 n4	纳米含氟面蜡 n5，上层打纳米含氟液体蜡 n1	底蜡加热，黄色液体蜡（50%）+ 液体全能蜡 WIDE（50%）	添加 20%液体蜡 MFV（-5℃~1℃）
0℃~1℃，脏雪			
块蜡 SG8，块蜡 BM2	含氟面蜡 BM7	底蜡加热，Special 液体蜡（50%）+ 液体全能蜡 WIDE（50%）	凹槽两边各 5~6 滴液体蜡 BM，抓地力不足时添加黄色液体蜡 MFW

滑蜡		防滑蜡	
底蜡	表面涂层	底蜡	表面涂层
−1℃~0℃，硬雪			
块蜡 BM6，纳米含氟块蜡 n4	纳米含氟面蜡 n5	底蜡加热，红色液体蜡 MFW（35%）+ 特殊液体蜡或黄色蜡（35%）+ 液体 WIDE 全能蜡（30%）	抓地力不足时添加 15% 的液体蜡 MWF（−5℃~1℃）
−1℃~0℃，脏雪			
块蜡 LF08，块蜡 BM2	含氟面蜡 BM7，短距离比赛时可以用压缩蜡 BMR5 或液体蜡 BMR9 代替面蜡	底蜡加热，红色液体蜡 MFW（50%）+ 特殊液体蜡（50%），抓地力不够时添加黄色液体蜡 MFW	抓地力不足时添加液体蜡 MWF（−5℃~1℃）
−2℃~0℃，结冰雪			
块蜡 LF08，混合块蜡 BM4（50%）和纳米含氟块蜡 n4（50%）	含氟面蜡 SF 10/SF 30 混合不同量的 BM7	底蜡加热，红色液体蜡 MFW + 紫色液体蜡	在寒冷处打上薄薄一层硬覆层 BM
−2℃~0℃，脏雪槽			
块蜡 LF08，块蜡 BM4	含氟面蜡 BM7，上层打液体蜡 BMR9，短距离比赛时可以使用压缩蜡 BMR5	底蜡加热，紫色蜡中添加少量全能 WIDE 液体蜡	太抢时添加无氟覆层 BM
−4℃~−1℃，硬雪			
块蜡 BM6，纳米含氟块蜡 n6	纳米含氟面蜡 n5，短距离比赛时使用压缩蜡 BMR5	EXTRA 底蜡加热，厚厚一层合成蓝色蜡和红色 MFW	抓地力不够时添加少量紫色液体蜡

续表

滑蜡		防滑蜡	
底蜡	表面涂层	底蜡	表面涂层
−4℃ ~ −1℃，脏雪			
块蜡 BM6，纳米含氟块蜡 n6	纳米含氟面蜡 n5	EXTRA 底蜡加热，3~4 层紫色蜡	1~2 层覆层 BM，抓地力不够时添加紫色液体蜡
−8℃ ~ −2℃，结冰雪			
块蜡 LF08，块蜡 BM6	含氟面蜡 SF10/SF30 混合不同量的 BM7	EXTRA 底蜡加热，蓝色液体蜡上添加少量紫色液体蜡	太抢时添加无氟覆层 BM
−10℃ ~ −4℃，硬雪			
块蜡 BM6，纳米含氟块蜡 n6	纳米含氟面蜡 n5，短距离比赛时可以使用压缩蜡 BMR57	EXTRA 底蜡加热，厚厚一层硬蓝色合成蜡 + 厚厚一层蓝色蜡 MFW，用熨斗加热，待在室外冷却后修平	可以混合打底蜡和蓝色合成蜡
−25℃ ~ −10℃，硬雪			
块蜡 BM6，块蜡 HF80	含氟面蜡 SFR75	EXTRA 底蜡加热，厚厚一层硬蓝色合成蜡 + 厚厚一层蓝色蜡 MFW，用熨斗加热，待在室外冷却后修平	可以混合打底蜡和蓝色合成蜡，+ 一层黑色蜡（−30℃ ~ −10℃）
−25℃ ~ −10℃，脏雪			
块蜡 LF08，块蜡 HF80	含氟压缩蜡 BM5，隔一层无纺布用熨斗加热，长距离比赛使用面蜡 SFR75 和固化剂 SG9	EXTRA 合成蓝色底蜡（−6℃ ~ −2℃）加热，3~4 层绿色合成蜡（−10℃ ~ −5℃），仔细修平	可以在寒冷处打上薄薄一层黑色合成蜡（−30℃ ~ −10℃）

1.3.3　VAUHTI 公司（芬兰）雪板处理产品的特性

表 1-3-9 列出了 VAUHTI 公司最常用的用于雪板处理的块蜡的特性。

块蜡中的高氟含量使得雪板板底可以很好地排斥水和尘垢。高氟块蜡适用于任何雪质和空气湿度高于 55% 的情况。

由 VAUHTI 公司生产的含氟面蜡固化剂是为经过长期解冻又被冻上的人造雪以及处于 -8℃～-1℃、-12℃～-6℃、-30℃～-10℃ 温度区间其他类型的雪所设计的。

在含水量较高和较脏的雪上，将含氟面蜡用作雪板板底的顶层蜡比用块蜡更具有优势。会使用以下类型 VAUHTI 的面蜡：

SILVER Fox（0℃～15℃）（具有良好的防水和防污性能，在潮湿天气下使用）；

ZERO Fox（-4℃～2℃）（适用于在变化不定的天气下各种湿度的雪，在降雪时使用效果最佳）；

GOLD Fox（-15℃～1℃）（在含水量高的新雪及湿度超过 85%、不太寒冷时的较硬的旧雪上有很好的滑行性能）；

BLACK Fox（-20℃～2℃）（建议在低空气湿度下使用）。

与面蜡类似，以下类型的含氟压缩蜡也很普遍：

SILVER Fox（0℃～-15℃）（在非常旧的雪和颗粒状的雪上滑行速度能得到最快的增长）；

ZERO Fox（-4℃～2℃）（适用于任何雪质）；

GOLD Fox（-15℃～1℃）（在空气湿度高于 85% 而气温低于 -12℃ 时的新雪和下雪时有良好的滑行特性）；

BLACK Fox（-20℃～-2℃）（建议在天气干燥、雪较脏时使用）。

建议将含氟压缩蜡以冷方式或随后用加热到 100℃ 的熨斗快速加热雪板板底的方式打在雪板上。建议将熨斗在打上的压缩蜡上快速过一遍，然后使用滚刷或手动将压缩蜡摩擦进雪板板底。将熨斗在雪板板底过一遍后手动摩擦压缩蜡更为有效。用这种方法处理，雪板的滑行性能会得以改善。

表1-3-9 VAUHTI公司块蜡的特性

名称	气温℃	简要说明
无氟块蜡		
黄色	-5~5	
紫色	-5~0	
蓝色	-8~-4	
绿色	-26~-8	用作雪板板底的底蜡，作为后续应用含氟石蜡和含氟顶层蜡的基底
软底蜡	-7~0	
硬底蜡	-25~-7	
全能 +	-5~10	
全能 -	-25~-1	
LF 低氟滑蜡		
黄色	-3~1	专为潮湿的雪设计
紫色	-5~-1	仅在轻度严寒天气下使用
蓝色	-10~-4	在寒冷天气下用于含氟面蜡下的底蜡
绿色	-25~-8	推荐用于空气湿度为55%~75%时的新雪和旧雪以及雪温较低、能发出吱吱响的雪上
石墨	-25~-7	在高空气湿度条件下，必须与其他块蜡混合使用
高氟块蜡		
黄色	1~10	在潮湿天气和轻度寒冷的天气条件下作为含氟顶层蜡的底蜡使用
粉色	-5~0	在空气湿度低于75%、气温-6℃~-3℃以及空气湿度高于75%、气温-9℃~-4℃时的潮湿的新雪、正在降落的雪和细颗粒雪上使用能表现出最佳滑行性能
紫色	-7~-2	在空气湿度低于80%、气温-2℃~0℃以及空气湿度高于80%、气温-5℃~-1℃下使用能表现出最佳滑行性能
蓝色	-12~-6	在空气湿度低于75%、气温-7℃~-4℃以及空气湿度高于85%、气温-13℃~-6℃下使用，专为旧雪和颗粒雪设计

名称	气温℃	简要说明
绿色	−25 ~ −10	非常硬，在极度严寒和空气湿度高于55%时能表现出良好的滑行性能
含钼	−20 ~ −5	用作其他块蜡和含氟顶层蜡的底蜡，在空气湿度低于90%的任何雪质上都能表现出良好的滑行性能

正确地打在雪板的含氟蜡层几乎在任何天气条件下都可以改善雪板的滑行状态。用冷方法或用加热的熨斗打上的压缩蜡的耐磨性主要取决于将其摩擦进雪板板底的力量和时间。如果对雪板板底压缩蜡的摩擦时间不够，雪板的滑行状态不会有太大的改善。

表1-3-10列出了VAUHTI公司用于处理雪板的最常用固体防滑蜡的特性。

最常用的液体蜡（Klister）：

红色蜡（2℃~10℃）（在潮湿天气下，用于硬雪和新雪）；

全能蜡（−2℃~4℃）（气温约为0℃时）；

紫色蜡（−4℃ ~ −1℃）（用于硬雪）

蓝色蜡（−8℃~0℃）（用于结冰的硬雪，是底蜡的良好选择）；

银色加（+）蜡（2℃~10℃）（具有良好的保持性能，与其他雪蜡组合一起用于脏污的雪槽）；

银色减（−）蜡（−8℃~0℃）（用作底蜡和气温约为0℃时的新雪）。

表1-3-10　VAUHTI公司固体防滑蜡的特性

名称	气温 ℃	简要说明
合成硬防滑蜡		
黄色	1 ~ 4	用于解冻时、天气潮湿时和光滑的雪槽上，在干燥的雪上滑行能力弱
红色	0 ~ 2	用于新雪
紫色	−2 ~ 0	适用于任何雪质
橙色（胡萝卜色）	−6 ~ −1	用于气温为−6℃ ~ −2℃时的新雪和气温为−10℃ ~ −4℃的颗粒状旧雪

名称	气温 ℃	简要说明
蓝色	−10 ~ −5	适用于任何雪质
绿色	−30 ~ −10	用作防滑蜡的底蜡和温度更高的蜡的覆盖蜡
树脂防滑蜡		
全能 +（含铝）	0 上	会减少雪蜡结冰的现象，用作液体蜡的覆盖蜡
树脂	−2 ~ 0	适用于任何雪质
树脂	−6 ~ −1	用于气温 −10 ℃ 以上的旧雪上
树脂	−15 ~ −6	用于更软的蜡的覆盖蜡
全能		黏性大，适用于寒冷的天气
含氟防护蜡		
黄色	0 ~ 4	适用于新雪、细颗粒雪和含水量高的雪，与液体蜡一起使用
黄色	0 ~ 2	用于新雪和细颗粒雪
含铝	−1 ~ 1	用于旧雪和颗粒状雪，非常耐摩擦
粉色 SUPER	−0.5 ~ 1.5	用于潮湿的天气条件下的新雪和细颗粒雪上，也可以在坚硬粗糙的雪上使用
橙色（胡萝卜色）	−3 ~ −1	新雪上的最佳使用温度为 −4℃ ~ −1℃，旧雪上的最佳使用温度为 −6℃ 以上，硬雪上的最佳使用温度为 −10℃ 以上
蓝色	−10 ~ −4	新雪上的使用温度是 −8℃ ~ −4℃，旧雪和硬雪上的使用温度为 −15℃ ~ −12℃
绿色	−25 ~ −8	在温度为 −25℃ ~ −8 ℃时，适用于所有类型的低温雪

表 1 − 3 − 11、1 − 3 − 12 显示了 VAUHTI 公司滑蜡和防滑蜡产品的各种使用方案

表1-3-11 VAUHTI公司滑蜡产品使用方案

气温℃	雪况	滑蜡方案
2～10	新的干净的细颗粒雪	底蜡：蓝色无氟块蜡； 主蜡：黄色 IR 块蜡，顶层为 SILVER Fox 含氟面蜡
-1～1	反复变化的雪	底蜡：蓝色无氟块蜡； 主蜡：粉色 IR 块蜡，顶层为 ZERO Fox 含氟面蜡
-3～1	新雪，正在降落的雪	底蜡：蓝色无氟块蜡； 主蜡：粉色 IR 块蜡，顶层为低温含氟面蜡
-4～-2	干的磨损力较强的人工雪	底蜡：无氟石墨块蜡； 主蜡：紫色 IR 块蜡，顶层为 GOLD Fox 含氟面蜡，固化剂 Fox 10F 也可
-6～-4	新雪或细颗粒雪，高空气湿度	底蜡：LF 蓝色块蜡； 主蜡：紫色 IR 块蜡，顶层为 GOLD Fox 含氟面蜡，可以以冷方法再打一次
-7～-5	细颗粒新雪，高空气湿度	底蜡：无氟蓝色块蜡； 主蜡：蓝色 IR 块蜡，顶层为 GOLD Fox 含氟面蜡，可以以冷方法再打一次
-12～6	颗粒雪，空气湿度低于75%	底蜡：LF 石墨块蜡； 主蜡：蓝色 IR 块蜡，顶层为 BLACK Fox 含氟面蜡，雪非常硬时可以打面蜡固化剂 Fox 20E
-12 及以下	旧的人工雪，高空气湿度	底蜡：LF 石墨块蜡； 主蜡：蓝色 IR 块蜡，顶层为 BLACK Fox 含氟面蜡，雪非常硬时可以打面蜡固化剂 Fox 20E

表1-3-12 VAUHTI公司防滑蜡产品使用方案

气温℃	雪况	防滑蜡方案
3℃ 及以上	细颗粒新雪，高空气湿度	紫色液体蜡，顶部打一层薄薄的红色和银色含氟液体蜡，在室外打上 Fox Gel 覆上一层薄膜
1～3	新雪，正在降落的雪	打一层薄薄的蓝色含氟液体蜡，上层打含氟红色液体蜡，在室外打一层 Fox Gel

续表

气温℃	雪况	防滑蜡方案
0~2	光滑面，潮湿的细颗粒新雪	含氟蓝色液体蜡，上层打薄薄一层全能含氟液体蜡，场地光滑时添上一层黄色固体含氟蜡，在室外打上一层Fox Gel
0~1	干净的细颗粒新雪，高空气湿度	紫色含氟液体蜡，加热，待其冷却打上红色含氟蜡，在室外打上薄薄一层Fox Gel
0~1	潮湿的大颗粒旧雪	打一层薄薄的蓝色含氟液体蜡，上层打紫色含氟液体蜡，雪槽较脏时在室外打上薄薄一层Fox Gel
-2~0	大颗粒硬雪	打一层薄薄的蓝色含氟液体蜡，上层打紫色含氟液体蜡，寒冷天气条件下再包上一层薄薄的紫色含氟蜡
-2~0	新细颗粒雪	将铝氟蜡摩擦平整，表面打两层紫色含氟蜡
-3~0	旧颗粒雪	2层紫色含氟蜡
-4~-2		根据比赛距离打3~4层橙色含氟蜡
-5~-2	硬大颗粒雪	蓝色液体蜡打薄薄一层，然后打紫色蜡，表面打薄薄一层橙色蜡
-8~-5	新细颗粒雪	橙色含氟蜡，表面打两层蓝色含氟蜡
-10~-5	旧颗粒雪	2~3层橙色含氟蜡，在室外再打一层，可再打一层蓝色含氟蜡以改善滑行
-8℃及以下	新细颗粒雪	2~3层蓝色防滑蜡，加热底层，然后在室外打1~2层绿色含氟蜡
-8℃及以下	旧颗粒雪	在2~3层蓝色含氟蜡上打一层橙色含氟蜡，加热，然后再打一层绿色含氟蜡

1.3.4 HOLMENKOL公司（德国）雪板处理产品的特性

该公司雇用了化学和纳米技术领域的高级别专家，能够制造出最高质量的产品。高含氟量的MATRIX系列的比赛混合产品是采用高科技技术领域的高创新原材料，并采用混合技术生产而成的。HOLMENKOL公司产品的开发利用了现代科技成就，在滑行能力、耐磨性、黏附性、防水和防污能力方面均是其他公司产品所不能比拟的，并被所有国家队的打蜡师广泛用于滑雪比赛和冬季两项的雪板处理中。

该公司每个冬季都会发布新产品，这些新产品将在不同的天气条件下、在不同的海拔高度下进行全面测试。

HOLMENKOL 公司制造的块蜡和面蜡具有很高的耐磨性、耐污性和防水性。

HOLMENKOL 公司生产的 MATRIX 系列有以下四种块蜡（不含钼）：

黄色（−2℃~0℃），用于空气湿度高于50%时的新雪和细颗粒雪；

红色（−6℃~−2℃），用于空气湿度高于50%时的新雪和细颗粒雪；

蓝色（−20℃~−6℃），用于空气湿度高于75%时的新雪和细颗粒雪；

绿色（−20℃~−6℃），用于空气湿度低于50%时的新雪和细颗粒雪。

此外，MATRIX BLACK 系列有三种类型的含钼块蜡：

黑色/黄色（−20℃），非常适合在高空气湿度条件下的大颗粒雪上使用；

黑色/红色（−6℃~−2℃），适用于中高湿度下的大颗粒旧雪；

黑色/蓝色（−20℃~−6℃），用于湿度低于75%时的大颗粒雪。

表 1−3−13 列出了根据空气温度、湿度和雪况使用 HOLMENKOL 石蜡的方案。

表 1−3−13　HOLMENKOL 公司块蜡的使用方案

气温	湿度	雪况		
		新雪	旧雪	
			小颗粒雪	大颗粒雪
	> 75%	黄色	黄色	BLACK/黄色
	> 75%	红色	红色	BLACK/红色
	> 75%	浅蓝色	浅蓝色	BLACK/浅蓝色
−2℃~0℃	< 75%	黄色	红色	BLACK/黄色
−6℃~−2℃	< 75%	红色	红色	BLACK/红色
−20℃~−6℃	< 75%	绿色	绿色	绿色

MATRIX SPEED POUDER 系列的面蜡用于雪板板底的最后处理。这是新一代纳米 CFC 面蜡。高耐磨性使这种面蜡可以长时间发挥作用，这对于为长距离比赛的雪板处理尤为重要。顶尖的滑雪运动员在冬奥会、世锦赛和世界杯上都会使用此面蜡，因为在任何天气条件下，此面蜡都能使运动员进行极限加速、

获得最高速度并且使雪板易于滑行。

HOLMENKOL 公司生产下列类型的面蜡：

MATRIX SPEED POUDER WET（–20℃）适用于潮湿的雪、含水量高的雪、新雪、人造雪和粗颗粒雪；

MATRIX SPEED POUDER MID（–8℃ ~ –2℃），适用于潮湿的雪、含水量高的雪、干雪（粉末状）、人造雪和细颗粒雪；

MATRIX SPEED POUDER GOLD（–20℃ ~ –8℃），适用于含水量高的雪、干雪、粗颗粒雪和硬雪；

100% 高浓度碳氟压缩蜡专为滑雪运动研制，并经过了最高质量标准的测试，易于使用，经济节约且功能强大：

WET（–5℃ ~0℃）建议在人造雪、粗颗粒雪、潮湿的雪和新雪上使用；

MID（–10℃ ~ –2℃）在干雪（粉末状）、人造细颗粒雪上使用；

GOLD（–20℃ ~ –5℃）建议在粗颗粒雪、干雪和硬雪上使用。

PASTE 0/6（0℃ ~6℃）–100% 碳氟化合物混合蜡 WaxPaste 由不同团队的打蜡师于极端条件下在世界杯各赛事上进行了测试，显示出了较高的滑行速度，是雨天和温暖天气条件下最好的快蜡之一。

易于使用、经济节约和高功能性的特性使其在雪板处理中得到了广泛的应用。

除了快蜡，纳米氟混合喷雾也被用于改善滑行：

WET（–3℃ ~0℃）建议在潮湿和含水量高的雪上使用；

MID（–10℃ ~ –2℃）在干雪（粉末装）、含水量高的雪和潮湿的人造雪和细颗粒雪上使用；

GOLD（–20℃ ~ –8℃）在任何雪上都可使用。

自组织、多维的蜡膜能够定向地在雪板的滑行表面上分布和排列，由此，打喷雾蜡有助于提升滑行能力。

由于使用了纳米技术，喷雾蜡可以牢固地固定在雪板的滑行表面，不受高温影响。

表1 – 3 – 14、1 – 3 – 15 列出了 HOLMENKOL 公司固体和液体防滑蜡的一般特性。

表 1 – 3 – 14　**HOLMENKOL 公司的固体防滑蜡的特性**

雪蜡	气温℃																			使用
	25	20	15	12	10	8	6	5	4	3	2	1	0	1	2	3	4	5	10	
底蜡					■	■	■	■	■	■	■									用作底蜡，适用于除新雪外的所有雪质
绿色	■	■	■	■		■	■													适用于新雪和细颗粒旧雪
浅蓝色			■	■	■	■	■													适用于新雪和细颗粒旧雪
浅蓝色 EXTRA					■	■	■	■												适用于干燥的新雪和细颗粒旧雪
浅蓝色 特殊							■	■	■	■	■									适用于高空气湿度条件下的新雪和细颗粒旧雪
紫色 特殊									■	■	■	■	■							适用于含水量高的新雪和细颗粒旧雪
紫色												■	■							适用于含水量高的新雪和细颗粒旧雪
红色													■	■	■	■	■			适用于含水量高的新雪、细颗粒旧雪和颗粒状人造雪
黄色													■	■	■	■	■	■		适用于含水量高的新雪、细颗粒旧雪和颗粒状人造雪

表 1-3-15　HOLMENKOL 公司液体蜡的特性

雪蜡	气温℃																			使用
底蜡	25	20	15	12	10	8	6	5	4	3	2	1	0	1	2	3	4	5	10	用作底蜡，适用于除新雪外的所有雪质
浅蓝色		■	■	■	■	■	■	■	■	■										适用于结冰的雪槽和表层结冰的雪，用作底蜡
紫色								■	■	■	■	■	■	■	■	■				适用于大颗粒雪和粒雪
红色										■	■	■	■	■	■	■	■			适用于潮湿的雪、潮湿的雪、粒雪和混合雪
红色特殊												■	■	■						适用于新雪和细颗粒旧雪
全能								■	■	■	■	■	■	■	■	■	■			适用于细雪、变化的雪和结冰的雪槽
银色													■	■						适用于新雪（和红色特制蜡混合使用）
黑色特殊													■	■	■	■	■	■	■	适用于大颗粒雪和潮湿的雪（和红色蜡及其他蜡混合使用）

1.3.5　BRIKO MAPLUS 公司（意大利）雪板处理产品的特性

BP1 系列的块蜡用于保护雪板板底以及在空气湿度小于 30% 情况下的训练课程和比赛雪板的处理：

HOT（-3℃~0℃）：用于新雪和转化后的雪；

MID（-9℃~-2℃）：用于新雪和转化后的雪；

COLD（-22℃~-8℃）：用于具有侵蚀性的雪。

LP2 系列石蜡氟含量低，在空气湿度为 30%~60% 的情况下用作高氟石蜡的底蜡：

HOT（-3℃~0℃）：用于新雪和转化后的雪；

MID（-9℃~-2℃）：用于新雪和转化后的雪；

冷（-22℃~-8℃）：用于硬雪。

高氟含量的 HP3 系列石蜡可在 60%~90% 空气湿度下使用，或用作 FP4 的高氟面蜡的底蜡：

HOT（-3℃~0℃）：用于含水量高的新雪和转化雪；

MID（-9℃~-2℃）：用于含水量高的新雪和转化雪；

COLD（-22℃~-8℃）：用于具有侵蚀性的雪。

面蜡、喷雾蜡和固体蜡是高氟含量材料，在 60%~100% 的空气湿度下打于含氟块蜡的上层。

有以下类型的 FP4 面蜡：

HOT（-3℃~0℃）：用于湿度大、含水量高条件下含水量高的新雪以及旧雪上；

MID（-9℃~-2℃）：用于新雪、旧雪和硬雪，在阴处和阳光下温度差异较大时有效；

COLD（-22℃~-8℃）：用于转化后的雪。

喷雾蜡和固体快蜡的使用方法相似。

BRIKO MAPLUS 公司的固体防滑蜡有：黄色 S64（-2℃~0℃）、紫色 S63（-3℃~0℃）、浅蓝色 S62（-7℃~-3℃）、绿色 S62（-20℃~-8℃）、底蜡 S60（-20℃~2℃），适用于高空气湿度下的新雪和旧雪。

用 BRIKO MAPLUS 固体含氟蜡紫色 SF12（-2℃~1℃）、浅蓝色 SF11（-4℃~-2℃）和绿色 SF10（-13℃~-5℃）处理的雪板在高空气湿度条件下显示出了最佳滑行性能。

BRIKO MAPLUS 公司的液体蜡黄色 K85（-1℃~5℃）、红色 K84（-2℃~1℃）、紫色 K83（-6℃~-3℃）、绿色 K82（-9℃~5℃）、银色 K81（-5℃~-2℃）、全能蜡 K80（-5℃~5℃）在变换雪和具有非常大磨损性的粗颗粒人造雪上显示出良好的滑行性能。

液体含氟蜡黄色 KF22（-1℃~5℃）、红色 KF21（-2℃~1℃）和紫色 KF20（-5℃~5℃））在超高空气湿度条件下使用。

表 1-3-16~1-3-18 列出了 BRIKO MAPLUS 公司的雪蜡在各种天气条件下的使用方案。

表 1 – 3 – 6　BRIKO MAPLUS 公司块蜡、面蜡和快蜡在人造雪、新雪、细颗粒雪和粗颗粒雪上的使用方案

空气湿度	气温℃									
	-30	-20	-13	-9	-7	-5	-3	-2	-1	0
低于40%	BP1 绿色							BP1 黄色		
		BP1 浅蓝色				BP1 红色				
			BP1 紫色						BP1 黄色	
	BP1 COLD				BP1 MID			BP1 HOT		
30%~60%	LP2 绿色							LP2 黄色		
		LP2 浅蓝色				LP2 红色				
			LP2 紫色					LP2 黄色		
	LP2 低温				LP2 中温			LP2 高温		
60%~90%	HP3 绿色							HP3 黄色½		
		HP3 浅蓝色				HP3 红色				
			HP3 紫色					HP3 橙色1/2		
	HP3 低温				HP3 中温			HP3 高温		
高于50%	FP4 低温								HP4 高温	
						FP4 中温				
				FP4 SUPERMED – HR <80%						

表 1 – 3 – 17　BRIKO MAPLUS 公司固体防滑蜡在新雪、转化后的雪、硬雪和混合雪上的使用方案

空气湿度	气温℃											
	-20	-13	-9	-7	-5	-4	-3	-2	-1	0	1	2
30%~70%	底蜡 S60 黄色											
	绿色 S61			浅蓝色 S62						黄色 S64		
							紫色 S63					
70%~100%			绿色 SF10			蓝色 SF11						
								紫色 SF12				

表1-3-18 BRIKO MAPLUS 公司的液体防滑蜡在新雪、结冰雪和转化后的雪上的使用方案

空气湿度	气温℃											
	-9	-8	-7	-6	-5	-4	-3	-2	-1	0	1	5
30% ~ 70%	液体蜡 绿色底蜡 K82											
	绿色 S61				紫色 K83				红色 K84			
					浅蓝色 K80							
97% ~ 100%				蓝色 S62			红色 KF21					
									黄色 KF22			
					浅蓝色 KF20							

1.3.6 STAR 公司（意大利）雪板处理产品的特性

为给雪板处理专家提供方便，STAR 公司生产的块蜡标有字母缩写：W（高温蜡）、M（中等温度）和 C（低温蜡）。这三种形式的块蜡具有相同的特性和磨损、防污因数。

公司生产的滑蜡"SIMPLY"：

黄色 SY10（-3℃~0℃）非常适用于新雪、含水量高的雪的和潮湿的雪，尤其适合春季；

红色 SY20（-8℃~-2℃），适合所有类型的雪；

天蓝色 SY30（-20℃~-5℃），适用于温度低的雪和结冰的雪槽；

SY40 液体块蜡（-10℃~0℃）含有氟，很容易打在雪板板底上。

公司生产四种类型的合成块蜡：天蓝色 C1（-30℃~-5℃）、绿色 C2（-30℃~-5℃）、红色 MP10（-6℃~0℃）和银色 MP30（-4℃~0℃）。

块蜡 C1，包含无氟的碳氢粉末，可防止雪板板底在 20%~60% 的空气湿度下被雪花磨损。

块蜡 C2，建议用在空气湿度为 50%~90% 的条件下，尤其是在非常寒冷的转化雪上。其组成成分中包括含氟材料。

MP10，适合在 60%~95% 的空气湿度下和正在下细小的结晶雪花、雪槽光滑时使用。

MP30 是一种合成块蜡，其中添加了高氟化合物和钼。专为旧雪、脏雪设计。

底蜡：

BP100（-15℃~0℃）：含短链含氟聚合物的合成块蜡，可减少雪板板底与大气接触发生的氧化作用，在空气湿度为60%~90%用作底蜡；

HB200（-15℃~0℃）：天然块蜡和合成石蜡的混合物，可以很好地被雪板板底吸收，适用于湿度为20%~90%的条件；

MAP200（-5℃~0℃）：用作雪板在不同雪质上时板底的底蜡，同时用于在20%~50%的湿度条件下增添石墨成分并雪板对后续石蜡的吸收率；

MAR VK（-20℃~-5℃）：用作20%~50%的湿度条件下的摩擦力强的干雪上的底层石墨。

高碳氟石蜡：

黄色 HA2（-4℃~0℃）：适用于潮湿的新雪、正在降落的雪、雨夹雪以及在阳光下融化的转化雪；

红色 HA4（-6℃~-2℃）：适合于较在的温度范围，建议在湿度为60%~95%时的紧实的细颗粒雪上使用；

紫色 HA6（-12℃~-4℃）：具有高耐磨性和良好的斥水性能，适用于粗颗粒雪和霜雪；

绿色 HA8（-20℃~-8℃）：高氟聚合物和复杂合成石蜡的混合物，适用于空气湿度为60%~95%条件下温度非常低、具有锋利晶体的雪。

超高碳氟石蜡：

黄色 VA2（-4℃~0℃）：适用于60%~95%湿度条件下所有类型的新、旧雪，特别适合非常脏的融雪；

红色 VA4（-6℃~-2℃）：适用于60%~95%的湿度下较脏的粗颗粒雪和人造雪；

紫色 VA6（-12℃~-4℃）：适用于空气湿度为60%~95%的条件下的温度较低的人工雪、湿润的粗颗粒雪和转化雪；

绿色 VA8（-20℃~-8℃）：非常坚硬的含氟石蜡，建议在60%~95%的空气湿度下使用。

含氟（100%）块蜡：

黄色 FWS（-3℃~0℃）：非常适合于用在湿度为70%~95%时的粗颗粒旧雪和正在融化的雪上；

淡紫色 FMS（-8℃~-3℃）：适用于降雪时、新下的雪和高含水量的雪；

蓝色 FCS（-15℃~8℃）：适用于温度低的雪和含水量高的雪。

含氟（100%）喷雾蜡：

黄色 XFW（-3℃~0℃）：适合于湿度为70%~95%时各种类型的雪；

淡紫色 XFM（-8℃~-3℃）：适合于70%~95%的湿度条件下的正在降落的温度低的雪；

蓝色 XFC（-15℃~-8℃）：适用于70%~95%的湿度条件下温度低的雪。

含氟（100%）面蜡：

黄色 FW（-3℃~0℃）：在湿度为70%~95%时潮湿的雪、旧雪、粗颗粒雪和融化的雪上效果很好；

淡紫色 FM（-8℃~-3℃）：适合在高湿度条件下处理雪板；

蓝色 FC（-15℃~-8℃）：适用于具有磨损性的雪和湿度为70%~95%的空气条件，具有良好的防水特性。

固体防滑蜡：

橙色 S1（底蜡）（-20℃~-3℃）：硬的、磨损能力较强的雪上很好的底蜡；

黄色 S2（0℃~4℃）：适用于刚下的雪和光滑的雪槽；

红色 S3（-2℃~2℃）：适用于新雪；

紫色 S4（-6℃~-2℃）：适用于新雪；

紫色特殊 S5（-8℃~0℃）：在高湿度条件下用作雪蜡 S3 和 S4 的顶层蜡；

天蓝色 S6（-8℃~-4℃）：适用于温度低的细颗粒雪；

天蓝色特殊 S7（-10℃~-2℃）：高氟蜡，用于雪蜡 S6 和 S8 上的顶层蜡；

绿色 S8（-15℃~-6℃）：适用于温度低的新雪和清扫过的雪槽。

液体防滑蜡（Klister）：

淡紫色 K1（-15℃~-3℃）：液体蜡和固体蜡的底蜡；

紫色 K2（-10℃~-6℃）：适用于结冰的雪、含水量高的雪和粗颗粒雪；

红色 K3（-2℃~2℃）：适用于光滑和结冰的雪槽；

蓝色 K4（0℃~6℃）：适用于粗颗粒雪、含水量高的雪和潮湿的雪；

红色 K5（0℃~10℃）：适用于潮湿的旧雪和春季肮脏的雪。

1.3.7　SKI GO 公司（瑞典）雪板处理产品的特性

LF 低氟块蜡在空气湿度低于75%时使用有最佳的速度特性：

C242 LF（-1℃~20℃）：用作新雪上的底蜡；

黄色 LF（-5℃~1℃）：用于过渡状态的雪；

紫色 LF（-5℃~1℃）：用于潮湿的雪和颗粒状的雪；

白色 LF（-12℃~-1℃）：用于具有侵蚀性的雪；

蓝色 LF（-10℃~-3℃）：用于霜雪；

淡紫色 LF（-20℃~-7℃）：用于温度低的新雪，也用作底蜡；

石墨 LF：用作底蜡。

石墨块蜡：

C242HF（-1℃~20℃）：在高空气湿度下使用；

黄色 HF（-5℃~1℃）：在转化后的雪上使用；

紫色 HF（-5℃~1℃）：用于颗粒状雪；

白色 HF（-12℃~-1℃）：用于具有侵蚀性的雪；

蓝色 HF（-10℃~-3℃）：用于松散的霜雪；

淡紫色 HF（-20℃~-7℃）：用于霜雪。

喷剂蜡：

P16（-25℃~-4℃）：在空气湿度为65%~100%时和具有侵蚀性的雪上使用；

C75（-25℃~-4℃）：用于转换后的雪，在空气湿度为40%~70%时使用；

高氟 HF 块蜡适用于空气湿度为65%~100%的雪板处理：

C 242HF（-1℃~20℃）：适用于潮湿的雪；

黄色 HF（-5℃~1℃）：适用于颗粒状潮湿的雪；

紫色 HF（-5℃~1℃）：适用于潮湿的雪和颗粒状雪；

白色 HF（-12℃~-1℃）：适用于具有侵蚀性的雪；

蓝色 HF（-3℃）：适用于霜雪；

淡紫色 HF（-20℃~-7℃）：适用于温度低的新雪，也可用作底蜡。

含氟块蜡：

C22（1℃）：适用于潮湿的雪；

C44（-4℃~4℃）：适用于不断变化中的雪；

C105（-8℃~1℃）：适用于温度低的雪和转化雪。

含氟喷剂蜡：

C22（-3℃~20℃）：适用于潮湿的雪和正在变化的雪；

C44（-9℃~3℃）：适用于潮湿的雪和粒状雪；

C55（-4℃~10℃）：适用于温度低的雪；

C105（-4℃~20℃）：适用于变化后的雪。

固体含氟快蜡：

C22FK（2℃~20℃）：适用于湿度为60%~100%时的潮湿的雪；

C44FK（-9℃~3℃）：适用于湿度为60%~100%时的转化的潮湿的雪；

C105K（-9℃~1℃）：适用于空气湿度为70%~100%时的转化的含水量高的雪，是此温度范围内最受欢迎的块蜡。

固体防滑蜡：

黄色特殊（-2℃~3℃）：适用于新雪、正在降落的雪、旧雪和粒状雪；

红色特殊（-2℃~0℃）：适用于轻度寒冷时的含水量高的粒状雪；

紫色特殊（-8℃~-1℃）：适用于新下的雪；

天蓝色特级（-10℃~-3℃）：可在任何雪上使用；

超级天蓝色（-20℃~-7℃）：适用于所有类型的雪；

底蜡-在低气温和低雪温条件下使用。

银色特殊（-1℃~5℃）：用于过渡雪和转化的潮湿的雪；

含氟银色（-2℃~3℃）：适用于含水量高的雪；

含氟红色（-3℃~0℃）：在轻度寒冷和高空气湿度的条件下使用。

竞赛含氟防滑蜡：

竞赛（-3℃~1℃）：适用于转变温度；

特殊竞赛（-15℃~-2℃）：适用于结霜的新雪和旧雪；

竞赛加（3℃~20℃）：适用于潮湿的脏雪；

竞赛全能（-20℃~-1℃）：适用于结霜雪；

特级竞赛（-4℃~0℃）：适用于细颗粒新雪；

竞赛（-2℃~2℃）：适用于转变温度。

液体蜡：

蓝色（-8℃~-5℃）：用作过渡蜡的底蜡；

紫色（-4℃~3℃）：适用于旧雪、混合雪和转化雪；

红色（1℃~5℃）：适用于潮湿的雪和较脏的雪；

银色（0℃~5℃）：建议与其他液体蜡一起用于肮脏的雪槽上；

橙色（4℃~10℃）：适用于所有类型的雪；

全能蜡（0加3℃）：适用于温暖的天气；

竞赛加（3℃~20℃）：适用于温暖的天气和肮脏的雪。

表1-3-19列出了SKI GO公司石蜡、面蜡和快蜡的使用方案。

表 1 – 3 – 19　SKI GO 公司雪蜡使用方案

气温℃	雪况					
	旧雪，温度低的雪		转化中的雪		新雪	
	湿度<60%	湿度>60%	湿度<60%	湿度>60%	湿度<60%	湿度>60%
5~15	C242 LF +C22	C242 HF +C22	C242 HF +C22	C242 HF +C22	C242 HF +C22	C242 HF +C22
0~5	C242 HF 和紫色 HF +C22	C242 HF 和紫色 HF +C22	C242 LF +C22	C242 LF +C22	C242 LF +C22	C242 LF +C22
–4~0	白色 HF+C44	白色 HF+C44	黄色/白色 HF+C44	黄色/白色 HF+C44/C105	黄色 HF+C44/C99	黄色 HF+C105
–8~–4	白色 LF+蓝色 LF	白色 HF+C44	淡紫色/黄色 HF	淡紫色/黄色 HF+C55/C99+C105	蓝色 HF+C105	蓝色 HF+C105
–12~–8	蓝色 LF	白色 HF+P16	淡紫色 HF+C380	淡紫色 HF/白色 HF+C105	淡紫色 HF+C105	蓝色/淡紫色 F+C105
–25~–12	淡紫色 LF	淡紫色 LF+P16/C75	淡紫色 LF+C380	淡紫色 LF+C75	淡紫色 HF+C380	淡紫色 HF

表 1 – 3 – 20 列出了在不同的雪况下 SKI GO 防滑蜡产品的使用方案。

表 1 – 3 – 20　SKI GO 公司雪板防滑蜡产品的使用方案

气温℃	雪况	
	新雪	旧雪
10	紫色液体蜡＋橙色液体蜡，顶层－竞赛＋	紫色液体蜡＋橙色液体蜡，顶层－银色液体蜡和竞赛＋
5	紫色液体蜡＋橙色液体蜡，顶层－竞赛＋	紫色液体蜡＋橙色液体蜡，顶层－银色液体蜡和竞赛＋

气温℃	雪况	
	新雪	旧雪
2	竞赛 EXTRA，紫色液体蜡 + 全能液体蜡和黄色特殊	紫色液体蜡 + 红色液体蜡，顶层—竞赛 + 和竞赛 EXTRA
0	浅蓝色 EXTRA + 含氟银色，顶层—黄色特殊	紫色液体蜡 + 竞赛（-3℃~1℃），顶层—液体蜡全能
-1	浅蓝色 EXTRA + 含氟红色，顶层—红色特殊	浅蓝色液体蜡 + 竞赛全能，顶层—竞赛（-3℃~1℃）
-2	天蓝色 EXTRA + 含氟红色，顶层—红色特殊	浅蓝色液体蜡 + 竞赛全能
-3	浅蓝色 EXTRA + 竞赛特殊，顶层—红色特殊，然后浅蓝色 EXTRA	底蜡，顶层—竞赛全能
-5	浅蓝色 EXTRA + 特殊竞赛，顶层—紫色特殊	底蜡，顶层 - 竞赛全能
-8	浅蓝色 EXTRA + 特殊竞赛	底蜡，顶层—竞赛全能
-12	浅蓝色 EXTRA + 特殊竞赛，顶层—浅蓝色 SUPER	底蜡，顶层—竞赛全能
-15	浅蓝色 SUPER	底蜡 + 天蓝色 SUPER，顶层—竞赛全能

1.3.8 RODE 公司（意大利）雪板处理产品的特性

在由 RODE 公司（意大利）生产的雪板打蜡产品中，得到最广泛使用的是固体防滑蜡和液体防滑蜡。

固体防滑蜡：

黄色 P60（1℃~4℃）：在新雪、雨夹雪和高空气湿度条件下使用；

红色 ROSSA P50（0℃~3℃）：适用于新雪和潮湿的雪；

红色 EXTRA P52（0℃~2℃）：适用于潮湿的新雪；

Viola EXTRA P42（0℃~1℃）：适用于潮湿的新雪；

紫色 P40（0℃）：适用于过渡天气；

紫色 Multigrade P46（−2℃~0℃）：适用于新雪；

超级天蓝色 P32（−3℃~−1℃）：适用于新雪。

超级天蓝色 WEISS P28（−4℃~−1℃）：适用于新雪和旧雪；

超级天蓝色 EXTRA P38（−5℃~−1℃）：用于新雪和旧雪；

天蓝色1 P30（−6℃~−2℃）：适用于新雪和旧雪；

天蓝色2 P34（−8℃~−2℃）：适用于新雪和旧雪；

天蓝色 Multigrade P36（−7℃~−3℃）：适用于新雪和旧雪；

绿色 P20（−10℃~−4℃）：适用于粗颗粒雪；

绿色特殊 P15（−30℃~−10℃）：适用于温度非常低的粉状雪；

基底（底蜡）（−20℃~−2℃）：使用于任何雪。

以上列出的 RODE 公司的雪蜡是专为中低空气湿度时的雪板处理而设计的。

含氟固体防滑蜡：

红色特级（0℃~2℃）：适用于高空气湿度条件下的新雪；

紫色特殊（−2℃~0℃）：适用于新雪和细颗粒、含水量高的雪；

超级蓝色（−3℃~−1℃）：适用于高空气湿度条件下的新雪和旧雪；

天蓝色特殊（−7℃~−3℃）：适用于细颗粒雪，有时适用于旧雪。

由于含氟蜡成分中含有氟，因此可以很好地滑行并在蹬动时抓地。含氟蜡在中高空气湿度条件下的新雪上能表现出最佳特性。

液体防滑蜡：

Viola K90（1℃~4℃）：适用于粒雪和结冰的雪；

蓝色 Multigrade76（−6℃~6℃）：适用于任何雪；

黄色全能 K70（0℃）：适用于潮湿的新雪；

黑色 nera K80（−2℃~5℃）：适用于旧雪、潮湿的雪、脏雪和春季的雪；

黄色 K60（−2℃~0℃）：适用于新雪；

银 K50（1℃~5℃）：适用于潮湿的新雪；

特级 K52 银（0℃~4℃）：适用于潮湿的新雪；

红色 ROSSA 特殊 K46（0℃~3℃）：适用于潮湿的新雪；

红色 ROSSA K40（−2℃~4℃）：在过渡天气时高空气湿度条件下的新雪和混合雪上使用；

紫色 K30（−3℃~1℃）：用于过渡性天气和细晶雪；

淡紫色特殊 K36（−5℃~−1℃）：适用于粒状结晶雪；

蓝色 K20（−7℃~−3℃）：适用于硬雪和结冰的雪；

蓝色特殊 K10（−14℃~−6℃）：适用于硬雪和结冰的雪。

液态含氟蜡：

紫色 FK30（-3℃~1℃）：适用于颗粒状雪；

红色 ROSSA FK40（-2℃~4℃）：在有雨和潮湿的雪上使用；

银色 FK50（0℃~5℃）：用于潮湿的脏雪；

Multigrade FK 76（-6℃~6℃）：适用于粒雪；

液体含氟蜡在临界空气温度范围内的新雪和旧雪上均能很好地发挥作用，可保护雪板的滑行表面免受脏污物质的黏附。

1.3.9 REX 公司（芬兰）雪板处理产品的特性

无氟块蜡用于训练课程雪板的处理和雪板的基础处理。

训练用雪板块蜡：

红色（0℃~10℃）：适用于非常潮湿的雪，适合用于雪板的基础处理；

石墨（-25℃~-10℃）：用于雪板加工；

基底 - 用作底蜡；

绿色（-25℃~-10℃）：适用于温度非常低的雪；

蓝色（-10℃~-1℃）：适用于细颗粒雪；

紫色（-5℃~0℃）：适用于含水量高的颗粒状雪；

低温面蜡（-20℃~-10℃）：适用于旧雪。

低氟块蜡：

白色（-25℃~-10℃）：适用于温度非常低的雪；

绿色（-12℃~-6℃）：适用于温度低、干燥的雪；

蓝色（-10℃~-2℃）：适用于温度低的新雪；

紫色（-5℃~3℃）：适用于转化雪；

红色（-5℃~0℃）：适用于潮湿的雪、新雪和颗粒状雪；

粉色（0℃~20℃）：适用于低空气湿度条件下的新雪和颗粒状雪；

石墨（-20℃~-7℃）：适用于硬雪和结冰的雪槽。

高氟块蜡：

黄色（0℃~10℃）：适用于非常潮湿的雪；

红色（-2℃~2℃）：适用于颗粒状雪；

紫色（-4℃~0℃）：适用于粒雪；

蓝色（-10℃~-4℃）：适用于硬的新雪；

蓝色石墨（-10℃~-2℃）：适用于雪板的加工；

绿色（-15℃~-8℃）：适用于温度低的新雪；

钼（-20℃~-8℃）：适用于脏雪、人造雪和硬雪。

氟碳面蜡：

TK244（-5℃~5℃）：适用于潮湿的雪、新雪和颗粒状雪；

TK28（-8℃~-2℃）：适用于旧雪和新雪；

TK50（0℃~5℃）：适用于含水量高的雪、新雪和脏雪；

TK820（-20℃·-8℃）：适用于温度非常低的雪和具有磨蚀性的雪。

氟碳快蜡：

NAGANO（-3℃~10℃）：适用于高空气湿度条件下的新雪、颗粒雪；

TK244（-5℃~5℃）：适用于高空气湿度条件下的过渡状雪；

TK72（-20℃~0℃）：适用于软雪和硬雪。

氟碳凝胶蜡：

Hydrex（-10℃~10℃）：适用于所有类型的雪；

SAPPORO（-10℃~3℃）：适用于颗粒状的雪、粒雪；

SLC（-5℃~15℃）：适用于霜雪、新雪和旧雪；

RIKA（-10℃~3℃）：适用于颗粒状雪、粒雪。

固体防滑蜡（通常在低湿度条件下使用）：

浅绿色（-15℃~-8℃）：适用于温度低的雪和旧雪；

绿色（-10℃~-5℃）：适用于任何雪（特别适用于硬雪和表层结冰的雪）；

蓝色（-8℃~-2℃）：适用于任何雪（特别适用于硬雪和结冰的雪）；

蓝色特殊（-4℃~-1℃）：适用于含水量高的新雪；

紫色特殊（-2℃~0℃）：适用于含水量高的雪和颗粒状雪；

超级红色（-1℃~1℃）：适用于含水量高的雪、粒状雪和新雪；

红银色（0℃~2℃）：适用于潮湿的雪、硬雪和粗颗粒状雪；

黄色（0℃~5℃）：适用于非常潮湿的雪、新雪和光滑的雪；

全能（-30℃~-0℃）：适用于新雪、旧雪、硬雪和温度低的雪；

基底-用作底蜡。

含氟固体防滑蜡：

紫色（-6℃~-2℃）：用于潮湿的雪、坚硬的雪和表层结冰的雪；

蓝色（-3℃~-1℃）：用于含水量高的雪、新雪和细颗粒雪；

红色（-1℃~1℃）：用于潮湿的雪、新雪和水状雪，在0℃时尤其有效；

绿色（-10℃~-5℃）：用于旧雪和新雪。

高氟固体防滑蜡：

紫色（-5℃~3℃）：用于高空气湿度条件下潮湿的雪、新雪、旧雪和细颗粒雪；

　　蓝色（-10℃～-4℃）：用于硬雪和结冰的雪；

　　绿色（-10℃～-5℃）：用于老雪。

这些蜡特别耐磨损，并能在数公里的距离内保持其特性。

液体防滑蜡：

　　蓝色（-25℃～-5℃）：适用于结冰的雪和粗颗粒雪，同样可以用作底蜡；

　　紫色（-7℃～0℃）：适用于颗粒状雪、粒状雪、含水量高的雪和旧雪；

　　红色（0℃～10℃）：同橙色、黄色液体蜡一起用于非常潮湿的雪；

　　橙色 OI（0℃～10℃）：用于潮湿的雪和新雪，在高温条件下与红色液体蜡
混合使用；

　　黄色 OU（0℃～10℃）：在潮湿的阴雨天气时与褐色液体蜡混合使用；

　　棕色 OV（0℃～10℃）：适用于非常潮湿的雪和水上；

　　通用（-30℃～10℃）：用于过渡天气，业余运动中最为常用。

　　1.3.10　TOKO 公司（瑞士）雪板处理产品的特性

TOKO 公司的雪板处理产品在晴朗的天气和山地上能表现出最佳的滑行特
性。其最热门的是低碳氟和高碳氟块蜡、面蜡和快蜡。

低碳氟块蜡（LF）：

　　黄色 LF（-4℃～0℃）：适用于晴朗天气下的新雪和细颗粒雪；

　　红色 LF（-10℃～-4℃）：适用于含水量高的雪、新雪和颗粒状的雪；

　　蓝色 LF（-30℃～-10℃）：适用于硬的旧雪。

高碳氟块蜡（HF）：

　　黄色 HF（-4℃～0℃）：适用于中高湿度下的新雪和细颗粒雪；

　　红色 HF（-10℃～-4℃）：适用于含水量高的雪、新雪和颗粒状雪；

　　蓝色 HF（-30℃～-10℃）：适用于粒状雪和硬雪。

TOKO 公司针对训练课程和比赛用雪板在硬雪、大颗粒雪和磨损性较强的雪
上时的基础处理生产了完善的产品——添加石墨的低碳氟石蜡和高碳氟石蜡，
可在不同的空气湿度下使用。LF 石蜡在空气湿度小于65%～70%的条件下使用，
而 HF 蜡在空气湿度为75%～100%的条件下使用。在温度低、干燥的雪上，石
蜡可单独使用或打一层面蜡覆盖。

氟碳面蜡：

　　黄色（-4℃～0℃）：适用于空气湿度高于50%的新雪和细颗粒雪；

　　红色（-10℃～-4℃）：适用于新雪和颗粒状雪；

　　蓝色（-30℃～-10℃）：适用于温度低的雪、硬雪和在低空气湿度条件下

使用。

碳氟片状蜡和喷剂蜡用于雪板处理的最后一步，与碳氟面蜡产生的效果相同。用片状蜡和喷剂蜡处理的雪板在晴朗的天气条件下滑行性能最佳。

1.4 训练课程日志的形式和内容及训练负荷的统计

运动日志是个人统计和监督的一种形式，运动员应该客观呈现如下指标：

——训练日期和时间；

——训练期间的天气情况；

——训练持续时间；

——进行热身、放松和拉伸的时间；

——训练课程的内容；

——训练量和强度；

——心率指标；

——运动员的体重；

——关于训练前、训练中和训练后的训练负荷承受能力和自我感觉的数据；

——训练课程中有关机体状态的数据。

记录日志的主要任务是创建一个数据信息库，该数据库将进一步帮助教练员和运动员开展工作。建议滑雪运动员记录训练日志。训练日志可以以多种形式记录：手动或使用计算机程序。通过分析日志中反映的数据，教师、教练和运动员都可以对训练过程进行调整。滑雪运动训练和比赛负荷量大小的主要指标是量（公里）和强度（%）。滑雪比赛中的负荷量取决于穿雪板或滑轮滑行时、慢跑时、在体育场周围跑步时或在攀爬、骑自行车模拟滑雪动作时滑行的公里数，完成周期性和非周期性负荷所需的时间，或年训练周期内的训练天数和比赛数量。

为了控制训练课程的强度和紧张程度，使用了心率作为指标。

运动员的状态有以下三种：有效状态、当前状态和稳定的状态。

有效状态：由训练期间信息量最大的指标确定：滑行速度、平均训练心率、训练时间（小时、分钟）、通过距离（公里）。

当前状态：根据机体负荷监督测试及机能测试结果（体位测试、PWC170、每米路径心率）确定。

稳定状态：根据测验比赛和各种机体功能测试结果进行评估。

在每次训练课程结束后，在日志中对训练量的承受能力进行评估。在每个小训练周期结束时汇总分数（表1-4-1）。

表1-4-1　完成每次训练课程训练量后和在小训练周期结束后对滑雪运动员状态的评估

每训练日分数	滑雪运动员的身体状态	小训练周期总分
0～1.0	非常差	0～6.5
1.1～2.0	差	6.6～12.5
2.1～3.0	中等	12.6～18.4
3.1～4.0	好	18.5～24.4
4.1～5.0	非常好	24.5～30.0

运动员对训练量的承受能力进行主观评估，评分标准为5分：

1——非常差；

2——差；

3——中等；

4——好；

5——非常好。

状态"非常差"，即运动员处于非常差的机能状态，因此无法完成训练计划规定的训练量，或由于许多原因（训练量太大、高强度、训练和休息交替不当、两次训练之间的休息间隔不足、家庭问题、疾病等）完成规定的训练量非常困难。滑雪运动员的状态非常差，可能表明训练计划不适合其身体机能。运动员在身体状态非常差的情况下，在测试中的成绩会下滑。

滑雪运动员在训练开始阶段时的状态"差"主要是由于机能训练不足，原因是运动员在赛季结束后没能保持身体素质已经达到的发展水平。通常，在备战冬季赛季的开始阶段，滑雪运动员按计划应完成大容量的训练任务，但是会因身体机能状态差而无法完成计划的训练量。但是，如果运动员的状态在整个大训练周期中都差，则应查找原因并解决问题。为此，需要进行深入的医学检查。运动员处于这种状态下，测试结果并不会提高，只能处于原来的水平。

当前阶段身体机能状态不佳的滑雪运动员的状态为"中等"。在繁重、单调、缺乏变化的训练课程中会出现这种情况。在恢复措施（没有进行按摩、未借助医疗恢复手段）效果不好及不遵守运动作息时也会出现中等的状态。在大训练周期结束时，测试中结果的提高并不明显，最高可以达到1.0%～1.1%。

身体状态良好并能顺利完成训练计划的运动员的状态是"好"的等级。此类运动员在大训练周期结束时，测试结果能提高2.0%。

很少能在运动员身上观察到"非常好"的状态。

在进行大量高强度训练时，必须在训练过程、康复措施、合理的营养和充足的休息方面进行仔细的计划。在身体状态"非常好"的情况下，大训练周期结束时测试结果的提高幅度超过2%。

在进行训练课程时，教师、教练应随时对训练量的完成情况进行监督，并进行每日分析。

在训练过程管理系统中，对训练量的监督分为三种类型：

——有效；

——当前；

——阶段性。

有效性检测对于训练量的记录很有必要，是根据心率、血液生化分析（在训练前、训练期间或训练后进行血液采样）等指标进行的。有效性监督的主要任务是确定物理和生理负荷之间的关系，即"剂量—效应"关系，其中所完成的训练量是作用的"剂量"，而"效应"则是由"剂量"在其体内所引起的生化变化的量和方向（Н. И. Волков，1975）。

当前阶段检测是在每次训练课程中记录训练量以及在小训练周期结束时计算所有已完成训练的总和。然后，结合运动员当前状态下的指标以及测试和比赛结果来分析所完成训练量的数据。在每月训练周期结束时，对小训练周期中的结果进行比较分析，计算训练完成量（公里，小时），确定平均滑行速度和心率，并分析血液生化测试的数据。教师、教练需要确定不同训练方法的最佳比例。有了滑雪运动员身体的功能状态数据，就可以对训练过程进行调整。

阶段性检测是通过测试和比赛的形式来确定训练的有效性。

根据滑雪运动员的级别不同，运动日记具有不同的统计和运动量分析形式。

低级别滑雪运动员必须记录在训练课程上花费的小时数、借助周期性训练方法滑行的公里数以及训练课程和比赛的次数。

对于高级运动员来讲，准确计算完成的训练量及训练强度非常重要。

训练过程检测不可或缺的部分是年度训练周期中运动结果和测试结果动态变化的对比，这将使教师、教练可以根据运动员的机体功能状态来计划训练过程。

心率测量应在早晨未从床上起来时进行。将心率指标记录到日志中。早晨心率的大小可能会受前一天训练量增加和压力状态的影响。在心率比正常值增加8%～10%时，需要对训练计划进行更改。在早晨进行晨练后，建议进行称重。每个运动员都必须知道自己的比赛体重，并控制自己的体重不会在这个数值左右有太大的波动。

在每个特定时间段（星期、阶段、时期）结束时，将针对所有训练参数结算已完成的训练量。

由医生、生物化学家进行检测的数据在体检当日记录。

此外，日志应反映以下方面的数据：

1. 一般指标：

——训练课程的日期和序号；

——运动员的状态；

——课程主要任务；

——训练课程持续时间（小时，分钟）。

2. 特殊体能训练指标：

——特殊训练量（小时，公里）；

——总训练量在强度区域的分布。

3. 特殊体能训练指标：

——训练量（小时，公里）。

4. 教学和个人检测指标：

——关于一般体能训练和特殊体能训练测试的数据；

——比赛上的运动成绩。

5. 恢复措施：

——训练课程和比赛期间及之后的主要恢复手段和方法列表，关于能力提高手段和方法的数据。

运动员必须在日志中记录反映早晨、日间和晚上训练课程内容的数据。

在分散训练的情况下，应将一周的记录发送给主教练，以便其分析运动员的训练量及运动员对此训练量的承受能力，并在每周的小训练周期结束后确定运动员状态。

日记中的记录将使运动员能够更轻松地分析和监测自己的状态，对后续训练进行调整，及时削减训练时间，更改训练强度或全部取消当天的训练。

记录的日志将给教练提供客观评估运动员身体机能状态及其能力所需的信息。

1.5　教学训练课程和比赛前后热身、放松和拉伸活动的组织和进行

热身：许多滑雪运动员低估了在课程主要部分开始前进行热身的重要性。在参加比赛前的训练准备阶段和比赛阶段进行热身运动尤为重要，可以防止受

伤并有助于改善技术和提高成绩。通常，在热身时，主要进行有氧运动，穿雪板、滑轮滑行、跑步和完成一系列旨在拉伸肌肉的运动。做好充分热身后，滑雪运动员的机体就可以适应教学训练课程和比赛。在进行训练或参加比赛之前，必须进行热身活动，以提高体温并改善血液循环，增加所有肌肉群和肌腱的弹性。暖和过来的肌肉可以很好地收缩并更快地放松，增加血液流动，从而使氧气和酶能够更快速地进行运输。出汗现象取决于气温以及热身的强度，并表明了运动员身体的发热程度。待主要肌肉群发热后，运动员必须对肌肉和韧带充分进行拉伸，做拉伸肌肉的动作。在热身时，滑雪运动员不仅是在让自己的身体为体力运动做好准备，而且也在心理上进行自我调整以解决具体问题。

滑雪运动员在未来的能力表现在很大程度上取决于热身的质量。进行热身运动，运动员可以改善自己的机能状态、提高运动积极性和提升情绪。热身效果不佳可能会对运动员的表现产生不利影响，还可能导致受伤。

在训练前或参加比赛前进行热身时，运动员必须在热身结束和训练课程和比赛开始之间留出足够的休息时间。时间不足或休息时间过长会导致训练完成效率低下，甚至会影响比赛中的运动表现（Н. Н. Яковлев，1974）。

教学训练课程主要部分开始前的热身进行 30～40 分钟。在最初的 20 分钟内，滑雪运动员进行中等强度的有氧运动，然后用 15～20 分钟做一组拉伸肌肉、提高柔韧性的练习和跳跃练习。在进行速度、强度训练时，热身中应包括 15～20 秒的短距离加速。

在以循环方式进行训练课程之前，必须进行热身。为了防止在课程主要部分的前 5～6 个练习中受伤，建议练习以最大承重 30%～40% 的重量和低强度进行。

教练应结合运动员的身体机能状态，为其选择个性化的热身方案。

训练课程期间，热身结束和课程主要部分开始中间应有 3～4 分钟的休息。参加比赛时，此休息时间应为 5～8 分钟，具体时间取决于气温。热身强度还取决于比赛距离的长短。距离越短，热身活动应更剧烈。

在热身过程中，首先应伸展手臂和上肩带的肌肉，然后伸展躯干和下肢的肌肉。在热身的特殊部分结束时，建议进行几组强度为最大强度 85%～90% 短距离加速。

冬季高水平滑雪运动员在比赛前的热身活动应持续 40～60 分钟。热身的主要部分是穿板滑行。运动员以最大速度 50%～60% 的强度沿着赛道滑行，并进行 5～6 次在赛道不同部分的 10～15 秒的加速。完成穿板滑行热身后，应进行 15～20 分钟拉伸肌肉的一般发展性练习和特殊练习。应在出汗前完成热身。并且应当记住，热身时不应有疲劳的感觉。热身结束与比赛开始之间的休息间隔至少应为5分钟。热身时间和强度取决于滑雪运动员的年龄和水平。高水平滑雪运动员的热身时间应比低水平的运动员更长。每个滑雪运动员都应在热身时研究自己的身体。在进行不同的热身选择方案时，需在训练日志中记录下自我感觉。在寒冷的天气下进行热身时，热身时间应足够长，以使身体温度不会下降。在气温为 -18℃ ~ -22℃ 的情况下，建议仅进行15 ~ 20分钟的跑步作为热身，然后再进行15 ~ 20分钟的拉伸和跳跃运动。滑雪运动员的衣服必须适合天气条件。不建议在比赛开始前脱下热身服。

高水平运动员在 -14℃ ~ -1℃ 的空气温度下参加比赛之前，热身活动应穿板滑行，持续35 ~ 40分钟，同时建议最开始的20分钟心率控制在145±5bpm，然后完成4 ~ 5次每次10秒的加速，和沿赛道缓慢滑行（3 ~ 4次，每次30秒）交替进行。接下来，完成2次20s的加速，中间休息30秒。完成加速后，沿着赛道滑行8分钟，控制心率为140bpm。然后，将板脱掉，进行拉伸运动，放松肌肉。在自我感觉良好时，建议完成2 ~ 3次20米距离的跳跃练习，然后慢速跑步5分钟。热身结束与比赛开始之间的休息间隔应至少为5分钟。应该注意的是，比赛距离越短，总热身时间应越长。

空气温度在 -15℃ ~ 20℃ 时，热身时间可以减少5 ~ 10分钟。天气寒冷时，热身部分可以以跑步代替。然后应该进行主要肌肉群的拉伸练习。

初级滑雪运动员在 -10℃ ~ -1℃ 的气温下参加比赛前要穿板滑行进行热身，进行25 ~ 30分钟。前15分钟控制心率为160bpm。然后以120 ~ 130bpm的心率滑行3分钟。接下来完成2次10秒的加速，与持续30秒的慢速滑行交替进行。最后3分钟应以130 ~ 140bpm的心率滑行。然后，脱板进行10分钟主要肌肉群的拉伸。拉伸结束与训练、比赛开始时间之间的休息间隔应至少为6 ~ 7分钟。

初级滑雪运动员在 -15℃ ~ -10℃ 的气温下参加比赛前穿板滑行进行热身，时间为20 ~ 25分钟。运动员以140bpm的心率滑行8 ~ 10分钟，然后以150bpm的心率滑行3分钟，接着以130bpm的心率滑行5分钟。然后，以160bpm的心率完成2次10秒的加速，两次间隔1分钟。最后6分钟以140bpm的心率滑行。然后脱下板进行8 ~ 10分钟的肌肉拉伸练习。

热身后进行训练、比赛时，血液中乳酸水平的增加水平明显低于未进行热身时的情况。热身和主要训练和比赛之间的休息间隔应能确保运动员体内能发生磷酸大分子的热分解，但热身激活的氧化过程还没有恢复到正常水平。休息间隔太短或太长都会降低训练或比赛完成的效果。休息间隔的大小还取决于热身持续时间和热身时所做练习的特点。

在非常寒冷的天气下，可以进行如下热身：一半时间穿板滑雪，一半时间慢跑。

在不利的天气条件下，热身的大部分可以用慢跑代替。

热身结束与训练、比赛开始时间之间的休息间隔应至少为5分钟。

放松：训练和比赛后的放松对于滑雪运动员来说非常重要。不进行放松的滑雪运动员的身体恢复过程更慢，机体对训练量和比赛负荷的适应能力也更差。放松是训练课程的组成部分，在训练主要部分或参加比赛之后进行，时间20~30分钟，有助于更快地去除机体内的乳酸。需根据机体的负荷量计划不同的放松时间。

当负荷量非常大时，有必要将放松时间削减至10~15分钟。

在完成任何一项以力量为导向的训练后，必须进行20~30分钟轻松的有氧运动放松。

热身和放松的方法没有明显差别。在放松过程中要进行有氧运动，不进行加速跑。

建议在训练或参加比赛后立即换上干衣服，然后再进行放松。在课程结束后（终点后）的前几分钟，建议饮用运动维生素饮料来补充流失的水分并恢复水盐平衡，促进身体的恢复。

放松后，建议进行15~20分钟所有肌肉群的拉伸。在寒冷的天气下，建议在温暖的室内进行放松。

在参加马拉松距离的比赛及经过长时间的训练后不建议进行放松。

在训练课程的主要部分或参加比赛后进行放松可以加快滑雪运动员身体的恢复过程，增强其肌肉放松的能力，并使其情绪状态恢复正常。

拉伸是肌肉的伸展运动，能增加关节的柔韧性和灵活性。拉伸对于增强肌肉的弹性和活力、提高肌肉的氧气和营养供应是必不可少的。

在体育实践中，有弹震式拉伸、静态拉伸和本体感受肌肉拉伸。

最常见的是静态拉伸。

静态（缓慢）拉伸是在短时间内（5~6秒）缓慢拉伸肌肉，并保持拉伸姿势50秒。拉伸对于肌肉中产生适量张力是必需的。

在完成一场困难的训练或参加完比赛后，肌肉弹性下降，动作幅度减小，从而滑雪技术会变差。由此，受伤和肌腱拉伤的可能性增加，滑行长度和向前摆腿的幅度减小。当进行肌肉拉伸练习时，运动员身体的柔韧性也会提高。建议在每次训练课程结束或参加比赛后进行这些练习。静态拉伸练习是在静态模式下缓慢进行的。不建议在身体疼痛时进行此项练习。进行拉伸时，建议每个姿势保持 15 到 50 秒。不参与拉伸的肌肉应放松。静态拉伸练习在正确选择的音乐背景下或在游泳池中进行效果都很好。

不断进行拉伸运动的运动员可以通过增加肌肉弹性和增加关节活动度来显著改进滑雪技术。

一组主要肌肉群拉伸练习

1. 伸展拉伸股四头肌。初始姿势：单腿站立，另一条腿从膝盖关节弯曲，用手握住弯曲腿，将脚后跟拉至臀肌。

2. 伸展大腿的内收肌。初始姿势：坐在地板上，将脚掌压在一起，手放在脚踝上，以使肘部位于大腿内侧。呼气，保持背部挺直平缓地向前倾斜。

3. 伸展大腿的内收肌。初始姿势：坐在地板上，双腿向两侧分开，向前倾斜。

4. 伸展小腿肌肉。踮脚尖站在一块 10～15 厘米厚的木板上，抬起并放下身体重量。

5. 伸展脚掌伸肌。坐在地板上，一条腿在身前伸直，另一条腿在膝盖关节处弯曲，并在髋关节处旋转，以使大腿和小腿的外表面位于地板上，用另一只手弯曲脚掌。

6. 伸展臀部内收肌。初始姿势：蹲姿，双腿分开 25～30 厘米，脚尖向外。呼一口气，用肘部慢慢将双腿分开。

7. 伸展小腿肌肉。初始姿势：站在距离支撑架 4 米的地方，一条腿向前伸展，另一条腿在后面伸直，双手撑在支撑架上。缓慢将脚放低到支撑架上，并将其保持在此位置。

8. 伸展肩部外侧肌肉。抬起左臂，在肘关节处弯曲，直至肩膀水平，然后用右手抓住左手肘，呼气，将其向身体方向拉，然后保持在该位置。

9. 伸展臀大肌。初始姿势：躺卧，将左腿在膝盖和髋关节处弯曲，双手十指交叉抓住弯曲腿的膝盖，将其拉到胸部。

10. 伸展肩二头肌。将一只手臂移到一侧，用手抓住高于肩关节的垂直支撑物，大拇指向下，不要屈肘，将整个身体向前倾斜。

1.6　青少年体育学校和专业青少年体育学校教练工作的特点

滑雪运动员的长期训练分为四个阶段：

1. 选拔和初步训练——9～11 岁；

2. 初步体育专业化——12～14 岁；

3. 深化体育专业化——15～17岁；

4. 达到最高的体育水平——18岁及以上。

长期体育训练各个阶段的持续时间可能会有所不同，取决于许多因素：健康状况，身体素质发展水平，运动天赋水平。

长期体育训练系统会根据滑雪者的年龄、运动水平和个人特点，使训练量系统性地增加。

选拔和初步培养工作从9岁开始，并持续到11岁以下。在此阶段举行训练课程时，应广泛使用有助于基本身体素质发展的练习，并培养对滑雪运动课程的兴趣，进行滑行技术教授。应格外重视滑雪者的身体发展和各种滑行技术的教授。所有训练应在中低强度下进行。

初步体育专业化始于12岁，持续到14岁。这一阶段的目标是增强越野滑雪者的健康状况并进一步发展其体能、机体功能和提高技术水平。教学训练班的训练课程为期三年。

深化体育专业化从15岁开始，到17岁结束。这一阶段的教学训练课程在体育改进组别开展。在此阶段，应根据每位运动员的生理和心理状态以及身体的恢复程度，单独计划训练任务。在训练期间，应特别重视特殊身体素质的培养和滑雪技术的改进，并逐步提高训练量和参加比赛数量。

达到最高体育水平是对滑雪者训练的各个方面进行个性化的阶段。在此阶段，训练量增加，特殊身体素质提高，滑雪技术得到进一步改进，参加比赛数量也在增加。

滑雪运动的年训练周期分为训练期和比赛期，训练期分为三个阶段。训练的每个阶段均由小训练周期和中训练周期组成。

在初步培养阶段，教学训练课程旨在使身体素质得到全面发展，使运动员增强协调性。随着年龄的增长和运动技能的提高，课程会变得越来越专业。

教学训练课程分为准备部分（热身）、主要部分和结束部分（放松）。课程时间取决于滑雪者的运动级别和年龄。在开展教学训练活动时，还建议考虑运动员的性别、所属类型及个性差异。

对于年轻滑雪者来讲，比赛活动是其体育训练的基本要素之一。参加比赛是最好的训练形式。在使年轻滑雪者备战比赛时，还应教他们比赛活动的策略并进行特殊的心理训练。教练员应具有出色的教学能力。在运动员参加完比赛后，教练员应使用教学和生物医学手段来帮助其身体的恢复。

青少年体校教练应在教育学、心理学、生理学和体育理论领域具有很高的知识水平。教员就是培养者、导师，就是从理论和实践上教授年轻运动员的人。

体育教练不仅是教授运动技巧和发展运动员身体能力的老师，还负责培养未来公民的个性，这一活动的基础是教学能力（Л. В. Волков，2002）。为了在青少年体校成功开展工作，教师、教练必须具备教学能力（Н. Г. Озолин，2003，Н. А. Фомин，В. П. Филин，1972 年）：

——能够以一种易于理解的形式向学生介绍教学材料，了解自己的学生，并能在教学过程中发挥创造力；

——具有坚强的教学素质，既能对单个学生，也能对整个集体产生影响；

——能组织起一个儿童和青少年集体，对学生活动和生活表现出兴趣；

——能够讲解教学材料并进行内容丰富的对话，语言应具象而又有说服力；

——展示出教学技巧，善于观察、分析并从观察中得出正确的结论，对学生、对自己都有很高的要求；

——能够将教学材料与现代生活和各种生活情景联系起来。

教练的专业能力基于其全部人格的总和、高水平的理论准备和实践技能。只有这样，青少年体校教练的教学活动才能获得成功。

在体校工作的教师/教练必须不断发展自己的能力：感知能力、设计和建设性能力、组织能力和教学能力、表达能力、沟通能力、学术能力和特殊能力。

感知能力（感知力是现实世界中直接影响人体的感觉、物体和现象的反映）具体表现为教学观察。与年轻滑雪者一起工作时进行教学观察，能够在每个动作中看到需要进行分析的教学情况。

设计和建设性能力取决于教练在运动理论领域的知识以及关于滑雪运动员的了解。教学训练过程、教育工作和组织工作能否统一取决于是否具有该能力。在计划活动时，教师/教练应以年轻滑雪者的训练水平为出发点。

教练的组织能力是根据其组织体校招生和选拔的能力、在学校和运动营及运动队上举办有趣训练课程的能力来评估的。

教学能力是指根据年轻滑雪者的年龄向其传递知识的能力。

表达能力是通过言语传达知识、思想的能力。教练的言语应富有表现力，令人信服。在解释知识点时，教师/教练应使用语气强调主要思想。在解释滑行技术时，建议使用逻辑重音和暂停。在解释或展示练习时，应改变语速和音量。年轻运动员不喜欢突然的动作，因此不建议在说话时加入手势。

沟通能力是指教师/教练与学生建立和谐关系的能力。

学术和特殊能力：雪温是教练学术能力的证明，专业成就则是其特殊能力。

为了教练教学活动的成功开展，青少年体校教练必须具备上述所有能力。

教学方法资料

青少年体校根据学生的年龄、性别、身体能力和特殊素质进行教学分班。当前，参加初级训练班的主要标准是：身体健康，有从事滑雪运动的愿望。青少年体校招生的主要问题是，教练并不是根据职业适宜性的标准来选拔学生，而是不得不进行招生。

分班后的课程根据课程计划进行。青少年体校基于《青少年体育学校条例》（以下简称《条例》）和《滑雪运动青少年体育学校大纲》（以下简称《大纲》）开展教学训练和教育工作。教学训练和教育过程的主要计划文件是根据《条例》和《大纲》编写的。这些文件是：

1. 教学计划和大纲

2. 各班若干年长期训练计划

3. 教学训练和教育工作、比赛、医疗检测、学校运动器材和设备保障年度计划

4. 教学班级的材料进度表，基于大纲的分水平教学计划

5. 各班学时统计表

6. 课程安排

学生的运动表现在很大程度上取决于长期运动训练计划是否正确。

青少年体校的教学计划是根据大纲编写的，包括理论和实践课程、入学和升级测试、根据日程安排的检测性测试和比赛、教练员和裁判员实习。在制订计划时，有必要考虑每个训练期的任务、训练方法、训练和比赛量变化的波动及规范要求。

长期计划可以是班级计划，也可以是个人计划。

若做班级长期计划，则制订班级计划；若做个人长期计划，则制订个人计划。两种计划应彼此紧密联系。

根据青少年滑雪运动员的年龄、训练水平及运动经验制订不同时间长度的长期计划。对于年龄较小的滑雪者，建议制订2~3年的班级长期计划。制订长期计划时不应机械复制若干年年度计划。要使训练量逐年增加。长期计划应包括以下部分：对班级的简要说明；多年长期训练的目的和主要任务；训练量；训练阶段和分阶段教学训练过程的主要方向；运动员训练各方面的运动技术指标及检验标准；教学和医疗检测。教练将从滑雪运动现行大纲、青少年体校和学校运动队的方法学条例出发制订长期计划。

在做长期体育训练计划时，任务制订必须遵循一定的顺序。例如，在最开始的2~3年中，教练应着眼于为学生的基本身体素质打下坚实的基础。

对未来几年的训练进行计划可以使运动员和教练看到体育水平增长的前景，并使得可以根据青少年滑雪者年龄发展的规律创建其训练过程。

每个年度周期内训练课程的目标应与共同目标，即在成年后取得较高的体育成绩这一共同目标密不可分。在训练滑雪运动员时，有必要设定一个目标：在 2～3 年内将其体育成绩提高至一定水平。在训练不同年龄的滑雪运动员时，应考虑到其身体素质发展的差异性。在滑雪运动员的初级训练阶段，主要任务是增强学生的健康，使其进行多方面的体育训练，培养其运动技能，以及使其个性得到全面发展。因此，13 岁之前的主要训练目标除了耐力发展，还有提高速度、协调性和灵活性的发展水平，以及提高 30 米、60 米连续跑、30 米跑步和 1～2 千米距离滑雪的成绩。

在对青少年滑雪运动员进行身体素质全面发展和提高基本身体素质的前提下，应对其进行专项训练。

针对 15 岁以下的滑雪运动员的主要训练手段是一般体能训练和滑雪技术的教学及改进。

经过两年的初步训练，应在课程中引入专门化训练，以开发滑雪运动员的专项素质。这项工作始于发展滑雪运动员的特殊速度以及对长时间、低强度训练的耐力。滑雪运动员的特殊速度与田径短跑运动员或竞技运动运动员的速度明显不同。这是因为滑雪速度在很大程度上取决于滑雪技术的掌握程度。

14～16 岁的任务是增进学生的健康并发展其多方面的身体素质。此外，还需完成进一步改进青少年滑雪运动员技术、发展其基本身体素质、提高其技术技巧的任务。在此阶段，有必要继续发展运动员的速度和耐力，并对其进行更专业的心理训练。由于雪上训练次数增加，冬季的周期训练量将会增长。同时需继续努力改善运动员的身体素质，但应更多地进行基本耐力、力量和速度力量的特殊训练。

17～18 岁时需解决的任务是进一步发展基本身体素质（尤其是特殊耐力和力量耐力）、完善技术技巧和提高战术技巧。

18～19 岁阶段，为进一步提高体育成绩，训练过程中应包括促进力量耐力、一般耐力和特殊耐力发展和提高训练量。

在初级训练班级，计划训练过程时无须将其划分为多个阶段，而在运动完善阶段的班级中，应考虑训练过程的周期性。

在计划教育过程时，有必要考虑综合学校的上课时间表。

根据对青少年滑雪运动员训练工作的长期规划，对全年的训练工作进行规划。

全年的训练课程分为训练期和比赛期。

在训练期，针对青少年滑雪运动员开展多种身体训练。在训练期开始阶段，应主要注意一般身体素质的发展。在训练阶段的中后期，应将重点放在专门化训练和进一步改进滑雪技术上。

训练期的主要任务是：

1. 提高一般身体训练水平，培养基本身体素质，训练道德意志。

2. 滑行比赛距离，在此过程中改进滑雪技术、教授战术技能。

在训练期，针对成年滑雪运动员，至少举办 5 次测验性比赛，针对青少年运动员则至少举办 2~3 次。

比赛期训练的主要目标是取得较高的运动成绩，进一步提高身体素质的发展水平，提高技术和战术技能，并获得参加比赛的经验。

年度训练计划应在长期计划的基础上，并考虑到赛季主要赛事的举办时间进行制订。

在制订年度训练计划时，应确定训练的基本手段和方法、训练量（以公里为单位）和用于基本身体素质发展的训练时数。

在计划月训练时，应确定训练方法和训练形式，并预先确定训练量和主要练习的时间间隔。

教师/教练应根据月训练计划来编写课程纲要，对训练方式和方法进行详细描述。

青少年运动员的训练应以波动的形式进行计划：时而增加，时而减少。在每月第一周计划中等训练量，在第二周增加训练量，在第三周减少训练量，这样安排效率更高。

从训练期开始到主要的滑雪比赛开始前，应增加训练量，但在比赛前一个星期或更早（取决于运动员的身体状况），应将训练量减少50%。在这些天，训练应以积极休息和调整训练的形式进行。训练计划应在能确保多方面身体训练和掌握合理技术的基础上，保证能够提高运动员成年后的运动表现。能否合理地构造训练小周期和单独课程决定了年轻滑雪运动员训练的有效性。滑雪运动训练以周为单位进行小周期计划。在青少年体校中，根据年轻滑雪者的年龄和级别，每周的小周期进行 3~14 次训练课程。在训练小周期中，速度训练建议在滑雪者休息一天之后进行，以使其身体得到恢复。耐力发展则应在训练小周期结束时进行，在其身体未完全恢复的情况下。最好限制在同一次训练课程中进行耐力和力量训练的练习。改进滑雪技术建议在训练课程开始时进行。

在计划周小训练周期时，训练课程应根据训练量和训练强度交替进行。每周上 4 节课时，应遵循以下建议（表 1-6-1）。

表 1-6-1 训练量和强度的大致分布

周	第 1 次	第 2 次	第 3 次	第 4 次
		负荷		
1	适量	中	适量	中
2	适量	中	中	适量
3	适量	中	中	中
4	适量	中	适量	大
5	适量	大	适量	大
6	适量	最大	适量	大
7	中	大	中	大
8	中	大	大	中
9	中	大	最大	中

可以通过改变周期内训练课程的组合来增加训练量，也就是说，不必每节课都要增加训练负荷。还可以使不同的训练小周期交替进行：一周进行大训练量的小周期，另一周则进行包括一般发展性练习的较少训练负荷的小周期。

在训练课程第三或第四周的最后，应进行检测性训练或参加比赛。17~18 岁的青少年须在 10 公里甚至 15 公里的距离上比赛，但他们应该在较短的距离（5 公里）上表现出最高的滑行速度。不建议这个年龄的年轻滑雪者在训练课程上进行大训练量的强化练习，因为在这样的负荷下，发展的是速度耐力，而不是速度。如果没有良好的速度训练，越野滑雪运动员将无法在青少年和成年运动中表现出很高的运动成绩。

青少年体校教学训练过程的特点

对于滑雪运动员来讲，主要身体素质是耐力，这种耐力是在其整个运动生涯中提高发展的。但是同时，力量、速度、灵活、协调、平衡等其他身体素质对不同运动水平的滑雪运动员来说也非常重要。因此，应从滑雪运动课程的初始阶段就使用常规训练、特殊训练和基本（比赛）手段来发展这些素质，重视这些素质的发展。

一般性训练手段：青少年体校的所有班级，特别是初级训练班，都会进行一般性训练训练。这些练习包括哑铃练习、负重、填充球、各种弹力带、劳动过程、游戏、在崎岖的地形上骑自行车、游泳、划船、慢跑远足。

特殊训练手段是在带或不带雪杖的情况下在原地和行进中进行的模仿练习，在滑轮上进行的传统或自由式滑行，在各种角度的斜坡上进行的步行或跳动滑雪模。

基本手段：进行传统式或自由式滑雪。

在进行不同强度的练习时，会发展不同的身体素质。

在滑轮或雪板上进行低或中等强度的滑行时，会发展特殊耐力，而在高强度滑行或反复进行加速时，则会发展速度。在较平坦的地形上进行高速滑行时会发展速度。当在中等或大角度的坡地上进行慢跑或模拟滑行慢跑时，会发展腿部肌肉的力量。

为发展耐力，应该进行长时间低强度的练习。

通过各种负重练习能最有效地发展力量。建议年轻滑雪者在训练过程中利用自重进行练习（单腿、双腿下蹲，在支板或双杠上屈伸臂，体操练习）。训练量应根据学生力量的发展水平、年龄和运动级别安排。

年轻滑雪运动员应通过进行不同加速的练习来提高速度。这些练习包括穿滑轮或雪板滑行，跑步或在坡地进行滑行模仿慢跑，户外活动游戏或体育比赛。

为提高年轻滑雪者的灵活性，在训练过程中加入有助于促进动作协调和身体平衡性的练习是有效的。

发展运动协调性时，应使练习不断复杂化，因为早前已经掌握的练习对这一素质的进一步发展没有促进作用。

平衡须通过站在抬高的摇晃或狭窄的支板上进行练习。

通过幅度不断加快的摆动和弹性运动发展柔韧性十分有效。

由于塑料雪板和压雪机的出现，以及在比赛项目中加入了短距离比赛和比赛采取了集体出发的形式，滑雪者速度力量的训练效果已有着越来越重要的作用。在进行左右腿或双腿跳跃练习时，应特别注意这一身体素质的提高。应以不同的开始姿势在不同倾斜度的陡坡上进行无负重和负重练习。

为增强手臂和肩带部位的速度力量能力，训练过程必须包括在滑轮模拟器上练习，穿滑轮或雪板在平地或坡地上进行无阻力或有来自同伴或重物的阻力的同推和交替推进练习。

训练负荷的分配

在从事滑雪运动的初始阶段，一般训练练习是主要的训练手段，而在运动改进阶段，专门训练练习所占比例将会增加。在规划长期训练的过程中，正确规划训练量和训练强度的比例是面临的主要问题之一。训练量和训练强度提高速度的问题则更为现实。在这里，主要原则是训练量和训练强度提高的渐进性和一致性。在儿童和青少年时期，逐渐增加训练负荷很重要。对于年轻滑雪者而言，增加训练量更为重要；而对于高水平滑雪者而言，增加训练强度具有更加重要的意义。在训练期，年轻滑雪者的训练中低强度训练应占主导地位，而在比赛期，当减少或稳定训练量时，则应增加训练强度。

训练过程中使用的负荷通常分为五种：小、中、大、最大和过度。

小训练负荷是指以 110～130bpm 的心率进行 30～40 分钟的训练，训练完后身体状态能在当天得到恢复。

中训练负荷是指以 140～170bpm 的心率进行 30～40 分钟的训练，训练完后身体状态能在第二天得到恢复。

大训练负荷是指以 140～160bpm 的心率进行 1 小时 40 分钟～3 小时的训练，训练完后身体状态最早能在隔天得到恢复。此训练负荷建议每周不超过两次。

最大训练负荷是指以 140～150bpm 的心率进行 3～4 小时的训练，训练完后身体状态能在第三天或更晚得到恢复。

过度训练负荷是指以 130～150bpm 的心率进行超过 4 小时的训练，训练期间会观察到明显的疲劳、萎靡和嗜睡。这样的训练负荷对青少年极为有害。

17～18 岁男孩女孩的训练方法

在这一时期，有必要计划更大的训练量，将一节课的训练量逐渐增加到 30km，并利用更多时间来发展肌肉力量。临近 17～18 岁时，运动员应能充分掌握滑雪技巧。通过增加训练量、引入旨在提高力量耐力和速度的练习以及技术改进和战术、意志训练，可以提高运动成绩。在这个年龄段，训练过程应包括间歇性训练，并将参加越来越多的比赛，男孩的比赛距离可达 10 公里，女孩比赛距离可达 5 公里。在一年内，最好男孩能参加若干项距离为 15 公里、女孩参加若干项距离为 10 公里的比赛。

在训练期开始阶段，重点是改进滑雪技术、发展协调运动的能力。可以利用如下练习：跑步、跳跃、投掷、游泳、体操练习和穿滑轮滑行。为增强身体能力并发展单个肌肉群，建议进行 30～40 分钟的专项早操，并进行 40～50 分钟的力量循环训练。

必须使用多种手段来确保学生能掌握尽可能多的运动技能，并能锻炼各种肌肉群、心血管和呼吸系统。训练负荷应逐步提高。上课时应情感充沛，可以引入体育游戏和接力。

从夏秋季训练阶段开始，为提高身体素质，有必要在训练过程中加入特殊练习和模仿练习，以改进滑雪技术要素。

在夏秋季训练阶段的最后，专项身体训练和一般身体训练的周期性负荷应明显增加。同时，专项训练手段所占比例应越来越大，训练强度也应越来越大。

力量耐力是借助跳跃练习和在坡地上进行滑雪动作模仿慢跑来提高的。为发展肩带肌肉，应进行石头练习、体操练习、橡胶弹力带和滑轮模拟器练习，并穿滑轮进行交替推进或同推练习。

特殊耐力是通过在坡地上进行滑雪动作模仿慢跑和穿滑轮以最大强度的70%~80%滑行来发展的。特殊耐力的特点是能够根据距离以某个强度完成训练。为成功提高特殊耐力，需要有足够好的心理素质来抵御外界因素（严寒、风，各种雪况等）的影响。有必要考虑运动员沿整个距离滑行时的速度。不建议仅进行慢速训练，因为这样运动员的身体会适应缓慢的节奏。培养耐力的大训练量训练必须与小训练量训练交替进行。

在发展速度耐力时，训练课程的主要部分应在300~1500米长度的路段上进行，休息间隔3~5分钟。在500~1000米长度路段上的训练对速度耐力的发展最为有效。

技术技能需在整个冬季的各种条件下进行改进：在严寒天气、大风天气中，在平地、上坡和下坡时。在改进滑雪技术的过程中应注意以下3点：

1. 根据赛道条件正确选择滑行或转弯技术动作的能力；

2. 快速从一个动作切换到另一个动作的能力；

3. 在整个训练课程期间或比赛时，在整个比赛距离内正确完成技术要素的能力。

在比赛期需要解决以下任务：保持较高的身体状态水平，提高技术和战术技能。为了解决这些问题，必须提高身体能力，保持力量、速度和一般耐力，并改善滑雪技术。身体能力达到高水平、实现并保持竞技状态是之前整个训练的主要任务。为合理计划青少年滑雪运动员的训练，必须考虑每个运动员身体发育的个体特征及其身体机能训练水平。

在参加比赛和进行特殊训练课程时，可以通过提高特殊耐力、意志力和战术训练来提高身体能力。

青少年体育学校选拔学生的方法

体校在招收滑雪班的学生时，应合理地进行阶段划分。

第一阶段首先进行初级训练班的招生。应在普通中学4~5年级的学生中进行选拔。有从事滑雪运动愿望的小学生必须接受身体检查和医学检查。通过身体检查的学生可以参加入学考试。初步选拔到此结束。

第二阶段（主要阶段）是身体素质的测试。

以下测试用于确定身体素质的发展程度：

确定速度素质：在体育场内跑 30 米和 100 米；

确定速度力量素质：立定跳远和立定三级跳远；

确定力量的发展水平：躯干肌测力计、左右手腕力以及卧姿俯卧撑；

确定耐力的发展水平：跑步，男孩跑 1000 米，女孩跑 500 米。

在第三阶段，进行初级训练班人数的补齐。

教育工作形式

青少年体育学校的教育工作按照校长批准的统一计划进行，并在此基础上制订班级教育工作计划。青少年体校的教育工作应以培养学生的道德意志品质、集体主义意识、勤奋的品质、个人利益服从公共利益的意识以及善于克服困难的品质为目标。教育工作需在教学训练课程和集训过程中、在比赛期间和学生的业余时间开展。

教师/教练有义务定期与青少年体校学生举行全体会议，与毕业生举行见面会。学生应定期出版墙报和画报。观看教学影片在教育工作中具有重要意义。学生应参加社会政治活动，并在体校和学校里组织和举行比赛。

教师/教练的个人榜样及青少年滑雪者与父母和普通中学老师的关系在教育中具有非常重要的意义。教师/教练和学生父母都应该为孩子在普通中学和体校中的成功或失败表示关切。教育工作必须贯穿多年训练的整个过程，同时要考虑到滑雪运动员的年龄特征和心理。在极端的比赛条件中，运动性格会很鲜明地表现出来。为了在比赛中取得好成绩，必须展示出所有的性格特质：毅力、自制力、勇气和决心等。

应特别注意滑雪运动员的道德教育。教师/教练和父母必须参与到滑雪运动员的道德教育中去。教师/教练可以作为个人榜样，教授教学技巧和一般文化；可以做很多事情来教育学生。道德教育的主要方法是说服，可以通过单独对话、讲座、会议和体育之夜的形式进行。道德教育的过程在很大程度上取决于父母和老师的教育。教师、父母的系统教育将塑造滑雪运动员的道德行为。影响年轻滑雪运动员个性最有效方法是集体对其行为进行评估，但是前提是首先组建一个友好的班集体。

1.7 滑雪教练心理教学工作的改进

教师/教练应具有卓越的人格，因为他必须解决关于培养、教育、社会、健康方面的许多问题并管理运动训练过程。教练是指在团队中开展教学教育过程、调节团队的道德心理氛围并了解运动中生化监测基础知识的教育工作者。

教师/教练的职能是多方面的，必须将自己所有的工作时间和空闲时间都献给这项运动。在此过程中，教师/教练应记录教练日志，并认真记录和分析已完成的训练，构建和分析已完成训练量和训练强度的图表，在课上利用血液生化检查、医学检查的数据以及训练课程的录像来改进滑雪技术。

从事体育和运动会充分培养运动员的个性。个性的形成是一个社会决定的过程。教育机构会教授给大学生训练过程的管理和培养运动员个性的方法、技巧。通常，毕业生们在完成教育之后，就会开始从事教学教练工作，使自己的青少年行为风格服从于体育目标。很难期待这样的教练会成为一个明智、经验丰富和权威的教育者，因为其对教学方法的掌握不够充分，无法对学生的行为举止进行充分分析。从心理学角度来看，个性是一个具有共同属性的系统：行为动机、性格道德特征、性情等。从社会心理学角度来看，个性是由社会态度、兴趣和需求组成的系统。从社会学角度来看，个性是社会行为规范的总和。人格形成的过程就是所有这些特征形成的过程（A. A. Тер‒Ованесян，1986）。

由于体育活动（特定的人际关系）在滑雪运动员的生活中占有重要地位，因此会对其人格形成的过程产生很大的影响，在对年轻滑雪者进行训练教育工作时必须考虑到这一点。否则，教练的所有努力可能都是徒劳的。

现代体育意味着早期专业化、训练量的增加以及在低、中、高海拔山地进行集训活动，这增加了教练的责任感和滑雪者的独立性。进行大量高强度训练和时区的频繁变化可能会导致矛盾和冲突的产生。教练的任务则是消除矛盾和解决冲突情绪。

年轻滑雪者的个性是在克服辩证矛盾的过程中形成的。联合远足、举行家长运动员会议、向在本赛季出色完成比赛的滑雪运动员隆重颁发奖项、对一年内进行的训练进行联合分析——这些对年轻滑雪运动员具有良好的教育效果。教练员必须通过沟通与运动员及其父母进行联系，这对运动员个性的形成和运动队团结集体的组建起着非常重要的作用。运动队是不同个性的组合，在其中经常会发生激情和情绪、不同观点、愿望、主张和爱好的冲突。教练应明白，只有高水平的关系才能帮助运动员发展个人精神财富和道德品质。若教师、教练试图在形式上惩罚运动员，使运动员被迫服从，那么教练虚假的严厉就可能使运动员形成消极的性格：盲从、恭顺、低三下四。但教练还面临着其他任务：培养运动员的社交积极性、能动精神、善良和友善。这些品质只能在相互信任的气氛中形成。教练与滑雪运动员之间的关系应建立在相互信任沟通的基础上，因为只有在这种情况下，运动员才会与教练分享最内在的想法、感受和感觉。运动员对教练的任何信任都是穿透心理障碍而形成的，并取决于沟通条件和心理状态。当满足两个条件时会对教练产生信任：向教练透露有关自己也对他很重要的信息，并且对教练心存信任。在使运动员前来进行信任性对话之前，教师/教练需要使年轻人对自己和自己的个性有很好的印象，并研究其心理特征。这之后教师/教练才可以在交谈过程中切换到信任模式，而不必等运动员开始分享自己的想法。在这样的交谈中，运动员与教练之间会建立信任关系。

教练不仅应在体育领域，而且应在心理学领域具有一定的知识水平。在善于思考、学识渊博的教练的指导下，运动员可以长时间表现出很高的运动成绩。运动员在接力赛、在重大比赛中表现不佳不仅是因为身体上的训练不足，更是因为精神上的不稳定和训练不足。这种状态是在运动训练过程中形成的，取决于运动员对自己能力的信心、全力以赴战斗到比赛结束的愿望、比赛开始前的最高兴奋水平、比赛中承受外部和内部环境影响的能力。若过早地想会轻松获胜，可能导致失去对自身的控制并对比赛成绩造成影响。每场比赛前，运动员的心理训练应与其身体训练和技术训练结合在一起。自发型训练的掌握应在运动员的心理训练中占重要地位。经过几个月的系统训练，观察到对训练成绩有了积极的影响。

运动集体对滑雪运动员意识和行为的形成的有很大的影响。组建起一支友爱的运动集体后，教师/教练将可以更轻松地管理训练和教育过程。教育工作的内容是组织集体、组织对人的要求、组织人与集体一起的真实、活跃、有针对性的愿望（А. С. Макаренко，1972 年）。

但是同时，运动集体在塑造运动员个性方面的作用也不可低估，因为滑雪运动员在集体中会学会一些本领和技能，这些在教练的指导下在未来可以发展成为运动员的自我管理能力。

只有具备以较高的专业水平解决特定教学问题的能力，才能成为具有最高资质的教师/教练。

教师/教练活动的教学功能包括教学训练、教育、组织、心理和监督功能。为了在自己的工作中取得较好的成绩，教师/教练应不断进行自我完善。

在从事越野滑雪运动的初始阶段，教师/教练应使滑雪者对越野滑雪产生兴趣，提高他们的道德意志素质，循序渐进地发展其身体素质，并不断改进技术，使之适合每位运动员的个人特点。

教师/教练的职业功能包括以下方面：

组织功能：善于在考虑到每个运动员利益的情况下组织运动集体，创建和发展团队传统，确保团队成员之间的互动，管理团队资产工作，进行统计和监督。在教师/教练的组织工作中有三个方面是重点：滑雪运动员对体育活动和社会活动形成正确的态度，工作本身的组织及合理地组织工作。教师/教练在组织运动员的教育工作时，必须仔细注意他们是否形成了积极的活动动机以及对自身活动负责的态度。对事业积极的态度表明学生明白事业的重要性、目的和意义，并能在其中找到自己的位置。在活动组织中，工作合理化要素和工作部分的划分（这些可以交给队伍资产）占有特殊的地位，因为有必要增大自我管理范围并信任运动员。教师/教练是主要的战略家，负责组织学生彼此间及学生与老师之间的联系。

建设性功能：计划和设计本人工作及运动队（尤其是儿童运动队）工作的能力，发现并预测需要改进的素质的能力。

沟通功能：与运动员（尤其是年轻运动员）及其父母、本队及其他队领导建立教学、业务和情感关系的能力。教师/教练的沟通关系分为几种类型：与单个运动员、与整个团队和与公众的关系。教师/教练应是关系的指挥者，能够在出现冲突情况下表现出机智和灵活性，是基于友爱、相互理解、信任和友善原则的最佳关系风格的创造者。

斯诺替主义功能：总结顶尖运动队的经验并将其运用到自己工作中的能力，以及进行内省和自我教育的能力；在集会和团队会议上做报告的能力。

监督功能：教练须始终充当个人工作和团队工作的监督者。这一点仅凭一己之力很难做到，应同时采用且有效采用集体监督的形式（А. А. Деркач，А. А. Исаев，1981）。

通常，滑雪技术掌握得很好的滑雪者会一场又一场地输掉比赛。教师/教练应能够向他解释，失败的原因可能有很多，其中一个可能是身体素质发展不足。教练必须给滑雪者布置适当的任务，完成任务将有助于增强肌肉力量和发展其他不够发达的素质。教练在影响了运动员的意识、唤醒其对成功的希望后，就动员起了他们进行持续且目标明确的训练。有了信心之后，运动员会自己开始更加有目标、更加努力地进行训练。

随着教学技能的提高，教师/教练的职业素养也提高。在多年的工作过程中，其形成了一定的领导风格，这种风格可能保持不变也可能会改变。

共有三种领导风格：

——专制型；

——民主型；

——自由型。

专制（命令式）型领导风格的特征是教练行使唯一的决策权。所有的命令都是以指示、指令的形式下达给运动员的，并要求运动员严格且无条件地完成，运动员不能有任何偏差和主动性。任何未能完成预期计划的行为都将受到严厉惩处，运动员的行为受到教练的监督。如果比赛中成绩不佳，这样的教练可能会粗暴无礼地对待自己的学生。

民主（团体）型风格的特点是教师/教练与其助手间的权力分立。教师/教练不会单独做出决定，而是与团队成员进行协调，希望了解每个人的意见，以便在做决定时将其考虑在内。采用团队决定的教师/教练在与运动员交流时不会使用专制独裁的语气。在同运动队一起工作、监督其体育活动时，这样的教练会努力做到客观公正，专注于解决主要问题。

自由（纵容）型领导风格的特点是，教师/教练对运动员体育活动的干涉作用微乎其微。这样的教练员不会以强硬的形式，而是以说服和要求的形式发出命令和指示，对滑雪运动员不会提出过高的要求。他对周围人的意见漠不关心，因为缺乏主动性和缺少沟通而未能完成指令时不会受到他的任何批评（А. В. Петровский，В. В. Шпалинский，1978）。

教师/教练的决策过程可能会受到主观和客观因素的影响。

主观因素包括：

——个人素质；

——滑雪运动员对教师/教练工作风格的态度；

——滑雪运动员和教师/教练的世界观。

客观因素包括：

——教师/教练和滑雪运动员的资质；

——年龄特征；

——训练量和训练强度；

——比赛的重要性；

——比赛中展示出的结果；

——运动队成员的纪律性和组织水平。

在分析上述因素时，发现滑雪运动员的行为变化与教师/教练的领导风格之间存在制约关系。滑雪运动员可能会接受教练领导的风格和形式，也可能不接受；可能一开始接受后来拒绝接受或者相反。在"教师—教练—运动员"系统中建立良好关系的必要条件是，滑雪运动员的个人素质与教师/教练的领导方法相一致。若教师/教练总是监督运动员，不信任运动员并侮辱其人格尊严，而运动员很有执行力和自觉性，在这种情况下，教练和运动员之间迟早会发生冲突甚至是关系破裂。

一些滑雪运动员的价值体系远达不到体育活动对教师/教练所提出要求，这些运动员可以很好地接受严格的监督、批评和检查。他们的意见取决于教师/教练的意见，并服从教师/教练的要求。

自我组织较差的运动员在相互关系建立在认知和信任基础上的、具有民主领导形式的运动团队中会受到不利影响，运动员运动技巧的发展可能也会终止。教师/教练在运动员心目中是一个软弱且无法整顿秩序和纪律的人。

教师/教练的工作对其个性有很高的要求。教师/教练工作包含五个水平的教学技巧：

复现（最小）：这样的教练只会展示如何完成练习；

适应性（低）：教练展示自己所了解、所掌握的，并使自己传达的信息适应运动员的年龄个体特征。若在训练过程中出现错误，他无法进行纠正；

局部建模（中）：教练依靠自己的知识和技能水平，针对特定主题及训练课程的某些部分对特定知识、技能和运动技巧系统进行建模，但教练的知识和技能不足以对整个课程进行建模；

运动训练系统建模（高）：教练指导运动员的活动，使运动员首先在所选运动领域建立起知识、技能和能力系统；

活动和行为系统建模（最高）：教练对运动员的活动系统进行建模，使运动员不仅达到高水平的训练程度，还具有受过良好教育、有道德的人的特征（A. A. Derkach，A. A. Isaev，1981 年）。

若没有经过良好的专业培训，教师/教练将无法掌握教学技能的适应水平。

具有最高资质的教师/教练亲切，体贴并有分寸，严格要求并公平公正，有忍耐力并专注，果断并随机应变，对所从事工作具有责任感，并具有很高的教学和组织能力。

对教师教练的专业程度及其对教学过程的适应性特征进行区分，确定了四个适应水平：

1. 负面：教师/教练不知道如何教育和训练滑雪者，也不想提高自己的专业水平和对自己的要求。

2. 被动：教师/教练对比赛中成绩不好的滑雪运动员的比赛成绩没有兴趣，不喜欢与运动员和同事交流。

3. 积极主动：教师/教练努力进行自我完善，积极愉快地举行训练课程，并在此过程中使运动员充满正能量，同时认真分析体育比赛成绩。

4. 创造性：教师/教练对自己的职责十分热爱，研究、分析并在自己的工作中运用体育领域科学和实践的成就，向学生灌输勤劳精神、集体主义情感和爱国主义情感。

在教学训练过程中，滑雪运动员应愉快地进行体育训练（所谓的功能性愉悦）。不断重复的课程将成为一种需求。因此，在进行教学训练课程时，课程的举办方法、组织形式、材料技术支持、器材以及高质量的训练场地非常重要。在体育训练过程中，不仅是身体上的需求，精神上的需求也得到了满足，其中最重要的是积极性、理性社会行为技能及认知和审美需求等得到了发展。

教师/教练应对自己的理智、情感、道德和意志，对自己的能力、知识、技能和人际关系有一个清晰的认识和理解。教师/教练的自我认识可以在不同的层次上进行（A. A. Derkach, A. A. Isaev, 1981）。

低水平自我认识的特点是对自己的缺点了解有限，夸大自己的美德和道德意志素质，过分高估自己的教学能力和技能，无法理解自己成功和失败的原因，以及无法预测工作中的困难。这类教练的自己认知具有提供信息的作用，不会进行自我提高，并会对其解决教学任务产生负面影响。这样的教练不愿意即兴发挥，怠于在训练课程中直接解决教学问题，不在工作中使用教学法和教学影响方法。在计划工作时，他们只能制订一次训练课程的工作计划，而不会做更长时间的计划，也就是说，他们忽略了训练过程的系统性。这样的教练仅关注一次训练。同时，他们不会对自己的工作和学生的活动进行比较分析，也不清楚在使用某些策略性方法时打算教给学生什么样的技能。

中级教练的特点是自我认知和内省。他们在评价自己工作的优缺点时具有批评分析能力。他们能适当地评估自己的道德素质及组织和沟通能力。但是他们却无法正确认清自己的创造性工作失败的原因，这降低了其适应性水平和要求。但是，这一组别的教练仍能在解决自己水平工作中的教学问题上表现出创造力。他们的课堂活动经过了周全的考虑，能更加严格地监督任务完成的过程。他们的沟通方式具有相对的标准性，能避免与学生产生冲突。

高水平自我认知出现在他人和自己的所有认知部分和谐组合的基础上。高水平教练具有适当的自我评价，对自己性格和工作中的优缺点特别敏感，可以认清自己创造性工作成功和失败的原因，高水平自我认知是他们的典型特点。该组别的教练善于对自己的专业能力进行判断，能顺利调整自己在解决教育问题过程中的教学行为，不仅能为学生的知识体系建模，而且能使他们形成必要的价值取向和人格特质。高水平教练会与同事针对每日和长期训练过程计划的正确性展开讨论，划分技术战术方法系统，确定不同运动资质运动员应掌握技能的范围。他们善于制订短小简明的提纲式训练计划，能创造性和丰富多样地开展训练课程，倾向于即兴发挥，能迅速解决训练期间出现的教学问题，掌握多种教学方法和教学影响法。他们会将动作技术和方法的口头解释和动作演示结合起来，并对教学材料掌握得不好的学生进行个别指导。

对于教师/教练而言，发展创造性思维，即想象、直觉、理智和创造性思维的其他组成部分的综合体，是十分重要的。具有创新思维方式的教师/教练的特点是：能不断寻求有效解决教学问题和改善个人工作风格；从复现活动向创造性活动进行过渡，若所做工作效果不是最佳时，能够勇于放弃等。

多年体育培养过程各个阶段须解决的任务是不同的，并取决于所获得的运动经验、从解决简单问题到解决更复杂问题的过渡逻辑以及学生的个体倾向。从广泛的普通体育教育逐渐过渡到基于多方面体育训练的能力和技能的深度改进是合乎规律的。

在体育训练的最初阶段，需解决建立丰富的运动技能来源储备的任务。在随后的训练阶段，会形成越来越复杂的体育技能，体育专业化成为体育技能深入完善的主要方向之一。

训练课程是教师/教练教学工作的具体化表现。每节课都是整个训练系统的一环，应对其进行明确计划。教师/教练应考虑到，在教学训练工作中（尤其是训练年轻滑雪运动员时），应组织起最合理的体育活动结构。在解决体育问题时，教练应深入分析整个教学训练过程，找出最重大的错误，并严格使战术问题的解决从属于主要战略任务的解决。

教师/教练的工作是多方面的，是教学活动、组织活动、裁判活动和科学活动。因此，教师/教练必须提高自己的专业水平和丰富自身的专业知识。若想成为一名高级别专家，必须成为一位非常优秀的掌握现代技术及教育学和心理学知识的教育者。

1.8 集训的组织

近年来，由于科学的进步、计划和举办训练课程的先进方法的出现、物质技术运动基础的改善及国际比赛竞争的加剧，越野滑雪运动的成绩有了显著的提高。

改善训练过程的组织形式是保证运动成绩增长的主要因素之一。

运动员在从事越野滑雪运动时，每天要进行两到三次训练。在滑雪运动员居住在远离滑雪赛道或训练场地的城市条件下，每天要进行如此数量的训练是很成问题的。因此，为了使训练课程最有效并改善恢复过程，有必要进行集训。同时，必须正确选择集训场所，及时召集运动员参加集训，并要有一支由专业教练、打蜡师、医生、血液生化检查专家和按摩师组成的团队。在进行集训时，必须维持纪律并进行政治教育工作。

白俄罗斯共和国国家队集训由白俄罗斯共和国体育和旅游部负责，地区和市队集训则由体育局负责。

进行计划外的集训必须得到上级组织的同意，并就经费、集训地点和日期、参与者的数量和组成等问题达成一致。根据集训目的和任务，在选择集训场地时的决定因素是：

——生活条件；

——气候条件；

——地形；

——海拔高度；

——滑雪场和体育设施的质量。

在重大比赛前，集训在比赛计划举办地或尽可能靠近比赛场地的地方进行更为适宜。在决定了集训地点后，需与相关组织就集训队成员的住宿、膳食及滑雪场和体育设施的使用程序达成协议。为此，必须提交集训申请，然后收到有关接收条件的书面答复以及组织、酒店的确认。

教学计划是集训的主要文件之一。在教学计划的基础上制定集训通知和开支预算。通知中应注明集训队成员人数、集训地点和日期、集训负责人姓名和职务。通知后应附有集训队成员名单。预算中应注明集训天数、根据支出项目列出的拨款条件和金额、物资负责人姓名。集训教学计划和开支预算中应反映下列数据：

——集训目的和任务；

——集训地点；

——集训时间；

——动身去参加集训和离开集训的日期；

——集训队成员人数，其中：男_____人，女_____人。

——工作人员数量，并指明其工作地点和职务；

——一天中训练课程时长及其进行时间；

——物资责任人（集训队领队）；

——作息时间表；

——训练方式，每节课学时及总学时；

——理论课主题列表，每节课学时及总学时。

训练课程是按照高级教练（教练）为其小组制订、并事先同主教练（高级教练）协商过的工作计划进行的。训练组工作计划的制订要考虑到该组运动员的个人训练计划。

通知、开支预算和集训队成员名单的认证副本将发送到集训举行地的负责组织。根据部长的命令任命集训队领队、高级教练和教练。集训队领队负责正确地使用财务资源，负责集训的组织和维持集训队中的纪律。

应当在集训开始前25~30天正式通知集训队成员，并附明通知、预算、教学计划和成员名单。在集训通知中应注明雪场的准确地址及运动员必须随身携带的文件和个人器材清单。

进行越野滑雪集训时，开支预算中须包含将运动员从车站送到住宿地点和集训结束后将运动员送回车站的费用。这是因为滑雪运动员去集训地点时要带着十分笨重的行李（个人器材和装备）。前往集训地和返回居住地的车票需要提前购买。

到达集训队时，集训队成员须将护照、旅行证件、医生允许参加集训队训练课程的证明交给领队，并将记录有分散训练期间所完成训练负荷数据的训练日志交给高级教练。

集训队成员的住宿要考虑到心理适应性。那样的住宿安排非常方便，因为有助于运动员在训练后得到更好的休息，能更快地康复，并有利于其更有效地利用个人时间。许多滑雪运动员是寄宿学校的中学生、大学生，必须在集训期间准备功课。因此，在为运动员分房间时，不仅要考虑运动员的性格特征、习惯、人际关系、文化水平、纪律性水平，还要考虑准备功课的需求。例如，让一个纪律性很差的运动员和一个有意志力、精神坚定且纪律严明的运动员住在一起能实现非常好的结果。但这种安排只能在得到后者的同意后进行。运动员的情绪以及因此的身体能力表现在很大程度上取决于住宿安排是否恰当。因此，必须认真周到地考虑集训队成员的住宿问题。

在集训期间，正确地安排膳食具有重要意义。膳食应是高质量、具有高热量的食物——每日最高摄入5000千卡。从事滑雪运动时，日常饮食中（每1千克体重）必须包括蛋白质2.0~2.3g，脂肪1.9~2.1g，碳水化合物9.5~11.0g，卡路里65~73（净）（К. Э. Картер-Эрдман，2003）。滑雪运动员身体能力和能量消耗的恢复取决于膳食组织是否正确。菜单应由队医在考虑到科学的运动饮食方法和运动员的个人口味偏好的情况下制定。在没有医生的情况下，菜单由集训队领队制定。不建议在测验性训练或参加比赛之前改变习惯的饮食。

作息时间表根据教学计划制定。整个集训期间的作息时间是由领队和整个教练组负责监督的。为此，每天要从教练或工作人员中任命集训队值班人员。滑雪运动员必须自愿自觉地坚定遵守作息时间表的要求。对于运动员而言，足够长的、对于完成大负荷训练后恢复体力所必需的睡眠时间是非常重要的。有必要在作息时间表中规定出运动员的个人时间。晚上散步是一个非常好的睡前活动，对身体有镇定作用。

早操时建议列队，这样早操更加有纪律并能够更加有质量地进行。应在指定时间进行列队。列队时间不应超过 3 ~ 5 分钟。教练、集训队领队和所有工作人员都应在场。

召开全体会议是很好的教育和组织方法。在集训开始时举行一次组织会议，在集训结束时举行一次总结会议。组织会议由领队和主教练主持，在到达集训队当天举行，向集训队成员介绍集训目的和任务，介绍教练和工作人员，并告知其训练计划和测验性比赛、文化集体活动以及政治教育活动时间。在集训结束时，在全体大会上进行集训总结：对训练完成情况进行分析，如训练未完成，则分析了导致未完成训练的原因。还应分析运动员个人日志中的数据，并告知分散训练的训练计划。

在集训期间，滑雪运动员的教育问题非常现实，至关重要。每天要对运动员进行教育工作。应让运动员参加有益于社会的活动，尊重和热爱周围的人、集体、祖国和劳动。因此，必须负责任地、有创造性地进行政治教育活动计划的制订。应使运动员保持日常衣着的整洁得体。教育工作不能只是走走形式。不应对任何违规或受公众谴责的不当行为视而不见。通过团队中良好的教育工作，运动员能更明显地表现出爱国主义感和对祖国的热爱，人际关系能得到改善，集训队成员之间的友谊会更加深厚。所有这些都是对运动员进行意志力和心理训练的主要基础。一个团结一致、友好的团队才能成为体育比赛中的胜者。

制订政治教育和文化集体活动计划时要考虑到集训持续时间、地点和条件以及集训队成员的构成。因此，针对年轻越野滑雪运动员的计划可能会比针对成年运动员的计划更加充实，因为年轻运动员的训练量较少且有更多的空闲时间。当在赛季主要比赛前进行集训时，计划中的活动不应安排得太满。所有活动均应在不影响训练课程的情况和空闲时间进行。

越野滑雪运动员应了解以下信息：

——作息日程表；

——理论和训练课程计划；

——政治和文化集体活动日程计划；

——按摩放松时间表；

——写明居住成员姓名的房间号码表；

——集训值班安排表。

集训能否成功取决于教练组成是否固定及教练的资质，取决于医疗教学、生化监测是否到位，并取决于训练课程体育器材的质量。

以小组方式进行训练时，对每个运动员采取个性化方案非常重要。训练量和训练强度应与个性化训练计划相一致。同时必须举办理论课，让运动员掌握调整训练过程的科学基础，这也将帮助他们进一步提高运动成绩。

在集训期间，有必要举办测验性训练，以检测滑雪运动员的运动技术水平。在测验性训练时，应为所有运动员创造相同的条件。

在训练课程上，应掌握好强度预防受伤。

若滑雪运动员的测验性训练在极其寒冷的条件下举行，必须格外谨慎。在气温很低（允许范围的临界值）的条件下进行测验性训练时，必须遵守以下要求：

——起点和终点应尽可能靠近采暖房；

——比赛距离应由若干圈组成，以便能对运动员进行观察，并在发现最初的冻伤迹象时提供医疗服务；

——要求运动员穿暖一些；

——安排双人同时出发，并缩短出发间隔；

——开始时间安排在接近午饭时；

——为运动员提供热饮。

集训结束后，领队撰写报告。

1.9　集训队滑雪运动员训练过程的计划

计划是提前确定好的行动，着眼于在未来达到某些结果。计划只有在已建立起相互关系（教练—团队—运动员）的情况下开展才有效。计划的主要目的是为运动队活动的所有组织层面的后续决定创建基础。如果教练制订的活动计划适应于未来预期结果，那么他的行为就是适应性的。如果教练把训练课程和道德意志训练计划得能为达成已确立的目标采取积极的行动，那么他的活动将富有创造力。

国家（白俄罗斯）越野滑雪发展长期计划是为当前奥运周期制订的。长期计划应涵盖组织方法、材料技术及其他活动，由越野滑雪国家教练和主教练在白俄罗斯共和国体育与运动研究院的直接参与下制订，并随后在公共组织白俄罗斯越野滑雪协会和白俄罗斯共和国体育与旅游部中进行讨论。该计划在经过讨论后，由白俄罗斯共和国体育和旅游部的专家委员会进行审查，最后由白俄罗斯共和国体育和旅游部批准。

该计划应包括解决以下问题的措施：

——整个奥运周期需要白俄罗斯共和国体育和旅游部及区域性组织特别重视并即刻解决的关于越野滑雪运动的发展问题；

——整个奥运周期集训队的主要任务。

该计划应包括：

——区域性组织获得奥运会参赛资格的计划、任务及对比赛结果的预测；

——培养国际运动健将的计划、任务；

——奥运后备军体育学校、专门班、寄宿中学部发展计划；

——奥运后备军体育学校、寄宿中学和高等运动技巧学校在整个奥运周期关于预备共和国青年和青少年队后备力量及培养国际运动健将的计划、任务；

——整个奥运周期白俄罗斯共和国国家队计划参加的主要国际比赛清单；

——越野滑雪国家队年训练周期结构；

——白俄罗斯共和国国家队、青年队和青少年队奥运周期中每年的训练量和训练强度动态图；

——关于提高国家队和青年队在奥运周期内每年集中和分散训练时的科学、方法和医疗保障的措施；

——为国家队和青年队成员配备现代化器材并为其训练基地配备现代化设备的计划；

——奥运周期内每年的组织监督措施计划。

白俄罗斯国家队的长期训练计划由国家队主（高级）教练制订，并由白俄罗斯共和国体育和旅游部的专家委员会、白俄罗斯共和国体育与运动研究院协调，然后交由公共组织白俄罗斯越野滑雪协会和白俄罗斯共和国体育与旅游部批准。

计划结构

1. 目标和任务——使白俄罗斯共和国国家队为冬季奥运会及整个奥运周期中的所有比赛进行备战

2. 备战冬奥会期间国家队成员每年的身体和精神意志准备程度的模型特征

3. 训练的基本原则和规定——奥运周期中国家队训练组织和方法概要

3.1. 奥运周期内国家队的主要赛事参加方案和比赛战略目标

3.2. 年训练周期结构

3.3. 奥运周期内每年训练的集训方案

3.4. 奥运周期内每年训练量和训练强度的动态变化及其他主要训练参数特征

3.5. 在选拔国家队后备力量时的选拔原则和规范要求

3.6. 在国家队备战的整个奥运周期内的科学方法、生物医学和生化监督保障计划

年周期中训练完成情况及运动成绩的提高速度在很大程度上取决于长期计划制订是否专业，训练量和训练强度计划是否合理，一般体能训练和专项体能训练于段比例是否合适，以及监督标准是否可靠。

专业制订的计划应有助于滑雪运动员身体、技术、战术和道德意志训练水平的稳步提高。

在训练过程中，应经常举行测验性训练。可以综合测试结果，对训练过程进行必要的调整。

白俄罗斯国家队年度训练计划由国家队主（高级）教练制订，然后在教练理事会上进行讨论，并由专家委员会、白俄罗斯越野滑雪协会和白俄罗斯共和国体育与运动研究院进行评审，最后由白俄罗斯共和国体育与旅游部批准。

计划结构：

队伍年度目标和任务

运动员道德意志训练的主要形式和方法

通过本赛季参加的主要赛事预测体育成就

一套针对滑雪者身体、技术和专项训练的控制标准

国家队训练组织及训练方法的基本原则和规定

参加本年度主要比赛的日历以及演出的战略目标

年度培训周期的结构以及在准备的各个阶段确定的任务

年度集训日程

赛季主要赛事备战的组织和开展计划

分阶段、大周期和小周期训练量和训练强度的动态变化

集训和比赛中恢复和提高身体能力的方法使用系统

国家队年度主要赛事参赛运动员的选拔原则

年训练周期分为训练期和比赛期

这段时期训练的主要任务是建立坚实的一般体能和专项体能基础，从而使身体能力达到高水平，改善心理状态并获取理论知识。

比赛期从2月持续至4月。这一时期的任务是保持运动状态及提高机能和技术训练水平。

训练工作计划由高级教练在训练期开始前制订，并由白俄罗斯共和国体育和旅游部总教练和专家委员会批准。

计划结构：

每个训练阶段的名称、日期和持续时间

每个训练阶段需要解决的任务

以每周小周期、每周天数为单位的每个训练阶段的训练量、训练强度和其他训练特征及参数

以每周小周期、每周天数为单位的训练课程的方向和内容

在所有训练阶段恢复和提高身体能力的方法手段运用方案

所有训练阶段测试举行的日期及计划

在计划月周期和周周期的训练负荷时，应考虑此阶段训练课程的主要方向

教师/教练必须不断对团队所有成员所做的工作进行总结

通过对教学训练工作进行总结，教练可以及时发现缺点和好的地方，并对计划做出调整

总结有三种类型：

1. 预先总结

2. 当前总结

3. 总结性总结

预先总结在常规训练课程开始之前进行。教练应了解运动员的健康状况及其一般和专项训练水平。

当前总结算是在整个训练期间系统地进行的。当前总结的主要任务是记录以下数据：训练参加人数，训练计划的完成情况，健康状况，训练负荷的承受能力。

总结性总结在每个小循环、大循环结束时及训练期和赛期结束时进行。

教学训练工作的主要文件是总结日志、教练日志和运动员日志。

教师/教练在进行教学训练课程、观察越野滑雪运动员的行为时，通过系统地记录运动员的身体、技术、战术、道德意志方面的训练水平记录教练日志。

为白俄罗斯共和国国家越野滑雪队成员计划训练负荷并制订个人训练计划。

在计划训练负荷时，最重要的文件是滑雪运动员的个人计划。计划上第一页记录有运动员的体重身高数据：衣服、鞋子尺码，地区和部门所属，关于计划在何种项目中展示最好结果的数据，并指出在其早期训练阶段负责的第一批教练、私人教练及国家队教练的姓、名和父称。在单独的表格中记录关于：过去 4 年在国际比赛（世界杯、冬奥会）中取得的最佳成绩；过去 6 到 9 年间运动成绩的变化（世界杯各站赛事、世锦赛、冬奥会）和预期结果预测的数据。第二页和第三页列出训练计划，指出以中周期和小周期为单位的训练量和训练

强度，集训举行地点，深度医学检查时间，例行体检及各训练阶段（中周期）的基本方法。第四页列出比赛备战计划，指出比赛名称、举办日期和地点、项目类型及计划结果。还应制订身体素质测试计划，并记录例行体检数据。该文件由总教练和高级教练、国家教练、运动员、队医签字，然后由教练委员会审议，经白俄罗斯共和国体育和旅游部专家委员会同意后，最后由国家队总教练批准。该文件应附有解释性注释。

年训练周期大致分为 8 个中周期

1. 恢复性中周期（第 1～4 个小周期）：降低运用基本训练手段的周期训练量，提高一般体能水平，并对上赛季受伤的运动员进行治疗。

2. 保持性中周期（第 5～16 个小周期）：逐渐提高周期训练方法的训练量直到最大值（5～11 个小周期），并提高此周期训练量的训练强度（12～16 个小周期）。

如下安排小周期内的训练：

训练 3 天 + 休息 1 天，训练 6 天 + 休息 1 天。

3. 基础性中周期（第 17～20 个小周期）：在山地条件下进行集训，增加专项训练时间，并降低周期训练量。

4. 发展性中周期（第 21～25 个小周期）：与基本中周期相较而言，由于参加了一系列国际和国内（白俄罗斯）的滑轮和跑步比赛，训练周期训练强度增加，训练量减少 15%～20%。

如下安排小周期内的训练：

训练 6 天 + 休息 1 天。

5. 基础性（冬季）中周期（第 26～29 个小周期）：在高海拔条件下进行特殊雪地训练。其特点是进一步提高专项训练水平和完善滑雪技术，主要周期训练手段强度减少 10%。深度医学检查和深度全面体检在第 29 个小周期进行。

如下安排小周期内的训练：

训练 3 天 + 休息 1 天。

6. 发展性（冬季）中周期（第 30～33 个小周期）：运用周期训练的基本方法，训练课程中的滑行速度为比赛速度的 95%～98%。保持周期训练方法中的训练量。

7. 赛期周期（第 34～38 个小周期）：运用基本训练方法，提高训练强度，同时保持前一个中周期和世界杯比赛时的负荷量（第 34～37 个小周期），并达到状态峰值，以在世界杯比赛中取得最好结果（第 38～41 个小周期）。与先前的小周期相比，运用基本训练方法的周期训练量减少至多 10%，将运动状态峰值保持在最高水平，并在世界杯上取得最好成绩（第 42~48 个小周期）。

如下安排小周期内的训练：

训练 5 天 + 休息 1 天。

8. 保持性（冬季）中周期（第 49~52 个小周期）：保持高水平运动状态，解决技术战术问题并继续参加比赛。周期训练量减少 5%，训练负荷强度增加 1%~3%。

如下安排小周期内的训练：

训练 3 天 + 休息 1 天。

在进行测验性比赛时，必须遵循以下要求：

——在标准圈上进行跑步测试；

——中长距离的滑行速度应为最大速度的 85%~90%，同时保持运动结构的完整性和自然性；

——在 5 千米和 10 千米距离上，前 1000 米的滑行速度应为最大速度的 85%~90%，随后强度增加至 95%~98%。在最后 1000 米，运动速度应达到最大值。

1.10　滑雪运动员基本身体素质的教学特征

体能发展（人的某种状态）的特征是身体所有营养功能、运动素质和身体形态的发展程度。

体能训练水平是以身体所有营养功能的状态、运动素质和身体形态的发展程度、运动技能的多样性为特征的。

这两个概念彼此相关，但并不完全相同，因为"体能训练水平"这一概念更加广泛。

体能训练是旨在提高体能训练水平、发展基本身体素质、增强机体器官和系统功能，即从整体上增强健康的过程。体能训练可以提高运动素质并延伸对运动的认识。体能训练课程有助于改善运动员的身体形态。

在体能培养理论和方法论中，体能训练分为一般体能训练和专项体能训练。

一般体能训练旨在发展运动员的基本身体素质，促进其多方面发展，增强身体能力并提高体育成绩。一般体能训练应以发展机体营养功能及身体运动素质、掌握新运动技能为目标，是顺利进行各种工作的先决条件。

专项体能训练同样旨在发展机体营养功能及身体运动素质、掌握新运动技能，这些技能是顺利开展特定类型工作（例如滑雪运动员的专项体能训练）的前提。

　　一般体能训练和专项体能训练应互相联系。在运动员的初始训练阶段，一般体能训练起着决定性的作用，应至少占训练负荷总量的80%。专项体能训练应占训练负荷总量的20%。随着运动员资质的提高和年龄的增长，一般体能训练和专项体能训练的比例应发生变化：一般体能训练应占训练负荷总量的20%，专项体能训练应占80%。

　　身体健康是运动员实现一般体能训练水平的必要条件。

　　运动员身体（运动）素质的发展是保证其身体训练水平的主要途径。运动素质是每个人从出生起就具有的运动素质表现天赋。

　　滑雪运动员的体能训练是教学训练过程中最重要的组成部分，旨在提高运动员的机体功能水平，即发展其基本身体素质：

　　——力量；

　　——速度；

　　——耐力；

　　——灵活性；

　　——协调性。

1.10.1　力量的教学特征

　　力量是通过肌肉力量施加和克服阻力的能力。

　　肌肉力量可以在等张和等长模式下进行。

　　等张力是指肌肉收缩产生运动的力。在这种情况下表现出来的力称为动力性力量。

　　等长力是指肌肉被拉紧但不产生运动的力量，称为静力性力量。在人的运动中，等张力和等长力都会表现出来。若动力性和静力性肌肉力量交替进行，则称混合或等速肌肉力。

　　动力性力量（等张力）表现为两种模式：克服模式和退让模式（下蹲并回到起始位置，下蹲是退让力，而回到起始位置则是克服力）。

　　克服力和退让力存在于人类的所有运动中。没有退让力就不可能有协调准确的运动。力量在很大程度上是在退让模式下表现出来的。根据动力性力量表现的速度和性质，分为压力、推力和爆发力（冲击力或猛冲力）。在运用压力时，可以缓慢克服阻力。推力可以快速克服阻力而又不加速运动。爆发力能随着运动的加速而快速克服阻力。爆发性是爆发力的能力，即单位时间内力量增加得越快，爆发力的效果就越明显。在短距离、接力赛中和集体出发比赛的冲刺阶段，爆发力至关重要。

　　身体训练水平相同的滑雪运动员的力量大小取决于其体重。因此，要区分绝对力量和相对力量。

绝对力量是在不考虑体重的情况下运动员可以发挥的最大力量。

相对力量是在考虑体重的情况下运动员可以发挥的最大力量。相对力量大小由绝对力量除以体重来确定。

在越野滑雪中，相对力量至关重要。

此外还有局部力量和全身力量。

局部力量是身体各个部位的力量。

全身力量是四肢和躯干力量的总和（A. A. Тер – Ованесян，1978 年）。

运用各种结构的测力计进行力量发展程度的测定。

使用测验性练习来确定力量发展水平。测验性练习在结构和特征上应与所选运动类型（滑雪）中的特定动作相近。

为了比较滑雪运动员，特别是那些擅长短距离的滑雪运动员的力量水平，应在进行测验性练习时确定他们的相对力量，即确定绝对力量和体重的关系。

为提高全身力量，可以使用如下三组身体练习：

——重量练习（杠铃、哑铃、实心球等）；

——阻力运动（同伴、器械）；

——移动自身力量的非循环性练习（攀爬；穿滑轮或雪板在上坡时进行同时推进或交替推进，使用降落伞、同伴或摩托车轮胎作为阻力装置或不使用阻力）。

在发展力量时需要特别注意，因为急剧的力量压力可能会导致外伤损害（脊柱疝，在越野滑雪中非常典型，会损害心血管系统的活动）。在进行大重量练习时（尤其是在训练期）需要特别谨慎，因为在完成此类练习的过程中，运动员体内不会产生警告信号（消极主观感受），而比如像在发展耐力时，疲劳感是可能出现过度疲劳的信号。使用产生的反作用力和自身身体的惯性越少，达到相同运动效果使用的肌肉力量就应该越高。因此，滑雪运动员的滑行技术越高，其使用的力量就越小。

在过去 10 到 15 年中，由于塑料雪板的出现和用压雪机准备雪道，滑雪运动员的力量训练量大大增加了（特别是在训练期）。训练课程中力量训练量的明显增加保证了必要的一般体能训练水平，并发展了对于实现在雪道上更加快速地滑行必不可少的肌肉群。在高成就的运动中，专项体能的发展水平至关重要。越野滑雪中的运动成就在很大程度上取决于特定肌肉群的发展程度。

1.10.2 速度的教学特征

速度是一组可用于确定运动员速度能力的功能属性。许多运动，包括滑雪运动的成功很大程度上取决于速度的发展水平。

速度可以以下列形式体现：

——对视觉、听觉和触觉刺激的运动反应；

——运动冲动性（急剧性）及其快速启动；

——动作频率；

所有这些速度表现都是相互联系的，但其彼此之间的直接依赖尚未建立（A. A. Тер‑Ованесян，1978）。

速度同运动结构统一地表现出来，例如，短距离比赛中发展起来的速度不会对提高拳击手的速度产生显著的影响，但会影响其移动速度。速度转移主要发生在结构相似的运动中。速度在很大程度上是一种与生俱来的素质。因此，速度发展的主要条件是掌握完美的滑雪技术。

从对刺激的运动反应能力的角度看，速度以简单反应和复杂反应的形式表现出来。

简单反应是对给定运动的先前已知信号的响应。个人比赛中的出发即是简单反应的例子。在发展简单反应的速度时，必须进行一些练习，在收到特定信号后进行条件式动作，并逐渐使练习完成条件复杂化。为了提高简单反应的速度，必须提前开发参与该运动的身体肌肉群。

复杂反应分为：

——有选择的反应；

——对移动物体的反应。

有选择的反应：是需要瞬间对当前情况做出反应时的动作。

对移动物体的反应：最常见于户外游戏和体育比赛中。

动作冲动性（急剧性）处于速度和力量的边缘。上下肢在未负重（或负重很小）时进行的高速运动属于速度，而与整个身体的运动相关、上下肢在负重时进行的动作则属于力量。

动作冲动性（急剧性）的发展水平可以通过完成任何复杂动作中的单个动作的速度来确定。

运动频率：每单位时间内重复运动的次数，取决于上下肢或躯干在特定时间内的运动次数。

为提高运动频率，应遵循以下建议：

1. 在轻松的条件下完成特定的练习（跑步下坡、穿滑轮或雪板在下坡滑行）；

2. 借助节拍器或自动节拍器刺激运动员加快节奏；

3. 一直进行练习，直到运动员感受到最初的疲劳迹象。

速度的综合表现是在周期性运动中能够在最短的时间内克服短距离的能力。速度的复杂表现包括三个阶段：

1. 动作开始

2. 加速（增加速度）

3. 保持速度（速度的相对稳定）

发展速度的方法推荐：

——穿滑轮、雪板进行出发练习；

——穿滑轮、雪板从起点开始马上进行20～40米的短距离加速；

——发展自由放松肌肉的能力；

——在使用重复方法进行练习时，运动速度应为速度最大值的80%～85%；

——重复动作时的时间间隔应为3到10分钟。

速度发展训练课程建议在30岁之前举行。对于年龄较大的运动员，应谨慎且有限地开展此项训练课程。没有进行充分的热身（尤其是在气温很低时），进行速度发展练习可能会受伤，造成肌腱或肌纤维的扭伤和断裂。

以下测试用于确定速度的发展水平：跑步，穿雪板从起点开始马上进行30～50米的短距离加速。

在周期性运动中，取得一定的进步之后速度增长会减慢，即所谓的"速度障碍"。为了延迟"速度障碍"的发生，只有在达到很高的一般体能水平之后才应开始进行狭窄的运动专业化。为了破坏已形成的"速度障碍"，有必要在放松的条件下进行练习，例如，在倾斜小路上跑步。也可以在课堂上暂时中断一会儿，进行其他有助于提高速度力量素质的体能练习。

1.10.3 耐力的教学特征

耐力是运动员进行长时间有效运动的能力，分为一般耐力和专项耐力。

一般耐力：长时间有效地进行中等强度运动的能力，整个肌肉组织参与其中。在从事体育和运动时发展的一般耐力会对身体和心理表现产生积极影响。

用于发展一般耐力的身体练习分为以下三组：

1. 周期性练习——跑步、滑雪等

2. 户外和体育游戏

3. 跳绳、跳跃练习

在进行练习时，必须变换运动速度、改变路段长度和间歇休息时间。

可以以不同的速度进行运动：次临界、临界和超临界速度。

次临界速度是在进行练习时依靠吸入的空气能够满足人体需氧量的速度。

临界速度是机体需氧量处于有氧能力水平、继续工作的能力取决于呼吸能力的速度。

超临界速度是氧气需求超过有氧能力、依靠厌氧能量供应、在氧气不足的情况下进行工作的速度。

在发展一般和专项耐力时，须遵守以下建议：

——在疲劳之前和疲劳时进行练习；

——使呼吸和动作协调一致；

——根据心率和乳酸指标调整身体负荷。

一般耐力的发展是通过匀速（连续）、变化和间歇训练法进行的。

在使用匀速（连续）训练法发展一般耐力时，应遵守以下建议：

——跑步时间应不少于 30 分钟；

——跑步速度应为次临界速度（跑 1000 米的时间初学者为 6～7 分钟，资质较高滑雪者为 4～5 分钟）；

——跑步结束 1 分钟后心率指标应接近正常；

——通过加量一节课一节课地增加负荷。

对于不同年龄和资质的滑雪运动员来说，可以通过匀速训练法发展耐力。

使用变化训练法发展一般耐力时，应遵循以下建议：

——运动强度应不断变化；

——运动强度应在上坡时增加，下坡时减小；

——运动强度可以在平坦路段增加，在上坡时减小。

使用间歇训练法发展一般耐力时，应遵守以下建议：

——路段长度应约为 600 米，跑步速度应为临界速度（最大速度的75%～85%）；

——跑步时心率应为 170～180bpm；

——练习分组进行，每组中重复 3～5 次；

——重复进行单个练习之间的休息间隔应为 45～90 秒至 3～4 分钟；

——重复练习直到一分钟间歇后心率降至 120～140bpm。如果心率没有降低，则应停止练习。

因此，使用匀速、变化和间隔训练法发展一般耐力的主要区别如下：

——在第一种方案中，以较低的速度一次通过较长的距离；

——在第二种方案中，以不同的强度通过一段距离；

——在第三种方案中，以相对较高的速度重复通过一段距离，重复之间的休息时间较短。

专项耐力是在快速变化的环境中连续有效并有速度、力量和协调性地进行工作的能力。

专项耐力分为：

——速度耐力；

——力量（协调）耐力。

这两种类型的耐力具有选择性转移的特性，其发展方式和方法也有所不同。

在发展速度耐力时，应遵循以下建议：

——通过各单独路段，路段总长度应是比赛距离的长度；

——运动强度应为运动员最大承受能力的95%；

——年轻运动员进行2~3组、高水平运动员进行4~6组练习。

滑雪运动员速度耐力的发展水平取决于机体在无氧条件下为肌肉活动通过非乳酸和乳酸方式供应氧气的能力。

肌肉活动非乳酸供应是快速补充所需氧气的阶段（依靠磷酸肌酸机制）为特征，而乳酸供能则是一个依靠糖酵解机制的缓慢阶段。

发展速度耐力的间歇训练法有两种方案。

在发展非乳酸耐力时，训练路段长度应非常短，为100~150米，强度为最大强度的90%，心率应达到180bpm。重复间的休息时间应为1~3分钟，即等到心率降至100~120bpm。

在发展乳酸耐力时，滑行路段长度应为500~1000米，一组中重复之间的休息间隔应逐渐缩短，心率应随着每次重复增加。在心率增加不大的情况下，应通过增加路段长度、提高运动强度或缩短休息间隔来增加训练负荷。

非乳酸和乳酸速度耐力的发展方法有如下差异：

——在非乳酸模式下，练习是在非常短的路段上进行的，两次重复间的休息时间较短；

——在乳酸模式下，练习是在较长的路段进行的，重复之间的休息时间较长，但休息时间会随着从一个练习到另一个练习逐渐缩短。

通过在一定长度路段上完成练习所用时间是否稳定（穿滑轮或雪板滑行或滑雪模仿跑时），可以判断速度耐力的发展水平。

力量耐力是滑雪运动员必不可少的素质，因为运动员在滑雪过程中需要肌肉长时间、大量地进行发力。力量耐力分为全身力量耐力和部分力量耐力。

全身力量耐力是所有肌肉群都参与的一种力量运动性活动。

局部力量耐力是身体某部位的运动性活动（例如，躺卧时手臂的屈伸）。

全身和局部力量耐力分为动态力量耐力和静态力量耐力。

　　动态力量耐力的特点是能够长时间有效地进行动态工作，并主要表现为力量。

　　在发展动态力量耐力时，应遵守以下方法建议：

　　——使用最大承受重量40%～50%的阻力或负重；

　　——匀速进行练习；

　　——每组的练习强度为90%～100%；

　　——每个重复间的休息应持续到强烈的疲劳症状消失为止，而每组之间的休息应持续到力量完全恢复为止；

　　——在一个训练课程中进行7～9组的练习。

　　动态耐力的发展水平根据在保持运动结构的条件下，力量占主导表现的运动的重复数量来判断。在越野滑雪中，这是指交替或同时推进滑行、在模拟机上的训练等等。

　　静态力量耐力以长期有效地进行静态训练为特征。

　　静态练习在越野滑雪运动员的训练过程中所占地位不高。

　　使用等距练习来发展静态力量耐力。等距练习应进行到相应的肌肉群、身体部位疲累为止。

　　静态力量耐力的发展水平由在表现出相当大的力量的同时姿势的保持时间决定（在用手推动体操墙时保持姿势等）。

　　力量耐力和力量之间存在着积极的联系。高水平滑雪运动员的力量耐力的发展水平较高。速度耐力和速度之间的相关性尚未发现（А. А. Тер－Ованесян，1978年）。

　　在发展年纪小或年纪大的滑雪运动员的速度和力量耐力时，要谨慎进行需要用力很大的练习。

　　协调性耐力是有效连续地完成复杂协调练习的能力，通过保持既定动作结构的同时系统性地进行练习直到产生疲劳感觉来进行发展。练习应分组进行，最好一天进行若干次。

1.10.4　柔韧性的教学特征

　　柔韧性作为一种运动素质的特征是：在身体的某些关节处能够以最大的摆动幅度进行运动。

　　在体育运动中，身体柔韧性分为主动和被动两种形式。主动柔韧性是依靠肌肉群的收缩完成大幅度动作的能力。

　　被动柔韧性是滑雪运动员通过自己用力或同伴用力而能够在身体的某些关节处完成大幅度动作的能力。

在发展柔韧性时，可以快速取得进步。但是当中止柔韧性发展的课程时，就会很快丧失这种素质。训练课程中达到的柔韧性水平可以保持3分钟，然后会逐渐降低。

柔韧性的发展水平取决于许多因素：

——年龄；

——性别（女性的柔韧性更好）；

——肌肉骨骼系统的先天结构特征；

——关节形式；

——韧带延展性和肌肉活力；

——环境温度；

——昼夜时间；

——疲劳和训练程度；

——力量训练水平和肌肉放松的能力。

柔韧性不取决于身体各部分的长度和身体本身的长度（Б. В. Сермеев，1970 年）。

在越野滑雪中，良好的柔韧性是运动员形成正确有效的滑雪技术（滑轮、雪板）的条件之一。但同时，某些关节的柔韧性过大会成为强有力撑杖的障碍（如：腕关节的柔韧性过大）。

仅做力量练习时会丧失柔韧性，关节的活动性也会受到限制。因此，在计划力量训练课程时，应合理地将力量发展和柔韧性发展练习结合在一起。

有三组身体练习用于提高柔韧性：

——用当前关节的最大摆动幅度有弹性地、作摆锤状地完成摆动的基本动作；

——自己用力或在同伴的帮助下进行增大动作幅度的练习；

——在最大伸展程度保持静态姿势的练习。

不管是在其他运动还是滑雪运动中，在发展柔韧性时，应遵守以下建议：

——每天进行练习；

——当达到高水平的柔韧性发展水平后，每周训练3~4次；

——热身之后进行柔韧性发展练习；

——保持静态姿势10秒以上，每个练习重复10次以上；

——进行练习直到拉伸的肌肉、韧带出现痛感；

——将柔韧性发展练习与力量发展练习的进行结合，并学会自由放松肌肉。

与进行力量、耐力、速度发展练习相比，柔韧性发展练习对身体营养功能的要求较低。

测量柔韧性时，使用特殊构造的仪器度量长度或度数，以确定各个解剖学关节的角度大小或动作幅度范围。

1.10.5　灵活性的教学特征

灵活性是运动员在瞬息万变的环境中快速掌握新动作并合理、经济地完成动作的能力。灵活性的发展水平取决于动作的准确性、经济性和合理性。

用于发展灵敏性的身体练习分为三组：

——没有定型动作、有意外元素的练习（运动游戏）；

——对动作的协调性和准确性要求很高的练习（在体操器械上的练习）；

——需要根据信号快速改变运动方向的特殊练习。

在发展灵活性时，应以下列方法学建议作为指导：

——不断引入新的身体练习，举行丰富多样的课程；

——在举行课程时，应改变所用力量和课程举行的条件；

——当出现运动准确度下降的最初迹象时，减少负荷；

——监测心率指标，以确定重复进行某个任务时中间有足够休息时间（А. А. Тер‑Ованесян，1978 年）。

协调能力是运动员快速准确地模仿先前未知的复杂动作的能力。

协调能力分为两种类型：

——一般协调能力；

——小动作协调能力。

一般认为，这两种类型的协调能力是相互独立的。有可能可以很好地掌握滑步中一个单独动作（例如，进入单腿支撑姿势），但是不能很好地完成一套完整的两步一撑动作。

协调能力和灵敏性作为运动素质并不完全相同，但其含义相近。灵活性是动作在突然出现的情况下的合理性和经济性，而协调性则是模仿复杂动作的速度和准确性。这是人体运动活动的一般要求。

协调能力随着运动动作逐渐复杂化而发展。在发展协调能力时，使用一些特定的练习，例如：左腿单腿支撑站立，向前摆动右腿，同时左脚蹬地，身体和右臂向前移动，并将左臂移向一侧。左腿支撑进行若干次练习，然后右腿支撑进行若干次练习。

由于滑雪运动员是否能正确掌握某滑步技术在很大程度上取决于其协调动作的能力，因此发展运动员的协调能力非常重要。协调性好的滑雪运动员在下坡急转弯时会感到自信，可以轻松地从一个滑步过渡到另一个滑步。

平衡是在静态和动态中保持稳定的身体位置的能力。平衡分为以下几种类型：

——静态平衡；

——动态平衡。

支撑姿势下是静态平衡。

无支撑姿势下是动态平衡。

平衡的保持发生在前庭、视觉、动觉和触觉分析器相互作用时。视觉在人保持平衡的能力中非常重要。支撑条件下影响平衡的因素有：共同重心相对于支撑区域的位置；支撑区域大小；作为支撑物的器械的高度及其稳定性；为发展协调性而完成的动作的复杂性；身体动作的快慢及速度大小的均匀性。

使用特定的身体练习来发展平衡：

——单腿站立，在不同姿势下和移动手臂、自由腿和躯干时，保持平衡；

——手臂倒立，改变不同姿势并移动腿；

——走路、跑步，头部向两侧进行快速转弯；

——在不使用运动器材或使用运动器材（穿雪板、滑轮、横杆等）的情况下，使身体绕垂直轴或水平轴旋转；

——在狭小且加高的支撑物（平衡木、拉紧的绳索等）上运动；

——在移动器材（秋千、吊环）运动；

——无支撑姿势练习（滑雪跳跃等）；

——运动方向快速改变的游戏（足球、篮球等）；

——在暗处或闭着眼睛运动。

平衡在滑雪运动员的训练系统中起着重要作用。需要特别注意此项素质的发展，进行旨在掌握和改进滑雪技术的练习。

在发展平衡时，应遵守下列建议：

——将视线固定在水平面（相对于支撑平面）上的特定物体上；

——借助靠近支撑平面关节（站立时的踝关节等）的运动保持平衡；

——创作失去平衡的条件；

——当出现疲劳的最初迹象时停止练习。

用测验性练习来确定静态平衡的稳定性。测验性练习示例：单腿站立，在膝盖处弯曲另一只腿，以使脚后跟在膝盖处和支撑腿相接触，同时将脚掌按到小腿上，头保持笔直，双手放在腰上，闭上眼睛。闭眼同时秒表打开，失去平衡时将秒表关闭。

用沿15米直线闭眼行走的方法确定动态平衡稳定性（在地面、地板画出）。

1.10.6 滑雪运动员心理素质的教学特征

滑雪运动员心理训练的主要任务是使其为比赛做好心理准备。这里的教学作用对象是滑雪运动员的意识，即其心理。

心理是一种特殊属性，是反映客观现实的大脑功能。现实以感受、理解和各种感觉等形式反映了人脑中。人的心理不仅取决于他的生活条件，还在很大程度上取决于其固有心理属性：记忆、思维特点，思维，情感，意志品质，生活兴趣，观察力。心理在人的环境取向，行为，行动中也起着重要作用，并且是在活动（劳动，运动等）过程中的实践基础上形成的。与其他任何活动一样，运动中的成功很大程度上取决于运动员的心理（A. A. Поварницын, 1976; A. B. Родионова, 1979）。因此，我们可以说，运动员对比赛的心理准备程度是其思想、意志和所有心理素质的准备程度、对这些心理素质的管理能力及其在备战和参加比赛过程中的行为。应当指出，越野滑雪比赛的结果取决于许多因素：身心状态，技术和战术技能，雪板处理的质量等。同时应注意到，心理训练与身体训练同样重要。以下素质会影响运动员对比赛的心理准备程度：

——目标坚定；

——毅力和不屈不挠的精神；

——自制力；

——富有主动精神和独立性；

——果断和勇气；

——纪律性。

目标坚定这一素质体现在运动员设定某些目标并努力将其实现、不管遇到何种困难的能力当中。目标坚定是滑雪运动员心理训练中的一项重要素质。比赛中能否取得成功与目标制定是否明确、清晰存在直接关系。目标可能会根据运动员的资质、训练水平不同而有所差别。一些运动员希望赢得本市冠军，一些运动员则想要达到体育大师的标准，还有一些运动员的目标是在国际比赛中拿奖牌或成为冠军。许多因素导致了目标的高动态性，其中决定性因素是机能训练程度和运动成绩的提高。目标坚定的运动员牢记自己的主要目标，使自己所有的活动都服从于主要目标的实现，并不断解决中间出现的问题。目标坚定性的衡量指标是运动员制定现实目标、实现目标后设定新的、更困难目标的能力。在运动员目标不够坚定的情况下，实现既定目标非常困难。

教师/教练需要了解运动员目标不够坚定的情况，并在教学计划训练过程时将其考虑在内。运动员目标不够坚定的主要标志是在训练过程中无组织性、没有纪律和不能对自己的行为集中注意力。

运动员不能确定自己在当前训练阶段应为之努力的主要长期目标，这是目标坚定性发展中的障碍。运动员无法确定实现主要长期目标过程中的近期具体目标和任务也表明其目标不够坚定。运动员有明确的、真正想要实现的长期目标，却无法制定出可以帮助自己朝这唯一方向发展的中间目标。他缺乏明确的指导方针来帮助他实现预期目标。

训练计划应为接下来运动成绩的提高提供连续坚定的基础。若运动员在为中间比赛准备时没有远见，偏离了预期的训练计划，他将无法实现预期目标。若运动员想在极限身体压力下尽可能地在每项比赛中都表现出色，他就违反了训练计划，过早地浪费了体力和精神能量，从而可能在赛季主要赛事上不会表现出最好的运动成绩。

因此，无法将长期目标与中间目标联系起来是目标坚定这一意志品质欠缺的非常重要的指标之一。运动员不能在已完成一项任务后立即制定出一个难以实现的新目标也说明其目标坚定性发展不足。在这种情况下，运动员看不到前途，不能进行足够的训练，会缺勤训练课程，对比赛失去兴趣，最终可能会完全放弃从事越野滑雪运动。

运动员尝试同时进行多项运动，甚至在其中一项中取得某些成绩，这也表明其缺乏目标坚定性。

当前，由于全年进行训练和训练量、训练强度的增加，不可能同时在多项运动中取得很高的运动成绩。

一个目标不够坚定的运动员在遇到重大困难时也无法充分展示其他意志品质。目标坚定性是对运动员进行意志训练的主要环节，这一素质将所有意志素质联系在一起。

毅力和不屈不挠的精神被认为是滑雪运动员应具备的基本素质之一。只有具备这些素质，再加上勤奋和勇气，运动员才能期望取得高水平的运动成绩。毅力和不屈不挠的精神是运动员即使在最不利的条件下、无论实现目标有多困难、都为胜利战斗到最后的能力。这样的运动员不会逃避困难，而是即使要付出难以置信的努力也要克服困难。

在日常生活中培养运动员的毅力和不屈不挠的精神，他就能够更加顺利地训练和参加比赛。没有毅力和不屈不挠的精神，将很难顶住诱惑，将学习与从事体育结合起来。若运动员具有这些素质，将不会因为类似恶劣天气条件而错过训练课程。

在掌握和改进现代滑雪技术时，在一般和专项体能训练过程中都需要毅力和不屈不挠的精神。即使训练工作似乎很乏味、单调且困难，但坚持不懈、不屈不挠的运动员仍将继续努力训练。勤奋是滑雪运动员的一项基本性格特征，可以帮助其承受巨大的训练负荷并取得较高的运动成绩。在比赛时疲劳不断增加的情况下，这种意志品质将有助于取得较高的运动成绩。只有有毅力和不屈不挠的运动员才能迫使自己在即使感觉似乎已经没有力气时也继续比赛。比其他人更有毅力、更勇敢、更有耐心的人总是会赢得胜利。处于必须在几个小时里克服困难的长距离比赛中，表现出毅力和不屈不挠的精神尤为重要。

没有毅力和不屈不挠的精神，提高身体素质、提高机体训练水平是不可能的。

教师/教练有责任辨别学生身上毅力和不屈不挠精神的积极和消极表现及这两种素质发展中存在的问题。有时，运动员一开始热衷于从事越野滑雪，但随着训练量和训练强度的增加，他会逐渐开始对课程冷淡下来。当出现疲劳的最初迹象时，应降低强度，避免进行复杂的练习，寻找客观理由为其解压，不要看重运动员技术的改进，也不要发展其不足的身体素质。

在比赛时，一个没有毅力和不够不屈不挠的运动员无法应付困难。当出现疲劳和身体状态不佳的最初征兆时，他不能迫使自己以以往的积极性工作并会降低比赛强度。这样的运动员在一次或几次比赛中没有表现好后，将避免参加重大赛事，只愿意在良好的天气和出色的滑行条件下参加比赛。有时，初级滑雪运动员仅仅依靠较高的身体和运动能力就能表现出很好的成绩，但是随着时间的推移，正如经验所显示的那样，其他经过大量艰苦训练的运动员开始赢过他。运动员在开始几次失败后，若不能得出正确结论、没有改变对训练的态度，他就可能会开始寻找一项在他看来可以在没有太大压力的情况下达到很高水平的运动。因此，教师/教练应高度重视对运动员的意志训练，培养他们的毅力和不屈不挠的精神。同时，必须首先找出这一素质表现不充分的原因，然后再制定改正方法。应注意使运动员形成一种激励力量，这种激励力量会使他努力将已经开始的事情进行到底，并无条件地遵守训练计划。

教师/教练应正确地计划训练负荷，以使运动员能够顺利完成训练，并从此中获得满足。任何一次成功都应会有助于增强运动员对自己能力的信心，并促使其产生新的意志压力。

在培养运动员的毅力和不屈不挠的精神时，应发展其乐意工作的意识，即使在身体和精神疲劳的情况下也继续工作，以最好的方式完成练习的愿望。这是通过将趣味任务、有吸引力的练习纳入训练课程并逐渐提高练习的复杂程度和难度来实现的。运动员必须确信，困难单调的工作、遵守日程表和完成计划、训练负荷对于提高自己的运动水平必不可少。对于这样的运动员，教师/教练应提出更高的要求，培养其对自己运动成绩的责任感。

还应指出，固执性是毅力和不屈不挠精神的不利方面。不应将固执视作不屈不挠。这种消极的人格品质表现为渴望坚持自己的意愿，尽管这种意愿明显不合时宜且毫无根据，并且在某些情况下与基本逻辑和明显要求背道而驰。

自制力和自控力体现在运动员在实现既定目标的过程中监督自己的行为、管理自己的活动和举止的能力。运动员在日常生活中、在教学训练和比赛过程中，必须具有自制力并善于在任何情况下控制自己。有时在教学训练工作过程中，一个初级运动员为努力争取快速取得较高的运动成绩，会自行增加训练负担。众所周知，大量增加训练强度会导致心血管系统的紧张过度，结果会导致运动成绩的下降。重要的是，运动员必须善于克制自己，逐步增加训练量和训练强度。强制训练、违反连贯性和循序渐进原则以及未正确计划年训练周期中的训练负荷会导致运动员提前退出滑雪运动。只有具有良好自制力的运动员才能严格遵守训练计划并完成教师/教练的所有要求。运动员在整个年训练周期中都需要有自制力和自控力。例如，若一个运动员喜欢滑滑轮，他不应该忘记将其和一般体能训练和专项体能训练合理地结合在一起。当更喜欢滑雪的运动员在初雪后试图依靠完成大训练量的雪上训练更快地进入运动状态时，也需要记住这一点。超负荷训练会降低身体在后续训练阶段的能力。正是因为这个原因，遵守循序渐进和连贯性原则非常重要。

在比赛期，当滑雪运动员达到最高的运动状态时，需要自制力和自控力来正确选择训练模式。将最佳训练模式与参加比赛相结合是非常困难的。这时需要教师/教练和运动员都有最大的自制力和自控力。有时，一个状态良好的运动员会进行若干次高强度的赛前训练或测验比赛，但是来不及恢复，这使他无法保持最好的身体能力和心理准备状态，并使他无法在状态巅峰时参加赛季的主要比赛。

在比赛中，特别是在长距离比赛中，当必须保持较高的比赛节奏时，正确分配自己的体力、落实既定战术计划、将比赛完成和意志品质这几点会体现得特别充分。自制力和自控力能帮助运动员强有力而均匀地完成比赛，不会在对手有优势时提高自己的节奏。限制、抑制自己的愿望、感觉、行为和动作的能力是自制力的心理学本质。有自制力且能够在任何情况下控制自己的运动员不会因对手的突然加速或器材故障而感到不安。他会按照自己的既定计划完成比赛，根据滑行条件控制比赛的节奏和强度。他在比赛中会表现出审慎的态度，他的所有行为都是经过周全考虑并为一个目标服务的：拿到最好成绩。在同训练水平基本相同的运动员一起参加比赛时，有自制力的运动员不会马上摆脱对手，而是会等到合适的时机。没有自制力的运动员会特别沉浸在比赛中，会提高已经习惯的节奏，与对手一起加速，而不考虑比赛条件（赛道状况、地形条件）。

在接力赛中，尤其是在接力赛的第一个阶段，需要自制力和自控力，因为第一阶段在时间上落后会对最终结果产生不利影响。

自制力和自控力训练的差距在比赛中体现得尤为明显，表现为在比赛中急躁、匆忙、失去对自己动作的控制。失去自制力和自控力的运动员在比赛开始前就会紧张忙乱，忘记重要的细节。这样的运动员从比赛一开始就不断加速，而这种速度无法长时间保持，并会忘记控制自己滑行技术的正确性。他想马上就取得对对手的明显优势，关注点和用力方向在于追赶前面的运动员，或不被赶超过他的运动员落下。由此，运动员会过早地出现疲劳，并将不能取得本可以期望达到的很高的运动成绩。

失去自制力和自控力的运动员在接力赛的第二阶段出发时，在经过自己队友在第一阶段表现不佳之后，可能会使用非常快的比赛节奏，这在比赛的前几公里就会导致他身体能力的下降和与此相应的速度的下降。

教师/教练的任务是培养自制力和自控力，使运动员习惯在训练和比赛时控制自己的行为。对于某些运动员，有必要对各种可能的情况进行规划，明确地计划训练负荷。训练课程结束后，必须与运动员一同分析他的活动并进行评价。

富有主动精神和独立性是运动员独立设定目标、拟定目标实现方式、独立组织自己活动和训练过程的能力。一个富有主动精神和独立性的运动员能正确地理解形势，善于预测可能会面临的困难。在教学训练课程上，这样的运动员能够自己确定训练课程的任务，选择月周期、周周期和单次训练课程的训练手段和方法。他会与教练合作，不断寻求新的方法来提高运动水平。这种素质体现在滑雪运动员独立开展课程主要部分和结束部分的能力。这样的运动员会试图自己厘清训练理论和方法，找到补充储备并及时调整训练过程。

独立性和主动性在比赛过程中对于滑雪运动员尤为必要，因为在比赛中可能会出现困难的情况，运动员必须自己理清形式，并选择最有效的方法走出困境。运动员可能会在比赛中暂时落后，但他会把主动权握在自己手里，并在适当的时候积极投身战斗。

缺乏主动性和独立性的表现为，在教学训练课程过程中，运动员不去寻求有效地提高体育技巧的方法，不考虑训练条件和自身能力，盲目完成教练的指示。在比赛期间，没有独立性的运动员不会准备滑雪板、选择合适的雪蜡，也无法制订比赛计划。这样的运动员不能正确评估当前的困难状况，在必须发挥主动性时也不能找到摆脱当前状况的正确方法。

培养独立性和主动性时，教师/教练应刻意创造一种条件，在这种条件下，运动员将在毫无暗示的情况下被迫独立采取行动。教师/教练仅大致规定训练课程的任务，这也将刺激滑雪运动员表现出主动性和独立性。在计划训练课程时，应考虑运动员的训练水平及其独立解决此类问题的能力。同时，教师/教练必须信任运动员，不在琐事上照顾他，以便运动员能在比赛过程中出现困难时充分表现自己的独立性。

果断和勇气是运动员在教学训练课程和比赛中经过提前周密考虑、独立及时地采取决定的能力。这两种品质与目标坚定、毅力和不屈不挠的精神这些对于实现体育活动中的长期计划必不可少的品质联系在一起。但一个决定仓促、不经过周全考虑的运动员，就算他是最大胆的，也不能被认为是果断和勇敢的，因为他没有自制力，也不知道如何控制自己。滑雪运动员需要是果断和有勇气的，以便能毫不动摇地完成他所不习惯的、看似不可能的任务。如果运动员无法下定决心大量增加训练量和训练强度，他就无法达到很高的运动成绩。滑雪运动员需要果断并富有勇气，以便能毫无恐惧地通过陡峭的下坡，能勇敢地担当起领导的角色，如果身体状态承受不了很高的比赛节奏，也不害怕放弃比赛中的高节奏。

但同时决不能将果断和勇气与冒险主义和自以为是相混淆：贸然做出决定，冒毫无理由的风险，有时甚至对（个人或团队）已经取得的成绩造成威胁。当运动员在接力比赛中过早地率领比赛而身体没有达到足够高的水平时，这一点体现得尤其明显。他在比赛一开始时领先，而在比赛快结束时不断放慢节奏，毫无希望地落在后面，快到终点时已经位于倒数之列。

果断和勇气与基于对自身力量自信的、对自己的批判态度密切相关，并且很大程度上取决于运动员的知识、技能和能力。

不自信和恐惧的表现是果断和勇气发展过程中的障碍。这一点在比赛中出现对于滑雪运动员来讲不习惯又不熟悉的情况时体现得尤其明显。运动员害怕在陡坡上摔倒、受伤，会拒绝滑接力赛的第一棒也是最重要的一棒。

在培养勇气和果断性时，必须激励运动员，促使其取得越来越高的成绩。不培养目标坚定性，就不可能发展勇气和果断性。教师/教练应该刻意创造困难的条件，在这种条件下，滑雪运动员将被迫根据当前情况果断而勇敢地采取行动。不提高运动员的身体、技术、战术和心理训练水平，就不可能培养这两种素质。

纪律性是滑雪运动员慎重、有意识地使自己的所有意愿服从于集体的要求和利益并时常将集体利益置于个人利益之上的能力。在体育中，这一点体现在当滑雪运动员为团队利益而拒绝个人利益时。在接力赛中纪律性尤为重要。有时，一个运动员希望滑最后一棒，但他作为一名身体、心理训练水平最高的运动员，为了团队的利益，必须首发。在个人比赛中，经常会有这种情况，一名运动员在比赛中领先，以便以对手不习惯的高比赛节奏使对手筋疲力尽，并在损害自己个人成绩的情况下给队友赢的机会。

若运动员没有纪律性、不遵守集训队的日程表和运动制度、不会定期参加两场集训间的训练课程并且不会无条件地完成任务，他就不可能完成大训练量、高强度的训练负荷。

没有纪律性的运动员在某些情况下可能会拒绝参加自认为不符合自己意愿的比赛，可能会比赛迟到、中途退出比赛、不遵守教练的指示等。这是纪律性培养方面的不足。对团队的责任感、个人尊严和体育荣誉感这些人格道德特点是纪律性教育的基础。

为发展纪律性，必须逐渐使运动员习惯于在其活动的所有领域遵守既定制度，并使个人行为服从于道德和社会规则。

自律是自觉纪律的一个重要方面，是运动员有意识地克服影响表现较高运动成绩的不良习惯的愿望。必须从从事体育的最开始阶段就发展自律。集体对于纪律性培养具有重大的影响。教师/教练在发展运动员的意志、培养其必要的意志品质时，应和道德及思想政治教育结合起来，同时使用一切方法手段向团队灌输责任感、荣誉感、友爱感和对白俄罗斯的爱与忠诚。若运动员有一个长期目标，将有助于成功地培养意志。长期目标对运动员来说应该是意义重大的，但要足够现实。克服目标实现路上的所有艰难困苦不应使运动员感到害怕。正确设定的目标应能动员起运动员、动员起其所有的道德和身体素质来实现计划。如果为运动员设定小的、容易实现的目标，就不能促使其付出巨大的意志努力，因此也就无法培养坚定意志力。在设定过高的目标时，运动员可能会失去对自己力量和能力的信心，从而对计划的可行性失去信心。为学生设定主要目标时，也必须标出更容易实现的中间目标。这样，在不断实现阶段性中间目标的过程中，运动员将不断受到积极的心理刺激，以实现下一个更复杂的目标。一位经验丰富、细心的教育者应想尽办法地鼓励运动员，关注他的成功；他应该根据运动员展示的成绩及时对训练计划做出适当调整。这样，即使在表现不成功的情况下，滑雪运动员也不会对实现既定目标失去信心，对课程失去兴趣。教师/教练应帮助运动员形成体育活动动机和促进力，以激发运动员在克服困难时产生意志压力。这种动机可以是积极的心理和情感体验和从课堂中获得的满足感。

这种动机也可以是由对自己运动成绩的责任感和对团队的责任感引起的。应该指出的是，自尊心也可能是一个重要的动机。但是，成为第一、成为最强的愿望只有当其符合社会需求且不与社会需求冲突、没有转变成自私自利和利己主义时才是正面的。教师/教练必须时刻记住，克服困难的心理准备不足是运动员体育成绩增长缓慢甚至完全离开滑雪运动的其中一个主要原因，因为滑雪运动是最难的运动之一。运动员应该意识到，没有意志压力以及对成功的信念，是不可能在越野滑雪中取得很高的成绩的。勤奋的养成是意志力培养的一个重要方面。当代的训练负荷要求运动员付出巨大的努力。同样也要使运动员形成对失败的清醒的态度。教师/教练有必要在从事滑雪运动的最开始就向学生解释，在取得高水平的运动成绩之前，他们可能会经历失利和挫败的痛苦。但这应该只会锤炼他们的意志，并使他们不屈不挠地进行努力。教师/教练的任务是教会运动员得出正确的结论、寻找实现既定目标的方法。应教会运动员管理自己的注意力，将注意力集中在主要事情上，不被旁事分散注意力。

应特别注意滑雪运动员思维、记忆和想象力的发展，因为这是意志力的智力基础。这些素质的发展是在掌握知识和体育术语的过程中实现的。战术思维、想象力、分析比赛条件和赛道状况的能力——所有这些都与意志力训练紧密联系在一起。在训练过程中以及比赛期间，应结合技术、战术和体能训练来发展意志力素质。

越野滑雪训练课程令人疲倦且十分困难，有必要不断发展克服困难的能力。教师/教练应逐渐增加训练量和训练强度，减少重复训练和间歇训练的休息时间，同时关注运动员的身体状态。参加比赛也会发展克服困难的能力。在培养克服不利天气条件引发困难的能力时，应在考虑到细则中规则和规范的情况下，在所有的气象条件（雨、雪、风、严寒等）下进行训练。滑雪运动员应使自己在任何天气条件下完成训练，不仅要培养毅力、不屈不挠的精神和自制力，还必须提高在恶劣天气条件下的滑行技术（在滑行条件不佳和雪板在雪上脱滑时，在雪槽有冰或很软的情况下等）。

在培养勇气和果断力及克服各种形式的恐惧和不自信的能力时，要求利用越来越困难的训练条件、带有多个转弯的越来越陡的下坡、压过的雪槽等。

在重大比赛前，有必要对情况和可能出现的困难进行初步、深入、全面的分析。在训练课程中，应模拟比赛情况并认真进行演练，同时考虑到运动员的个人训练水平。但是，不应过分夸大困难，以免导致运动员的意志积极性降低。

在培养意志力时，应增强运动员对自身力量的信心，这种信心是基于对自己身体、运动能力及对自己优势劣势的了解和在训练课程、比赛中对自身能力的检测而形成的。教师/教练有责任帮助运动员认清身体、技术、战术和心理准备方面的不足，并指出解决这些不足的方法。只有系统地分析已进行工作的成果、运动成绩和导致失败的原因，才能正确评估运动员的能力并为取得较高的运动成绩指出方法、制订计划。

1.10.7　滑雪运动员道德意志素质的教学特征

从生理学的角度来看，意志力是一种内部压力状态，旨在平衡兴奋和抑制过程。没有第二信号系统机制，这种平衡是不可能发生的。在一种情况下，意志力克服了过度的兴奋，而在另一种情况下，则克服了抑制（例如在长时间滑雪时克服保护性抑制），在第三种情况下，克服了这些过程的冲突（在快速变化的条件下）。

根据发生困难的特点，意志力分为以下几类：

——肌肉紧张时的意志力；

——注意力紧张时的意志力；

——克服疲倦和劳累感相关的意志力；

——遵守制度时所需的意志力；

——克服恐惧感时所需的意志力。

在培养意志力的问题上，存在客观和主观方面的困难。

从内容上来说，客观困难对于所有追求高运动成绩的运动员都是相同的。需要知道，意志力只能在身体、技术和战术训练的基础上的培养起来，并与这些训练有密不可分的联系。

主观困难是基于滑雪运动员对从事越野滑雪运动的客观特点以及训练、比赛等条件的个人态度。

参加比赛时及比赛开始前很长一段时间产生的各种形式的恐惧、怀疑和心理感受都可以被归于主观困难，尽管运动员具有相当高的身体训练水平并很好地掌握了各种滑雪方法，并没有产生这种情况的客观原因。

运动员的个人心理特征会造成主观困难。两个身体训练水平相同的滑雪运动员，其中一个运动员身上会出现主观困难，而在另一个身上主观困难却表现得很弱或完全不存在。

培养意志品质的方法由滑雪运动员的个人心理特征决定。

意志力行为按其心理学结构来讲，是意志力的复杂体现，由下列环节组成：

——动机；

——有目标及实现目标的方法、手段；

——决定采取行动；

——意志力；

——完成采取的决定。

意志行为是一种整体现象，因此其某些环节的分配是非常任意的。在某环节脱落的情况下，意志力可能会中止。当有特定需要时，便会出现完成意志行为的动机。需求应作为实现特定目标的活动动机，应被明确地规定和定义。只有在这种情况下，需求才能调节运动员专注于达到较高运动成绩的活动。在没有目标的情况下，运动员的行为会失去目标性这一主要特征，即其行为不再是意志行为。还必须知道激励动机。动机和目标是相互联系的。在形成目标的过程中，有必要强调出实现目标（目标具体化）条件的认识及划分过程。仅仅想象最终目标是不够的，还需要确切地了解如何实现这一目标。采取朝向某个方向行动的决定是意志行为结构中的重要一环。并不是任何时候都能轻松地做出决定。有时，采取决定是一个漫长而痛苦的过程，会伴随着不同动机的斗争、冗长的讨论、犹豫和怀疑。在越野滑雪取得高水平运动成绩需要大量的时间和精力。将运动发展与学习结合在一起会成为一项困难而艰巨的任务，需要运动员具有高度的奉献精神、很好的组织性和自律性。由于滑雪运动员基本都很年轻，他们经常需要将体育活动与学习结合在一起。由于将从事越野滑雪与学习相结合极其困难，可能会产生是否要继续从事体育的问题。这会给运动员施加很大的压力。在这种情况下会出现动机冲突。在做出某个决定之后，必须予以贯彻执行。意志行为的这部分内容从心理学角度来讲最为复杂。同时，目标会根据情况而改变，实现目标的方式也会变得更明确。在体育活动过程中，可能会出现主观和客观困难。为了克服这些困难，同样需要一定的类似内部紧张状态的意志力，然后这种状态会表现为动员所有力量和集中注意力于特定的行动或目标。

意志行为的结构和内容与智力过程密切相关。运动员的智力发展水平作为体育发展中最重要的因素和达到体育技巧巅峰的条件，非常重要，是意志的智力基础。在教学训练过程中，运动员智力能力的发展应占有重要地位。

意志行为具有一定的情感内涵，由运动员对特定目标的情感态度决定。在比赛中实现某些结果时可能会受到正面和负面情绪的影响。在其中一场比赛中的成功表现可能有正面情绪产生，会动员起运动员继续克服困难。而表现不佳则会产生负面情绪，会对整体心理状态产生不利影响，并会使实现既定目标和任务变得困难。

教师/教练在教学训练和比赛过程中还应进行运动员的道德教育，培养其人格，发展其意志品质，包括目标坚定性、主动性、独立性、果断性、勇气、自控力、自制力、纪律性。

在培养某些意志品质时，必须考虑运动员的个人性情。急性子的滑雪运动员更容易培养其勇敢和果断的品质，而活泼好动的运动员很难表现出毅力和不屈不挠的精神。

因此，意志与决定运动员成绩取得的能力（心理属性）密不可分。运动员的能力在其体育活动过程中不断发展。运动员在意识到自己的能力后，看到实现自己的既定目标越来越有希望，这反过来又激励他进行自我完善和表现出巨大的意志力。

1.11 滑雪技术的改进

1.11.1 传统式滑雪技术的改进

滑雪运动员在雪道上的滑行速度在很大程度上取决于其滑步频率、长度及腿的蹬力和手臂的撑力。这些指标中的任何一个发生变化都会导致滑行速度出现变化。当以传统式或自由式滑行时，最强的越野滑雪运动员的滑步长度、力量和蹬地频率要比资质更低的滑雪运动员大。滑行速度的增加不仅是依靠动作频率的增加，而且在很大程度上依靠力量和蹬地频率的增加。在出发时、在赛道上、在终点时使用推进进行加速时，顶尖的滑雪运动员可以通过增大力量和增加蹬地频率来达到更高的速度。

滑雪运动员在赛道上的速度还取决于其迅速、正确地将体重从蹬动腿转移到滑动腿、将腿积极向前摆动的能力。

基于以上所述，可以得出结论，在训练滑雪运动员时，必须高度重视滑雪技术的改进问题。

二步交替滑行

可以通过滑步、滑动跑、阶梯蹬坡来蹬上不同陡度的坡地。根据坡地陡度、滑行条件、运动员身体素质发展水平和身体机能选用蹬坡方法。高水平越野滑雪运动员在蹬坡时会增加步长、加大蹬力和进行积极摆腿。在蹬坡时，主要负重由参与身体上下运动的大腿肌肉承担，因此，蹬坡速度会随着腿部运动频率的增加而增加。主要通过二步交替滑行来蹬上中等和大陡度的上坡。

我们来看从腿蹬动结束时起的二步交替滑行技术。在（右）腿完成蹬地后，滑雪运动员用左手撑地、左腿滑行。运动员体重转移到左脚脚后跟。右手在前，以 $90 \pm 2°$ 的角度弯曲手肘，手腕稍稍高于肩关节。躯干以 $60 \pm 3°$ 的角度向前倾斜。在左杖与地分离时刻，右杖尚未撑在地上。将左脚脚掌向前移。右手杖撑在地上时，雪板结束滑行，支撑腿开始弯曲。支撑腿以118°～123°的角度屈膝，小腿向前倾斜并在踝关节处弯曲。滑雪运动员右腿弯膝，开始向前摆动右腿。左臂弯曲手肘，用力撑地，使左臂快速地向前下方运动。与此同时，滑雪运动员应挺直躯干，使髋关节的弯曲角度增加到125±5°，并使躯干倾斜度减小8°～11°，这有助于在最短时间内将重心转移到左脚前部分，即让腿蹬地时刻与右腿顶膝盖时刻重合，并使右臂继续撑地。通过弯曲摆腿将体重从一条腿转移到另一条腿可以减少下蹲幅度。在转移体重时，不建议将腿伸直，因为在这种情况下，需要立即在垂直方向移动身体上做额外机械功。体重转移必须在达到最大蹬力后立即进行。过早转移体重是没有效率的，因为提前使滑动雪板承载负荷将无法高质量地完成蹬地。为使蹬地有效，蹬地腿必须承载体重。随后，右腿在雪板上进行滑行挥腿动作，左臂手肘弯曲大约90°，向前上方摆动。支撑腿应在摆动腿靠近时以135±5°的角度弯膝。在腿带动雪板蹬地的最后，开始有力地向前摆腿，不应向上抬身体。第一个滑步在左腿完成蹬地后结束。第二个滑步完成方法类似。

当使用二步交替滑行时，腿蹬地的力量和时间非常重要。蹬地要使用的力和蹬地时间取决于滑行速度和坡地陡度。在陡峭坡地上，蹬地时间几乎占据了整个滑步所用时间，因为在此期间，身体必须向前和向上移动25～30厘米。蹬坡时的体重转移是通过弯曲摆腿完成的。在陡峭度为9°～10°或更大时，进行滑步会更加困难。此时采用阶梯式来蹬坡更加明智。

在非常崎岖不平的地形上滑行时，腿蹬地时的主要负荷由大腿伸肌承担。

在改进滑雪技术时，必须特别注意运动员在腿蹬地结束时的姿势。姿势应该是自然、舒服的，不要束缚某些肌肉群，并确保能表现出最大力量。整个比赛过程中姿势的稳定性取决于运动员的力量训练和身体训练水平。

在用二步交替滑行时，腿部动作包括滑行、体重从蹬动腿转移到摆动腿、蹬地和向前摆腿以进入下一个滑行阶段等四个阶段。在单支撑腿滑行阶段，滑雪运动员需要保持平衡，以使肌肉好好放松，并减少雪板与雪之间的摩擦。在此阶段结束时，运动员应将体重主动向前移，转移到前脚，以进行随后的蹬地。蹬地在摆动腿和支撑腿到达一条水平线时开始。此时，支撑雪板上的压力最大。蹬地后必须由小腿和脚掌积极进行摆腿动作，髋、膝和踝关节应完全伸直。接下来，应将腿主动向前伸，以使其处于下一个蹬地的姿势。

二步交替滑行时，动作频率应由手臂给定。用二步交替滑行时，肩带贡献了滑行速度的10%～12%。

二步交替滑行技术根据坡地陡度和滑行速度而变化。在陡峭的坡地上，滑步频率应增加，步长应减小，也就是坡地越陡，滑行速度减小得越多。为保持最佳高速滑行，必须快速进行蹬地，并主动向前摆动。

二步交替滑行技术中的主要错误、产生原因和消除方法

1. 手臂抬得过高或过低

原因：雪杖长度不适合运动员身高。

纠正：缩短或增长雪杖长度。进行不带杖、交替推进的滑轮和滑雪教学训练课程。

2. 髋关节扭转

原因：腹肌和背部肌肉发展不足，注意力不集中。

纠正：把注意力放在滑滑轮或滑雪时正确转移体重、不在髋关节处旋转上体，提高腹肌和背部肌肉的力量训练水平，通过肌肉伸展性增加髋关节的灵活性。

3. 不正确（不充分）地将体重从一条腿转移到另一条腿

原因：平衡性差，单支撑腿姿势不稳定，协调能力差，大腿和肩部向前动作不够积极，腹肌和背部肌肉的力量训练水平不足。

纠正：专注于两腿间的体重转移，训练积极蹬地和摆腿，进行不带杖滑轮或滑雪教学训练课程，积极正确摆腿，模仿摆腿和蹬地技术（原地，在镜子前）。

4. 蹬坡时髋关节位置过低

原因：动作开始时蹬腿力量较弱且迟，蹬地结束不够积极，滑滑轮或滑雪时上躯干过直，腹肌和大腿后侧肌肉发展不足。

纠正：控制蹬地时整个动作幅度上所施加的力量，增加腿部、腹部和背部肌肉的力量和速度力量训练水平。

5. 旋转动作幅度过大

原因：雪杖过长，躯干姿势不正确（垂直），滑行阶段的腿伸过直，摆腿动作开始不正确（不是用小腿，而是用膝盖），雪板过硬或防滑蜡不够。

纠正：减短雪杖长度，当将体重从一腿转移到另一腿时，将躯干向前移动，做摆腿动作，小腿做摆锤动作，用更软的雪板，选用适合天气情况的雪蜡来增强雪板的抓地力。

发展滑雪运动员的力量训练水平时，建议以滑雪运动员蹬地时的相应姿势作为起始姿势开始练习。

为发展力量耐力并改进滑雪技术，建议使用慢速滑轮滑行，模仿跑步（步行）上坡，在沙滩上、在用木屑覆盖的小路上跳跃。

为增强力量耐力并改进滑雪技术，不建议使用最大承受重量练习。

为掌握完善的滑雪技术，需要具备良好的平衡性和很高的力量训练水平，因此必须高度重视发展此两种素质的发展。

同推

同推，尤其是在马拉松距离比赛中的同推，其重要性已大大提高了。至今认为，同推滑行时仅依靠上半身肌肉，尽管腿部也具有重要意义。踝关节和膝关节的动作是该滑步的重要部分，限制这些动作会导致运动表现不佳。结果表明，使用同推进行高强度滑行时，与进行低强度滑行时相比，会有更多的肌肉群（腹肌和大部分胸肌）参与工作，低强度滑行时主要是肩带肌肉和肱三头肌在工作。

近来，最强的越野滑雪运动员在同推时会使用更长的雪杖（长5~6厘米）。由于雪杖的长度增加，滑雪运动员可以以更高的姿势蹬坡。雪杖以更尖锐的角度撑在地上，这使得可以发挥最大的水平力。在平地和缓坡上同推时，蹬地效率会提高。进行蹬地后，滑雪运动员伸直躯干，继续使手臂向后上方运动，于是当身体伸直时，雪板上的体重压力会减小。当躯干快速伸直（超过 1.5m/s）时，动态支点反作用增加，雪板滑行速度下降。当体重从一个雪板转移到另一个雪板（处于双支撑腿姿势）时，雪板上的压力会增加。蹬地后拿雪杖的手向后上方运动及躯干非常快地伸直也会导致滑行速度降低。在手完全伸直后，必须将其向前上方移动，并在接近腿时以大约90°的角度弯肘。躯干和腿应完全伸直。手腕应移至头部高度。从这个姿势开始，运动员开始倾斜躯干并将雪杖以尖锐的角度撑在地上，但是由于运动员希望通过倾斜躯干并将滑雪杖手柄向前下方压来形成一个最大蹬地角度，因此雪杖上的压力很小。在同时将体重转移到雪板前部和将躯干倾斜时，雪板前部会过分负载。如果身体重量没有转移到雪板前部，而是保持在脚跟上，雪板上的过载将减少，滑行速度将增加。滑雪运动员继续向前下方倾斜躯干，应在肘关节处将手臂锁定，以将力硬传递到雪杖上。然后，必须将手臂在肩关节和肘关节处积极伸展。在进行推斥时，手腕应和膝关节平行。可以通过在推斥动作中间用手臂加强推力来实现推斥力水平分量的最大增长，即实现雪板滑行速度的增加。推斥完成时，手臂和滑雪杖应形成近似一条直线。躯干应以90°的角度向前倾斜，并且体重应更多地分布在脚后跟上。这样分布体重有助于在雪杖撑地时使双脚向前推动，并提高滑行速度。最强的滑雪运动员为提高同推滑行时双手撑地后双支撑腿滑行时的速度，会将一条腿向前移出，这有助于通过在撑地时更强硬地传递力量来提高滑雪速度。同推时将一只脚稍稍向前移与不向前伸脚相比而言，更具有动态性。同推时，滑雪运动员稍稍抬起脚尖，同时将手臂向前上方摆动，并随后用躯干和手臂强有力地进行撑地，从而可以最大限度地提高速度。当滑雪运动员稍微抬起脚后跟时，由于增加摩擦力，雪板的滑行速度会降低；但是在结束抬起动作时，雪板上的压力会降低。因此，建议尽可能快地抬起脚尖。撑地后，体重分布在脚跟上，脚掌向前移动以增加雪板的滑行速度。手臂撑地结束后，滑行速度会降低。

在改进同推技术时，应特别注意躯干向下压的正确性。若将雪杖以锐角角度撑在地上，用躯干"挤压"雪杖上是不合理的。当将雪杖以大约90°的角度撑在地上时，躯干可以"挤压"雪杖，但是撑杖时的主要力量会更多地作用在使雪杖变形上（这样可能导致雪杖断裂）。当用躯干向下压时不建议"挤压"，"挤压"也就是通过躯干快速向前下方倾斜来使雪杖形成一个最小的撑地角度。倾斜速度越快，撑地就越有效。躯干倾斜程度过大会导致大腿后部的肌肉紧张，从而会使躯干快速变直。当同推滑行时，肩带贡献了100%的滑行速度。

沿雪道滑行时，顶尖滑雪运动员会主动将体重转移到脚尖和雪杖上。运动员一开始会强有力地施加力量，并早早结束撑地动作。身体通过踝关节和髋关节向前移动，不弯曲腰部区域。将雪杖撑在地上时，腹肌应稳定大腿。根据雪道特点及运动员的力量和速度力量训练水平，将雪杖杖尖撑在离雪靴更近或更远的地上。

在开始撑地时，应集中肩带肌肉进行强有力的发力。肘关节应各向两侧移开5厘米，以在撑地时传递运动员所施加的最大力量。撑地时，肩关节必须位于雪杖上方。不要还没等到撑地阶段结束，提前伸直肘关节。

当同推滑行时，腿部应积极参与向前上方转移体重的过程，同时踮脚尖将躯干微微抬起，并在随后以高幅度进行强有力蹬地。

1. 错误：将躯干过度向前倾斜

原因：过早转移体重；雪杖杖尖撑得离雪靴过远；由于担心失去平衡，导致躯干在踝关节处抬起不足；腹肌和背部肌肉的力量训练水平不足。

纠正：将雪杖杖尖进一步向前撑以增加支撑面积；使双腿踝关节和膝关节的弯曲更加灵活；发展协调能力；增加腹肌和背部肌肉的力量训练水平。

2. 错误：手臂和躯干撑地较弱

原因：手臂向前伸展的距离太远，手臂动作开始过早；弯腰；手臂肌肉力量训练水平不足；腹部和背部肌肉力量训练不足。

纠正：在不同陡度的坡地同推滑行；腿部通过踝关节和膝关节处弯曲积极参与撑地过程；增加手臂、腹部和背部肌肉的力量训练水平；将雪杖撑在地上的瞬间开始撑地。

3. 脚后跟抬起不够

原因：协调能力发展水平不足，脚部肌肉的发展水平较弱，抬起脚后跟和同时手臂向前摆动过程中的动作不协调。

纠正：提高协调能力，增强脚部肌肉力量，镜子前模拟同推滑行动作，使抬起脚后跟和同时手臂向前摆动过程中的动作相协调。

在过去4到5年中，滑雪运动员在参加传统式马拉松距离的比赛时不打雪蜡，滑行时只会同推，并使用更长的雪杖来撑地。在撑地时，滑雪运动员会蹲得很深，将雪杖拉到胸部。长雪杖远远地撑在雪靴后面，这使得可以立即使水平力发挥作用。已经证明，要在同推时发挥最大力量，必须使用比平常长20~30厘米的雪杖。当以这种滑步滑行时，不仅涉及腰带肌肉，而且涉及腿部肌肉，这可以显著提高滑行速度。只有对肩带肌肉进行高强度训练，才能使用此技术。

跨推（基本版）

较高资质的滑雪运动员在平地和平缓的斜坡上使用跨推。在结束蹬地的那一刻，腿和躯干应成近似一条直线，握雪杖的双手应向前伸出。雪杖撑地的角度取决于滑行速度、地形、滑行条件及滑行技术特征。在良好的滑行条件下，雪杖撑地的时刻应与腿结束蹬地的时刻重合。在滑行条件非常好时，雪杖撑地的时刻要比腿结束蹬地的时刻稍晚一些。而在恶劣的滑行条件下，雪杖撑地的时刻要在腿结束蹬地之前。在恶劣的滑行条件下，雪杖以锐角撑地；滑行条件良好时，雪杖则以钝角撑在地上。双手结束撑地时，摆动腿向支撑腿靠近。直腿的摆腿从脚掌开始，在向雪杖施加积极力的时刻加速。摆动腿快速地向支撑腿靠近，不使雪板碰撞到雪。在滑行条件良好和极佳时，体重应平稳且均匀地转移到两个雪板上。在高速度滑行和滑行条件较差时，体重应迅速转移到摆动腿上。此后，滑雪者平稳地伸直躯干，同时将握有雪杖的双手向前伸。腿部应几乎伸直，肌肉放松。然后，必须将体重转移到蹬动腿的前脚掌。滑雪者通过快速弯曲蹬动腿，将体重加到雪板上，使雪板停下。雪板停下后，将体重转移到蹬动腿，开始蹬地。蹬地以躯干在髋关节处的伸展和蹬动腿在膝关节处的伸展开始。此时，穿板的摆动腿加速向前伸。不建议在碰到雪时将体重压在雪板上。加速向前摆腿有助于减少蹬地时间。在滑行条件较差时，不应极力增加摆动腿的速度。体重必须平稳地转移到摆动腿上，同时尽量不降低摆腿速度。在腿蹬地期间，建议首先将腿部在踝关节处伸展，然后在膝关节处伸展。跨推滑步周期在腿伸展时刻结束。

跨推（加快版）

跨推的高速版本得到了广泛使用。此滑步的一个显著特点是，腿蹬地和将握有雪杖的双手向前伸同时进行。依靠手臂的快速向前摆动，在不减小蹬力的情况下，削减了腿蹬地的时间。使用高速版本滑行时，将雪杖以更大的角度（69°~72°）撑在地上，并且滑行速度比使用基本版本时稍大。在改进跨推高速版本滑行技术时，需要尽力将雪杖以锐角撑地，从而在双手撑地时所加力能快速达到最大。为提高滑行速度，建议在腿蹬地之前先快速下蹲，这将提高向前摆腿的速度，并最终提高滑行速度。

在教学训练过程中，运动员应集中精力于正确完成滑雪技术的各个要素和在根据距离正确分配体力。

在训练期，当使用坡地模仿跑方法时，在较陡的斜坡应模仿自由式两步一撑，而在中等陡峭或平缓的斜坡上则应模仿传统式二步交替滑步。在较陡的斜坡模仿自由式两步一撑时，应尽量将大腿向前移。当伸展蹬动腿的大腿和小腿时，躯干应向前移动，将体重从蹬动腿转移到支撑腿。在进行蹬地时，应注意先是大腿伸展，然后才是小腿。蹬地力量取决于大腿和小腿伸肌的力量以及大腿屈肌的力量耐力。体育成绩在很大程度上取决于进行向前拉引动作的手臂和肩带肌肉的力量耐力，因此应不断关注力量耐力的发展。

传统式技术改进方法

近年来，最顶尖的越野滑雪运动员在使用传统式风格时，开始以更高的体态滑行。膝关节角度增加到了20°，蹬地时间缩减了0.1秒，动作频率有所增加。由于滑雪者体态发生了变化，腿蹬地时间也削减了。

训练滑雪者，特别是高资质的滑雪者时，需要采用个性化方法来改进滑雪技术。必须找出错误，然后借助专门的训练练习来纠正错误。一个常见的错误是腿蹬动不够快。这首先是由于运动员相对力量和力量耐力发展不足，而且不会利用已有的力量能力。

为发展相对力量和力量耐力，建议进行以下练习：

1. 不同重量的重量练习

2. 上坡跑

3. 负重或不负重、有同伴或重物阻力进行多次跳跃

4. 沿楼梯向上跳

5. 在沙滩、深雪，水上跑

6. 骑自行车

7. 上坡跳跃模仿跑

8. 滑滑轮时的"滑板车"练习

滑滑轮时，必须注意下蹲的正确性和用腿蹬地的完整性。穿雪板进行"滑板车"练习时，应尽力使腿蹬一次地后雪板滑过尽可能长的距离。滑雪速度在很大程度上取决于蹬地时所施加力的大小。

为改进训练期沿不同条件的雪槽滑行时的腿蹬地技术，建议进行以下练习：模仿跳跃和模仿走；从单腿支撑姿势快速蹬腿，跳上高地（高度 30～40 cm）；在重或轻的高速滑轮上滑行。同时，建议使用滑轮模拟机设备。

为提高手臂和肩带的力量训练水平，建议在无阻力和有来自重物或同伴阻力的情况下进行滑轮或滑雪同推或交替推进。

出腿速度改进练习

滑雪（滑轮）速度在很大程度上取决于摆动腿的出腿速度。

摆腿慢的一个主要原因是手臂撑地慢。平衡感欠发达也会对摆腿的正确性和体重的主动转移产生负面影响。要发展和改善平衡感，建议在高支撑物（高度 30～40 厘米）上进行训练。应进行以下练习：

1. 在不同陡度的平面上摆动左右腿，没有手臂动作和摆臂动作。

2. 一条腿蹬地，另一条腿摆腿，做同样的练习，向前滑行。

3. 穿溜冰鞋、窄轮滑轮滑行。

4. 在平缓的斜坡上以单腿支撑姿势穿滑轮或溜冰鞋滑行，第二条腿向后或在支撑腿附近，手背在后面（或向前、向两侧分开）。

5. 滑雪时做同样的练习。

髋屈肌力量耐力不足会影响摆腿速度，特别是在动作开始时。为发展髋屈肌的力量耐力，建议进行以下练习：

1. 进行重量为最大承重10%～25%的力量练习。

2. 跳跃练习（侧重于快速摆腿）。

3. 在水、沙子、雪中跑。

4. 滑滑轮或滑雪（侧重于快速摆腿）。

滑雪时所犯的错误也会影响向前摆腿的速度。这些错误其中之一是摆动腿膝关节处过度弯曲。摆腿不是从脚掌开始而是从膝盖开始也是一个错误。

为纠正这些错误，建议进行以下练习：

1. 初始姿势：单支撑腿姿势，脚向前模仿快速摆腿动作；

2. 滑滑轮或滑雪，侧重于从大腿开始快速摆腿，脚掌向前并及时转移体重。

为取得高水平的运动成绩，运动员必须具有很高的力量训练水平。若力量、速度、协调性和平衡能力发展不足，运动员很难达到很高的运动成绩。滑雪者在整个距离上会进行成千次的蹬地，因此必须具有高水平的力量耐力，这种力量耐力借助下列专项练习发展：

1. 在轻松或负重的条件下原地蹬地
2. 在轻松或负重的条件下跳跃蹬坡
3. 模仿跳
4. 在轻松或负重的条件下滑滑轮或滑雪

在滑雪时，所有肌肉群都参与其中，但脚部肌肉尤为重要。脚在蹬地结束前将雪板压在雪上，并将大腿和小腿的肌肉所施加的力转移到雪板上，因此必须特别注意脚部肌肉的发展。下压不正确也会导致错误。下压不仅通过屈膝进行，在更大程度上还通过向前移动身体重心和倾斜小腿进行。为改进下蹲技术，建议原地模仿身体的初始姿势，然后蹬地并迅速将身体重心向前转移。进行这些练习时，应注意下压完成的正确性。下压过程务必迅速进行。

手臂力量发展练习

运动成绩在很大程度上取决于手臂用力和撑地的正确性。顶尖滑雪者的肩带肌肉高度发达。手臂撑力的水平分量取决于雪杖撑地的角度。肩带肌肉力量和力量耐力发展不足时，很难保持"手臂－躯干"系统的稳定性，这意味着在滑雪时无法有效地用手臂撑地。为发展肩带肌肉的力量和力量耐力，建议进行以下练习：

——重量练习；

——劳动过程；

——划船；

——体操练习；

——在不同陡度的坡地上进行无阻力或有重物阻力的同推或交替推进滑滑轮或滑雪练习。滑雪时，雪杖必须以锐角撑地。

1.11.2　自由式滑雪技术的改进

越野滑雪中使用两种自由式滑雪技术：雪杖同时撑地和交替撑地。主要区别在于手臂工作的特点（同时或交替）。在最初使用蹬冰式滑步的阶段，运动员在较陡的斜坡上用双手交替撑地。随着力量训练水平尤其是肩带特定肌肉群力量训练水平的提高，滑雪者在蹬上所有的坡地时都开始用双手同时撑地。使用此种技术显著提高了滑雪运动员的滑行速度。初级滑雪者由于特定肌肉群发育不足，双手交替撑地来登上陡峭的斜坡。自由式滑雪的使用对滑雪者提出了更高的要求，尤其是运动员必须具有良好的平衡力。由于滑雪者以过大的角度蹬地并且多向侧面而不是向前蹬地，因此姿势会不稳。平衡感欠发达会使滑雪者不能以最佳角度蹬地，结果躯干会在髋关节处旋转，滑雪者会失去平衡，从需要的节奏中被打断。蹬冰式和半蹬冰式滑行中的蹬地角取决于腿部蹬力、雪道特点和滑行条件。雪板的运动方向应始终朝向前侧方，而不是侧方。

蹬冰式滑行时，上半身和双腿的张力同步非常重要，这有助于更好地放松肌肉。腿部的工作包括滑行和准备蹬地阶段，在此阶段重心下降到准备蹬地的位置。使滑雪者的身体向前移动的力量由支撑腿向前滑行和摆动腿向前主动伸展产生。为延长滑行阶段，应重点注意将雪板平置在雪上。在单支撑腿滑行时，保持平衡并使肌肉放松很重要。单支撑腿滑行时，鼻子、膝盖和脚尖应在一条垂直线上。在缓坡上滑行时，滑雪者在蹬地之前有时间大幅度弯曲支撑腿膝盖；而在蹬上较陡的斜坡时，应以比较直的腿蹬地。腿部的弹性弯曲会产生进行强有力蹬地的能量。当身体重心在蹬地腿上方并且稍微向后移时，承载身体重量应开始蹬地。蹬地时的力应垂直于向前滑行的雪板。教师/教练必须确保滑雪者不要过早地将伸展膝关节和踝关节。腿蹬地时，体重应分布于整个脚掌。在蹬地的前半部分，应更多的是脚跟用力（最大压力），而在蹬地的后半部分，将主要是前脚掌用力。应该注意的是，在前半部分进行的是按压蹬地，而在后半部分进行的则是速度力量蹬地。完成蹬地后，脚放松并积极向前移动。此时，滑雪者放高体态并以支撑腿站立，集中精力进行蹬地。

不管是在训练期还是比赛期，都应改进滑雪技术。为此，应进行模拟练习并滑滑轮、溜冰和滑雪。在训练期，应进行大量技术改进训练，研究透彻滑步的各个要素、临界姿势以及整体上的滑雪技术。在比赛期，滑雪技术在各种滑行条件下、在各种特征的赛道上以接近比赛速度和比赛速度比赛时得到改进。

蹬冰式滑行对滑雪者的力量和速度力量的训练水平提出了很高的要求。这些素质与专项耐力和一般耐力紧密相关，也就是说，滑雪者在长时间高强度滑行时抵抗疲劳的能力。当以同时蹬冰式滑行时，肩带贡献了约50%的滑行速度。

沿雪道滑行的速度不仅取决于肌肉力量，还取决于身体重量所施加的力。为避免躯干在腰部区域倾斜，应在弯曲踝关节和髋关节的同时将躯干放低，在雪杖撑地时腹肌用力固定住髋关节。为使肩带强壮的肌肉群参与其中，应将肘关节向前伸。当用两只雪杖同时撑地时，腹肌必须收紧，直到身体重心转移为止。雪杖完成撑地后，髋关节伸展，躯干伸直并向前上方抬起。应注意的是，当在陡坡上滑行时，应加大动作频率，减小步长，也就是说，为了保持速度，动作频率也应该增加。

半蹬冰式滑行与其他蹬冰式滑行在以下方面有所不同：在进行滑行蹬地时，首先是大腿外展所涉及的肌肉参与到此过程中，与此同时，支撑腿的所有关节同时弯曲，体重转移到蹬动腿上。因此，随着半蹬冰式滑行技术的改进，需要发展参与蹬地的特殊肌肉群。选择练习时，应考虑到半蹬冰式滑行蹬动的特点。

为改进不用手臂撑地时的蹬冰式技术，应发展使身体以支撑腿弯曲站立时保持低体态、同时在高速滑行时使身体保持平衡的肌肉群。当滑雪者摆动手臂进行滑雪，在单支撑腿滑行时应形成高速度并弯曲支撑腿。当滑雪者不摆动手臂进行滑雪时，首先在支撑腿自由滑行时稍稍伸直支撑腿，然后在蹬地之前下压。在不摆动手臂进行滑雪时，滑雪者必须保持良好的平衡，以便长时间高速滑行。

在改进蹬冰式滑行技术时，最重要的任务是教会滑雪者以滑行的支撑腿有效蹬地。为此，建议进行引导式练习：

1. 沿缓坡"八字形"滑行，雪板内侧边相接触。

2. 从山上滑下，在滑行蹬地期间主动刀蹬地雪板。

3. 转弯，腿进行强有力滑行蹬动时主动刀蹬地雪板。

4. 起始姿势：站在支撑雪板上，将手向前伸，使手腕和眼睛在一条水平线上。手臂快速向后摆动，同时将体重从支撑腿转移至摆动腿，刀蹬地雪板。交替改变腿的姿势。

5. 不带杖进行半蹬冰式滑行（像踩脚踏板），侧重于刀蹬地雪板。左右腿交替蹬地进行练习。

教学指示

为使滑行支撑腿有效进行蹬地，应先团身，准备蹬地，然后才从脚后跟开始蹬地。必须用脚尖部分结束蹬地。建议首先改进不带杖滑行蹬动技术，熟练掌握此动作之后，继续改进带杖的滑行蹬地技术。两个雪板间体重的逐渐转移有助于蹬动腿充分承载负荷并强有力地进行蹬动。低体态下可以更有效地蹬坡。使用半蹬冰式滑行蹬地时，建议体重不要全部转移到蹬动腿上。改进半蹬冰式技术时，建议使用更长的蹬冰式雪杖。改进蹬冰式技术时，建议只拿一根雪杖滑行。

半蹬冰式

完整的半蹬冰式滑步包括双臂同时撑地、腿蹬地和单支撑腿的自由滑动。在平坦路段、在平缓的上坡、下坡和在转弯处使用半蹬冰式滑步。因半蹬冰式滑步最易完成，建议从此滑步开始学习蹬冰式滑步。就其结构和动作效果而言，半蹬冰式滑步似乎是所有蹬冰式滑步的一个组成部分。

腿蹬地结束后，滑雪者应以支撑腿滑行，身体重心应位于支撑腿脚掌侧边一点。在滑行过程中，支撑腿和躯干应平稳伸直，并在此时将摆动腿向支撑腿靠近。此时务必保持滑行速度并做好蹬地准备。为有效解决这些问题，必须不能拖延手臂向前摆动和摆动腿向支撑腿靠近的过程，以便进行随后的手臂撑地和腿蹬地。蹬地结束后，带杖的手臂应伸直并放下至大腿。摆动腿应屈膝，并向支撑腿靠近，保持雪板侧边向下，与动作方向成一定角度。在向前移动手臂的过程中，应伸直支撑腿和躯干。带雪杖手臂的向前伸展应与躯干的伸直同时进行。两只手臂屈肘直到90度，手腕应抬至头部高度。

单支撑腿滑行时，身体重心从相对于支撑腿后面的位置向前脚掌转移。在几乎伸直的支撑腿结束自由滑动时，建议将躯干倾斜，将摆动腿向支撑腿的前侧方移动，并将雪杖以不同角度撑在地上。由于躯干向蹬动腿方向旋转，右杖撑地角度应为68°～72°，左杖撑地角度应为78°～82°。进行蹬地之前，建议在保持躯干稍稍倾斜的同时平稳伸直支撑腿，使支撑腿和躯干肌肉放松。雪杖撑地时，滑雪者应依靠躯干的主动倾斜用手臂撑地，形成一个坚实的"手臂—躯干"系统。在撑地时，手腕应在膝关节的高度。摆动腿稍稍屈膝，向前侧方移动。雪板在雪上应以与行进方向成19°～20°。此时两条支撑腿滑动，随后（左腿或右腿）蹬地，同时用手臂撑地。

当使用半蹬冰式滑步时，滑动腿向侧后方滑动进行蹬地，蹬地开始于运动员将身体重量加在蹬动腿上。蹬地时，应从脚后跟开始加力，在动作快结束时将力转移到脚尖部分，并逐渐刀蹬地雪板。在滑行蹬地的第二部分，脚掌应积极参与进来。快速向侧后方蹬腿应在动作最后进行。在脚掌进行蹬地时，脚后跟应和雪板脱离。在腿蹬地的第一部分，会产生按压力，而在第二部分则会产生速度力量。进行蹬地后，应将腿稍稍向侧上方抬起，然后迅速向支撑腿靠近。腿结束蹬地后，应将躯干伸直8°～10°，并将体重主动转移到滑动雪板上。此时的腿应该在膝关节和髋关节处稍微弯曲。手臂屈肘，并依靠摆动动作向前伸。手腕应向前移至头部高度。在雪杖向前伸的同时，应将摆动腿向蹬动腿靠近，并稍稍位于蹬动腿前面。建议以从上到下快速击打的动作将雪杖撑在地上，雪网在雪靴脚尖处或脚掌中间位置，也就是形成一个锐角以增加蹬力的水平分力。雪杖击打式地撑到地上后，必须立即将体重转移到蹬动腿上。通过使腿蹬地和手撑地的时刻重合，滑行速度迅速得以增加。

在改进一步—撑蹬冰式技术时，应花足够的时间训练，使手臂撑地和腿蹬地同步结束。当以最大速度滑行时，依靠双腿长而有力的侧向蹬动及两只手臂同时撑地运动的运动员具有优势。然而，当切换到最大速度时，时间不足以使手臂得以充分伸展。所以必须使手腕仅仅触摸到大腿。在进行蹬地时，摆动腿应向前移动30厘米，即以较长的滑步进行滑行。此时，髋关节进行纵向扭转，这能够使蹬地力冲量沿摆动雪板的运动方向更尖锐 18°~20°，也就是可以高效地进行蹬地。要提高滑行速度，必须稍稍抬起脚掌。

缩减雪杖撑地时间会破坏脚掌撑地的水平角度，并通过髋关节的向前纵向转动，使摆动腿出腿的幅度更大。

此滑步完成得是否正确在很大程度上取决于滑雪者摆腿的动作。为实现标准技术，最重要的是学会平衡身体重心，即经济性地交替改变躯体的正面和侧面倾斜。身体重心与蹬地力度间的平衡在很大程度上取决于摆动腿动作是否正确。摆动腿受拘束和过迟的动作会导致相反的效果。利用摆动腿的惯性，可以将雪板向前推并出腿。躯干向外倾斜时，主动向内收脚可以使腿以摆锤状动作收回到身体重心投影后。摆动腿开始出腿时必须稍稍屈膝，因为脚向后收可以在摆腿前增加雪板的势能。重点是教运动员使雪板整个平面接触地，并以单支撑腿姿势滑行。为进入单支撑腿姿势，应强有力地进行蹬地。蹬地力量较弱时，无法进入到垂直单支撑腿姿势，而且滑雪者会将躯体移向侧面，这是错误的。躯干向外倾斜会延迟作为平衡器的摆动腿的移动。

两步一推

使用此滑步时，腿每蹬两次地，雪杖撑一次地。雪杖撑地在"主"腿滑行阶段快结束时进行，该条腿在此同时进行蹬地。"主"腿滑行阶段的持续时间比另一条腿长。"主"腿蹬地和雪杖撑地时间重合，而自由腿从几乎伸直的姿势开始蹬地，蹬地速度很快。

目前，越野滑雪运动员主要在中高陡度的斜坡上使用两步一撑滑步。此滑步可以分为两个阶段。在第一阶段，滑步持续时间略短，通过距离和速度都比第二阶段短。在第二阶段，速度、步长和通过距离的增加都是通过腿部强有力的蹬地和同时进行的双臂撑地。

为提高蹬坡速度，必须用腿和手臂进行强有力地蹬、撑地，并主动将腿和手臂向前伸。蹬地应由承载体重的腿进行。刀板必须以最小的蹬地角度朝向前侧方。完成蹬地后，建议使蹬动腿在膝盖和髋关节处弯曲，在雪上尽可能低地以直线运动向支撑腿靠近。完成撑地后，屈肘的带雪杖的手臂应从背后向前移，并通过前臂的击打动作撑在地上。身体重心投影从相对于支撑腿非常靠后的位置向前移动。身体重心的偏移应最小，躯干稍稍从一侧转向另一侧。摆动腿应屈膝 28°~34°，髋关节处弯曲 38°~42°，并落在支撑腿前面。此时躯体应稍稍伸直。躯体姿势可能是不同的。一些滑雪者可以将躯体保持得更加垂直，而另一些滑雪者则可能会向前倾斜躯体。步长取决于坡地陡度、滑雪者的力量和身体训练水平。雪板的滑行能力越差，坡地越陡，在蹬地时就需要腿部和手臂肌肉具有更大的力量和力量耐力。提高蹬坡速度要依靠支撑腿在膝关节和髋关节处弯曲及增加滑动蹬地的力量和时间。通过腿内收肌良好的延展性和髋关节的活动性，可以在不损失蹬地力量的情况下增加滑动蹬地时间。当增加滑动蹬地时间时，腿部肌肉以更低的速度进行发力，因此比腿部高频率蹬地时发挥的力量更大。以蹬冰式滑行时，腿蹬地时间比传统式更长。每次训练课程结束后，都应特别注意肌肉的拉伸，因为蹬地力量、滑雪技术及其完成的正确性在很大程度上取决于肌肉的弹性。腿蹬地（蹬冰式滑行时）时，先是施加按压力，最后施加速度力量，因此应特别注意腿部肌肉的力量和速度力量训练水平、脚掌和小腿屈肌的发展水平。腿和雪杖接触雪地的那一刻开始同时进行腿、手臂的蹬地和撑地。两步一撑蹬坡时，两根雪杖不是同时撑地的。承载体重的腿的按压式蹬地应从髋关节和膝关节的主动伸展开始。在蹬地开始时，应通过脚跟施加按压力；而在第二部分，则应通过脚掌施加速度力量用力。从单支撑腿滑动蹬地的那一刻起，应逐渐开始刀支撑板，并同时将其向侧前方移动。在滑动蹬地的后半部分，主要负荷由小腿和脚掌伸肌承担。在此阶段，雪板应向侧前方移动。在蹬地的结束阶段，脚掌屈肌最积极地参与了刀板过程。脚掌蹬地进行必须快速，同时用手臂快速进行撑地。雪杖撑地后，滑雪者应主动向前移动身体。腿蹬地应以单支撑腿姿势进行。

在进行蹬冰式滑行时，必须排除双支撑腿姿势。从腿开始滑动蹬地、同时双臂开始撑地时，身体重心转移到摆动腿上。完成蹬地后，滑雪者应稍稍抬起蹬地腿，同时屈膝。腿髋关节处的弯曲角度取决于坡地陡度：坡地越陡，腿在髋关节处弯曲角度越大。从此姿势开始，必须将摆动腿的小腿在膝关节处向后收（脚跟向内），移动并蹬到支撑腿前面。摆动腿对支撑腿的摆动长度与蹬地时间有关。在完成蹬地的瞬间，摆动腿摆到雪地上。手臂完成撑地后，腿蹬地和手臂向前移应从滑雪者脚后跟承载其身体重量那一刻开始。雪板在地上的角度取决于支撑腿的弯曲角度。支撑腿弯曲角度越大（蹬地角度越小），蹬地力量和肌肉张力的水平分量就越大。

滑雪时，髋关节的位置非常重要。髋关节位置低时，能有效蹬上中高陡度的坡地。高体态、将身体重心稍向后移来蹬上较平缓的坡地更有效率。为沿整个距离合理地滑行，滑雪者应具有良好的平衡，这可以帮助他在结束蹬地后放松肌肉。

手臂和腿动作的协调性对于提高滑行速度来说也非常重要。

在改进两步一撑滑行技术时，必须控制雪杖撑在地上角度和位置的正确性。雪杖应以锐角撑在地上。在进行两步一撑时，位于蹬动腿一侧的雪杖撑地应稍早一些。改进滑行蹬动时，应考虑到滑雪者的力量训练水平和爬坡陡度。在陡峭的斜坡上，雪板尖的角度应开得比在平缓的斜坡上更大。具有高力量训练水平的滑雪者在蹬坡时，可以以较小的角度打开板尖。板尖分开的角度还取决于雪道的硬度。当沿坚硬的雪道移动时，雪板板尖分开的角度应该较小，而当沿着较软的雪道滑行时，雪板板尖分开的角度应更大。必须确保在蹬冰式滑行时，使体重正确地从蹬动腿转移到支撑腿。承载身体重量的蹬动腿必须首先使脚后跟部分着地，然后从脚后跟开始进行按压式蹬地。脚掌蹬地时的最后用力必须快速且强有力地进行。当使用两步一撑蹬坡时，需要确保左右腿在滑行蹬动过程中通过的距离相同。

在进行滑动蹬地时，摆动腿和躯体应向前移动。摆动腿应仅在蹬地完成时刻才摆到地上。在一步一撑滑行时的蹬地过程中，手臂应屈肘约90°。雪杖应以击打式动作撑到地上。

在改进两步一撑滑行技术时，应考虑到这样的事实，即在蹬非常陡的坡地时要施加更大的力。此外，最开始施加的是按压式力量，最后是速度力量，在选择滑雪技术改进练习时必须将这些考虑在内。

一步一撑

一步一撑的特征在于在蹬地时所施加力量具有冲动性，因此，在选择改进此滑步技术的练习时，必须考虑到其所施加力量的特点。在无雪期，改进此种滑步技术的最佳方式是滑滑轮（MARVE 公司）和溜冰。可以通过采用某种特定类型的滑轮，来发展速度或力量素质。在训练期，为改进蹬冰式滑行技术，建议使用带杖或不带杖模拟练习。练习应在平地和山地进行。在模拟滑步时，需要将精力集中在体重的正确转移上。建议将体重向右前侧和左前侧转移，而不是仅向侧边转移。进行蹬地时，最严重的错误是腿没有伸直。在改进腿的蹬地技术时，建议在宽阔的"模拟"小路（沟渠）上进行练习，运动员模仿蹬冰式滑行，在小路或沟渠上跳跃。

若关节没有良好的柔韧性和活动性，滑雪者很难掌握合理的滑行技术。下列练习有助于关节活动性的发展：

1. 滑雪者以不同体态模仿滑步滑行

2. 左右出腿

3. 交叉步走

4. "鹅"步走

5. 小腿圆周运动

6. 滑雪者立正，在光滑（塑料）地板上模仿腿部动作。

7. 将体重转移到脚掌的不同部位。

改变频率和节奏进行练习，以避免对某一动作进行速度产生固定反射。

一步一撑对协调性与平衡能力也提出了更高的要求。掌握合理的一步一撑滑行技术的运动员在下坡、平地和中小陡度的上坡都能以高速进行滑行。但只有具有良好身体和功能训练水平的越野滑雪运动员才能有效地使用一步一撑蹬上非常陡的上坡。

此滑步包括两个滑动步骤。每次滑动时，腿撑地和双手撑地都同时进行。在平地或平缓的坡地进行一步一撑时，手臂撑地要比腿蹬地稍晚一些。在蹬上非常陡的斜坡时，手臂撑地应和腿蹬地几乎同时开始。在进行滑动蹬地时，支撑脚应向侧前方移动。当蹬地快结束时，支撑腿应弯膝95°~100°。随后，滑雪者出腿。完成蹬地后，蹬动腿应迅速向支撑腿靠近。躯体和支撑腿应同时伸直。双臂直臂从躯体后向前移。当双臂靠近双腿时，应屈肘约90°。同时建议将肘关节向两侧分开5°~7°。手腕抬到头部高度或比头部稍高一点。在手臂向前摆动和摆动腿向支撑腿靠近那一刻，将身体重量承载到支撑腿上并移动身体重心。摆动腿悬空，也就是运动员的身体处于单支撑腿姿势时，集中注意力以进行腿和手臂强有力的蹬地和撑地。从单支撑腿开始蹬地时刻起，体重开始向摆动腿一侧转移。逐渐刀边必须与开始蹬地和体重转移同时进行。雪杖通过前臂的击打性动作撑在地上，随后躯体在完成蹬地瞬间向前倾斜。摆动腿稍稍屈膝蹬到地上，然后向支撑腿靠近，而手臂则向前摆动。此时，应将支撑腿和躯干伸直。重复该滑步周期。

滑步周期后半部分的动作类似于第一个步骤的动作。

长时间保持单支撑腿姿势的能力可以改进一步一撑滑行技术。可以通过在困难条件下进行练习来发展平衡能力。为此，建议进行下列练习：

1. 单支撑腿姿势溜冰、滑滑轮或滑雪，将另一条腿向后或向侧移，单腿跳跃下坡。

2. 站在悬高的狭窄支撑物上进行摆腿，手臂不动或有动作。

3. 滑滑轮或滑雪单支撑腿姿势滑下平缓的下坡，另一条腿向后移。

还应教滑雪者在蹬地前将体重转移到支撑腿上。

手臂不撑地的蹬冰式滑行

高速滑行时使用最为有效。为保持较高的速度，必须向前倾斜并强有力地进行蹬地，同时，在腿进行蹬地和脚掌积极参与的过程中，将雪板以和动作方向相同的角度撑在地上这一点非常重要。

在滑滑轮或滑雪时，滑雪者使用此种滑步的两种形式：挥动手臂和不挥动手臂。挥动手臂的蹬冰式滑步在滑行条件良好的平地上和速度约为 7m/s 时、在平缓的斜坡上时、在陡峭的下坡加速时使用。在使用该滑步时，滑雪者采取低体态，以此降低外部环境的阻力。通过主动摆动手臂并以低体态蹬地可以达到更高的速度。在开始蹬地时，滑雪者支撑腿的髋关节处应弯曲 73°~77°，膝关节处弯曲 98°~102°，脚踝处弯曲 69°~71°，躯体应倾斜 36°~40°。应用左手将雪杖保持在水平位置，右手在侧后侧，使雪杖的雪网朝上。用右腿滑行时，应以 9°~12° 的角度向前移动。蹬地完成后，滑雪者应弯曲膝盖，并将其向支撑腿靠近，然后将身体重心转移到支撑腿的前脚掌。伸直的左臂应向后移动，右手向前移动。从摆动（左）腿向侧前方移动时刻开始，右腿进行滑行蹬动。通过将支撑腿向侧前方主动出腿，使蹬动腿所有关节都伸展开来。腿部完成蹬地后，必须将体重从蹬动腿转移到屈膝的支撑（左）腿。可以通过腿强有力地蹬地和手臂主动向前摆来增加蹬地力度。

滑雪者在平地上、平缓的坡地上和转弯时使用不摆动手臂的蹬冰式滑步。为进行此滑步，滑雪者必须保持低体态，并将拿有雪杖的双手水平地放在胸前。采取这样的身体姿势会减少空气阻力。当用此滑步滑行时，腿部动作与进行摆动手臂蹬冰式滑行时的腿部动作相同。

在改进此滑步技术时，建议训练滑雪者在低体态采取正确的姿势。能否正确完成滑步技术取决于保持平衡并长时间用支撑雪板滑行的能力。还需要训练滑雪者正确地进行蹬地。腿蹬地应依靠将身体重量承载到滑动的支撑腿上并慢慢刀板来实现。在改进技术时，应训练越野滑雪者正确进行原地团身并将体重转移到支撑腿上。

蹬冰式技术改进方法

改进滑雪技术是一个漫长而持续的过程，其目的是增加滑雪者动作完成的经济性和效率。

改进技术技能的过程包括改进滑动蹬地结构以及动作协调性的训练。

蹬冰式滑行要求滑雪者具有很高的灵活性。为发展腿部关节的活动性，建议采用下列练习：

1. "鹅步"走

2. 左右出腿

3. 交叉步走

4. 体操练习

5. 起始姿势：滑雪者立正，将体重从脚掌转移到脚跟并反过来

为提高灵活性，必须每天进行旨在拉伸各种肌肉群的练习。建议在训练课

程结束后进行 20~30 分钟。

在以自由式滑行时，可以通过具有良好训练水平的手臂和躯干肌肉来显著地提高速度。建议通过在各种陡度的坡地上，交替或同时用手臂撑地并不断改变滑行速度地滑滑轮或滑雪，以此来发展这些肌肉。

为发展手臂肌肉的力量和力量耐力，必须进行下列练习：

1. 在"小推车"类型的模拟机上训练。在进行练习时，运动员俯卧在置于倾斜板上的小推车上，用双手将自己的身体向前上方拉。

2. 跳跃或不跳跃地从头部侧面和从下方掷实心球。

3. 仰卧，抬起躯干时，从头部后面掷实心球。

在改进技术并提高力量训练水平时，使用滑轮模拟机非常有效。

滑雪者在单支撑腿滑行时保持平衡的能力非常重要，因为自由式滑行时的滑动时间比传统式更长。因此，应通过进行以下练习来重点发展运动员的平衡能力：

1. "燕子"练习

2. 在悬高和狭窄的支撑物上行走

3. 睁眼、闭眼向不同方向摆腿（可以提高练习难度，站立在悬高的狭窄支撑物上进行练习）

运动员的腿部肌肉必须非常发达。在训练期，有效发展腿部肌肉的方法是在不同陡度的斜坡上模拟跑。在进行模仿练习时，滑雪者需要学习如何将体重从一条腿转移到另一条腿（向左、向右）。为学会正确地将体重从一条腿转移到另一条腿，建议进行跳跃练习。换腿跳时应向前移动，先向右（左）侧跳，然后向左（右）侧跳。

还建议进行下列跳跃练习：从起始位置站成一圈，向左前方跳并返回起始位置，向右前方跳并返回起始位置，向后跳并返回起始位置，然后向前跳并返回起始位置。

每周应不超过 2~3 次定期使用加重腰带进行上述练习。

为发展腿部肌肉力量，建议进行：

1. 杠铃练习

2. 滑滑板车蹬坡

3. 支撑腿向前和向侧面蹬地跳跃

4. 负重或不负重左右出腿

5. 向前或向上半蹲起跳

6. 在平地或上坡时连续多次双腿跳

7. 负重或不负重进行左右脚交替落地快速跳

8. 原地跳绳

9. 有重物或同伴阻力的情况下滑滑轮或滑雪

10. 蹬坡跑或模仿蹬坡跑

11. 在沙滩或水中跑步

12. 骑自行车，特别是骑自行车蹬坡

在改进蹬冰式技术时，必须使用下列练习：面朝斜坡，在斜坡上模仿交替和同时蹬冰式滑步。

为发展力量耐力，建议在滑滑轮或滑雪时，使一位滑雪者用一根长绳"牵引"另一位滑雪者。还建议采用例如摩托车车轮牵引。

滑步临界姿势改进练习

1. 起始姿势：滑雪者立正。两只手臂稍稍屈肘，向前移动。将体重承载在右腿上。进行蹬地，脚掌向内翻转，左腿向前侧方出腿。同时两只手臂向后摆动。回到起始姿势。在重复练习时，改变蹬地腿。

2. 运动时进行练习1.

3. 起始姿势：立正。倾斜躯体，出右腿，然后将右臂向后移，将左臂向前移。

侧面支撑腿蹬地改进练习

1. 起始姿势：立正。将雪板板尖向侧面移动 50±5° 的角度。回到起始姿势。重复练习时，改变腿的姿势。

2. 起始姿势：立正。使雪板板尖移向一侧，内侧边向下，将部分体重加在上面。在重复练习时，改变腿的姿势。

3. 起始姿势：穿滑轮立正，手臂放下。体重在右腿，右腿蹬地，同时向侧前方出左腿。回到起始姿势。进行重复练习时，改变蹬动腿。重复练习3，进行摆臂动作。

滑动支撑腿蹬地和支撑雪板滑行改进练习

1. 起始姿势：滑雪者"八字形"立定。支撑腿交替向侧面蹬动滑行

2. 在平缓的下坡进行半蹬冰式滑行，手臂不撑地

3. 手臂撑地重复练习2

4. 在平缓的斜坡上重复练习3.

滑步动作协调性改进练习

1. 在平地上以半蹬冰式滑行，左右腿交替蹬动

2. 交替蹬冰式滑步模仿走

3. 交替蹬冰式滑步模仿跳

4. 在平地滑行，左右支撑腿交替侧向蹬动

5. 在平缓的上坡重复练习

在改进蹬冰式滑行技术时，应注意腿部动作的主要错误有：

——体重未完全从一条腿转移到另一条腿；

——单腿滑行阶段平衡不稳定；

——脚未完成蹬地；

——摆动腿在靠近支撑腿时动作太快；

——雪板内侧边缘过早和雪地接触；

——以半蹬冰式滑行时，支撑腿轻微（不充分）下弯。

手臂动作的错误：

——手臂动作和腿部动作缺乏协调性；

——手臂未完成撑地。

躯体动作的错误：

——双臂撑地时躯干倾斜程度不够；

——双臂完成撑地后身体伸直过于迅速。

第二章

滑雪运动员基本身体素质发展方法

2.1 力量发展方法和手段

力量作为一种身体素质，可以理解为克服外部阻力或依靠肌肉张力而抵抗外部阻力的能力。

运动员的力量能力可以表现为多种形式：

最大力量；

爆发力；

速度力量能力；

力量耐力。

同时，肌肉收缩以下列方式发生：

静力性；

动力性；

退让性；

克服性。

力量能力的表现取决于以下因素：

肌肉的生理直径；

其他素质的发展水平；

技术水平；

肌肉内协调能力；

能量供应特点；

意志力。

当前，随着用压雪机准备雪道、塑料雪板的出现以及在比赛项目中加入了短距离比赛，滑雪运动员力量训练的作用大大增强了。在雪道上坚硬的雪槽中滑行时，腿和手臂需要强有力而快速地进行蹬地和撑地。在现代化雪道上，大高度落差的数量也显著地增加了。为了以较高的速度通过具有这种特征的赛道，滑雪运动员必须具备很高的力量发展水平、强大的力量耐力和专项速度力量素质。沿着赛道滑行过程中，运动员在蹬地时应多次重复同样的动作，每次动作都要使用非常大的力，在比赛距离的终点部分和短距离比赛中需要使用最大力量。因此，比赛结果不仅取决于绝对力量的发展水平，还取决于滑雪运动员长时间保持足够高的力量水平的能力。在构建滑雪运动员的训练过程、发展专项力量训练时，必须考虑到其固定特点。

力量作为一种身体素质的发展是一个漫长的过程，需要很多年的时间。在发展力量的过程中，需要解决下列任务：

——主要发力类型能力（静力、动力、自身力量、速度力量、克服力和退让力等）的改进；

——所有肌肉群的发展；

——特定肌肉群的发展及在各种情况下使用力的能力。

必须特别重视特殊力量训练即专项力量素质的发展。

增加阻力的力量练习。力量练习作为一种力量发展方法，可以分为两组（Л. П. Матвеев，2001）：

1. 使用外部阻力进行练习（物体的重量，同伴的反作用力，弹性物体的阻力，外部介质的阻力，在水中、在沙滩上、在深雪中奔跑）。

2. 自重练习。

有时会使用在自重外增加外物重量的练习方式。重量练习可以同时作用于大小肌肉群，且易分配重量。但是，使用重量练习有一个缺点：重量练习的起始位置通常是静态支撑重物。当举起一个很大的重量时，很难采用正确的起始位置并将力量集中在决定性的动作阶段。当放下器械时，会出现明显的肌肉紧张。由于器械重量很大，不可能立即使其具有很高的速度，因此动作的开始部分速度非常慢。从组织方法论的角度看，重量练习不是很方便（由于器械重量大及其具有不可运输性）。

在进行克服其他物体（皮筋、弹力带）阻力的练习时，在动作的结束部分，物体的张紧程度会增加。因此，为了使运动员表现的力量在整个动作过程中大致相同（这一点对越野滑雪运动员来说非常重要），有必要使用密度较大的皮筋或较长的弹力带。如果需要在动作结束时集中用力，则需要选择较短的皮筋。

当前，在训练过程中，力量训练是在尽可能接近比赛的条件下进行的。为进行肩带肌肉群的特殊力量训练，可以使用专业滑雪模拟机 "E RCOLINA"（意大利品牌）。其设计可以根据运动员的力量训练水平，在施加不同力量的任何速度范围和手臂、肩带的不同动作阶段来调整负荷。

运动员的自重训练是在远端支撑下进行的，因为此时的力量损耗比近端支撑时小。因此，在克服自重或外部重量时，第一种情况下的动作在用力方面会更轻松一些（手倒立，并将脚靠在墙上便于平衡——这比推举重量接近自己体重的杠铃更为容易）。

在计划力量训练时，教师或教练应根据作用范围（总体或相对局部）和肌肉功能的模式（静力、动力、自身力量、速度力量、克服力、退让力等）考虑力量练习的划分。同时，正确选择阻力大小、动作重复次数和练习间的休息间隔——这些都是重要的方法学问题。

阻力大小的选择是力量发展方法论中的主要问题之一。只有在了解了滑雪运动员在不同肌肉紧张状态下动作的生理学特征后，才有可能进行正确的选择。

当肌肉用力未达到极限值时，效应器脉冲的频率不会达到最大值。同时，肌肉运动单元的活力明显带有易变特征：一部分运动单位在疲劳过程中会逐渐停止工作，而另一些运动单位则逐渐开始起作用。在这种情况下，可能会提升耐力，而不是最大力量。

肌肉紧张程度不同的动作在空间和时间上所集中力量的性质是不同的。当举起接近极限或极限的重量时，运动速度会迅速达到某个值，然后几乎保持稳定不变。加速度可能会在零值左右有稍微的波动，而机械力则大约等于所举器械的重量。

当举起较小的重量时，所施加的力达到最大值，加速度首先增加，然后下降到零，在动作的第二部分变为负值。力量首先超过所举重物的重量，然后变得小于这一重量。动作的第二部分主要是依靠所举器械的动能来进行的。集中用力的性质与举起极限重量时所施加力的性质截然不同。这样的练习几乎不会对力量的发展有任何训练作用。但是，当举起较小的重量时，动作的时间空间特性（速度、加速度）可能与举起极限重量时的时间空间特性相同。这种人为的减速会导致拮抗肌发挥作用。拮抗肌的活性可能会在重复的练习中得到加固，会妨碍力量的发展。

在举起极限重量时，会伴随着一股强有力的向心冲动，当外部阻力较小时，刺激物的强度也相对较小。根据一般生理学的"力量定律"，对某一极限的反应强度与刺激物强度成正比。力量较大的刺激会引起更加积极的反应。但是，过度强烈的刺激会导致悲观现象。刺激是一个阶段过程。刺激之后是抑制作用，抑制作用表现得越强，其之前的刺激越强。通常情况下，在经过刺激、抑制阶段后，运动员会准备好应对更高水平兴奋（兴奋阶段）的状态。这些一般生理学规律也表现在肌肉力量的发展过程中（Л. П. Матвеев，2001）。

为有效发展力量，必须系统性地使肌肉达到最大紧张程度。

在力量发展的方法论中，最佳训练节奏的选择也同样是一个重要问题。

同一种方法的力量练习能够以不同的频率进行。使用最大速度效果甚微，因为这时力量的增加范围相对较小。以平均速度进行训练时，力量会有更大程度的增加。

在力量发展过程中，最大力量可以通过以下三种不同方式建立：

反复举起（克服阻力）非最大重量，直到产生明显的疲劳感（"到头"）为止。

举起（克服阻力）最大重量（在动力性或静力性模式下）。

以最大速度举起（克服阻力）非最大重量。

基于此，可以使用三种方法来发展力量：

——重复方法；

——最大力量方法；

——动态力。

力量发展时的负重大小可以通过以下方式选择：

最大重量的百分比；

与最大重量之差（比最大重量少15公斤）；

根据用一种方法可以重复进行练习的次数（可以最多举起10次的重量等）。

在选择负重时，前两种方法并非总是可以使用（在同伴或其他物体的阻力练习中），使用第三种方法是最合理的（表2-1-1）：

表2-1-1　力量训练时根据可以重复进行练习的次数选择负重

指定重量（阻力）	用一种方法可以进行重复的次数（PM）
最大值	1
接近最大值	2~3
大	4~7
中等大	12
中等	13~18
小	19~25
非常小	超过25

以下为了简洁起见，将最多可以举起10次或15次的重量简称为10PM、15PM（最大重复次数）。

重复用力方法的特点

非最大负重运动与最大负重运动的生理学机制不同。随着疲劳程度的增加，会有越来越多的运动单位开始发挥作用，在最后一次重复过程中，运动单位的数量会增加到最大值。一开始举升觉得轻的重量会变成接近最大值。反复训练"到头"对肌肉力量的发展具有训练作用。"到头"训练从动力角度看是不利的，因为必须举起比最大力量多得多的总重量。最后的、最有价值的尝试是在由疲劳引起的中枢神经系统兴奋性降低的背景下进行的。然而众所周知，条件反射活动在中枢神经结构的最佳状态下进行得更为顺利。与使用最大负重的方法相比，在疲劳状态下进行训练会降低该方法的使用效率。但是尽管如此，该方法在实践中仍被广泛使用，因为其具有许多优点：

——进行大量的力量训练会使新陈代谢发生非常大的变化，从而对力量增长产生积极的影响；

——使用非最大力进行训练可以注意滑雪技术，这对初级滑雪运动员来说尤为重要；

——限制负重重量可以避免受伤；

——在从事滑雪运动的初始阶段，力量发展效率几乎与阻力大小无关（约为最大力量的35%～40%）。

随着课程时间的增加，使用最大负重法的优势越来越明显。在训练资质较高的运动员时，可以将基于多次重复举升非最大负重的方法用作补充训练。通常会使用局部练习。而且，所举重物的总重量不应太大。根据表2-1-1选择负重重量。

随着力量训练水平的提高，阻力大小也会发生改变，例如，用改变练习条件的方法。运动员双手支撑在体操凳上进行俯卧撑5～6次，完成10～12次练习。接下来，应将训练完成条件复杂化，使运动员只能完成5～6次练习。建议在地板上做俯卧撑，然后在体操凳上支撑腿做俯卧撑等。

发展力量时，不应将一种方法重复进行40～50次。

最大力量方法的特征

随着滑雪运动员在训练过程中最大力量、爆发力和力量耐力的发展，训练可以以静力性（等长）和动力性（等张）模式进行。

在静力模式下进行训练时，肌肉不会改变其长度，力量的增加只发生在运动轨迹中与所使用训练相对应的部分（H. A. Лапутин, 1979）。在静力模式下进行训练时，应使用最大压力或接近最大压力，进行12～14次练习。这种训练应每隔1～2天进行。在发展最大力量时，建议训练6～12秒，而在发展力量耐力时，建议训练30～40秒，开始练习之前先进行深呼吸，最后慢慢将气全部呼出来。

在动力模式下进行训练时，肌肉长度会减小（克服模式）或增加（退让模式）。

应该考虑到，最大力量法并不是最有效的方法。在适当的条件下，使用最大重量和接近最大值的重量要好于其他重量，这有助于形成那些可以保证力量增加的神经协调关系，因为力量的增加不仅仅与协调能力的改进有关。最大力量法并不总是合适的。单一使用任何一组练习都会被机体熟悉，不会使力量得到所需要的增长。同时，应将最大训练重量视为在没有明显情绪兴奋的情况下所举起的重量。高于最大训练重量值的重量建议每周（或两周）使用一次。

在周期性运动特别是在越野滑雪中，最常使用在不增加肌肉质量的情况下发展力量的方法。负重大小为最大力量的50%～90%。

使用最大重量和接近最大值的重量可有效改进肌肉内协调能力，但无法改善肌间协调。速度应为每个动作1.5～2.5秒。当使用等长方法发展力量时，持续3～6秒的压力最佳（В. Н. Платонов，2005）。每组的重复次数取决于负重重量。当负重为最大重量的90%～100%时，一组应重复1～3次。当负重为最大重量的75%～85%时，一组应重复4～6次。当负重为最大重量的60%～70%时，每组应重复8～12次。每组之间的休息时间应为2～6分钟。休息时间应确保运动员身体中的乳酸、无氧储备和身体运行能力得到恢复。为确定休息时间，应关注心率指标，因为心率会与身体运行能力同时恢复。在休息期间，为使身体更有效地得到恢复，应进行：低强度运动；旨在放松、伸展肌肉的运动；按摩。为增加最大力量而又不显著增加肌肉质量，建议进行以下几组练习（Ю. В. Верхошанский，1988）：

1. 进行2～3次重量达到最大重量90%～95%的动作。一次训练进行2～4组，中间休息4～6分钟。训练期间，肌肉有两种工作模式：每次重复之间肌肉不放松；练习完成后将器械置于架上时肌肉放松2～3秒。这两种模式都可有效发展最大力量，但第二种模式有助于进行"爆发式"用力和肌肉放松。

2. 负重进行5组：最大重量的90%，3次；95%，1次；97%，1次；100%，1次；100%＋1～2公斤，1次。负重进行4组：90%，2次；95%，1次；100%，1次；100%＋1－2公斤，1次。两组之间的休息时间为3～4分钟，并进行旨在放松肌肉的练习。如果运动员感到劳累并觉得最后一组可能做不好，则去掉该组，休息6～8分钟后，重复第一组。

3. 进行充分的热身后，进行4～5组负重为最大重量100%的练习，每组间有自由的休息时间。

需要指出的是，在进行一般训练练习时，高力量能力水平并不能确保在进行专项训练和比赛性质的练习时能表现出相应的水平，因为力量、技术和身体训练水平之间没有相关联性。

动力性力量方法的特点

在发展力量能力的过程中，等长练习被用作补充方法，具有许多优点。在静力性练习中，压力可以保持足够长的时间。借助静力性练习，可以作用于任何肌肉群。但是，静力性练习的缺点使其没有得到广泛的使用。建议将动力性练习与静力性练习结合使用。考虑到力量增长主要是在练习过程中紧张的肌肉中发生的，等长练习应作为力量发展的补充手段。等长练习应进行 2 ~ 3 秒，尽力以最快的速度使肌肉紧张程度发展到最大值的 80% ~ 90%。一组中重复 5 ~ 6 次，休息间隔 2 ~ 3 分钟。建议在休息时做放松、肌肉拉伸等练习和自我按摩。同时，应将注意力集中在动作的退让阶段，让工作肌肉得到充分伸展。一堂课上应在 10 ~ 15 分钟内完成练习。不能超过 1 ~ 2 个月不改变等长练习的方式。近来，结合等长练习和动力性练习要素的训练已取代单纯的等长练习，被更广泛地使用。对于静力性力量练习，以下训练顺序是合理的：首先，最好使用动力性练习，这将发展集中意志力的能力，然后再进行静力性练习。为发展动力性力量，使用循环训练最为有效，并用平均速度进行大量重复的负重相对较小的练习。借助小重量或中等重量来发展力量具有其优势，因为此时易于监督动作是否正确和呼吸节奏，同时还避免了肌肉的过分束缚和绷紧，这一点在与女孩和训练水平不高的运动员一起工作时尤其重要。通过循环训练方法进行力量训练的效率，在很大程度上取决于能否在每节课中、每个小循环中合理规划和分配负荷，以及能否正确选择重量和阻力装置的阻力。一整套练习的设计必须可以让所有肌肉群交替紧张起来。同时，一部分练习应具有全身作用效果，一部分练习应针对某一肌肉群的发展，而另一些则应与特定项目材料有关。不应进行大量不同的力量发展练习，力量较大的练习应与用力较小的练习交替进行。

建议资质较高的越野滑雪运动员完成 3 ~ 4 组，每组包含 10 ~ 15 个练习。练习时间为 1 分钟。每个重复练习之间的休息间隔为 30 秒，每组之间的间隔为 3 ~ 4 分钟。

建议年轻的滑雪运动员完成 2 组，一组 10 ~ 12 个练习。每个练习持续 30 秒。每个重复练习之间的休息间隔为 30 秒，每组之间的间隔为 4 ~ 5 分钟。

在进行发展特定肌肉群力量的循环训练时，应尤其注意专门挑选出的局部作用的练习，并与整体作用的练习结合起来使用。循环训练不会使肌肉肥大

（L. R. Gettman，W. L. Pollock，1991），却可以增加肌肉，减少脂肪组织的数量，并有效地提高整体身体性能和耐力，这些对越野滑雪运动员来讲尤为重要。

力量和力量耐力发展的练习

1. 使用橡胶弹力带模仿交替两步滑行，单脚站立在柔软的球上，另一条腿移到侧后面。

2. 同样的动作，加上手臂的动作。

3. 起始姿势：立正，杠铃放在双肩上。将躯干向前倾斜并回到起始位置。

4. 起始姿势：立正，杠铃放在双肩上。左腿向前做箭步，然后回到起始位置。

5. 换右腿。

6. 起始姿势：立正，杠铃放在双肩上，双腿分开。向上跳，同时交换双腿位置。

7. 起始姿势：躺在体操凳上。将伸直的腿向两旁分开，向上向下。

8. 同样的动作，小腿上固定重物。

9. 起始姿势：小臂支撑俯卧，交替伸直手臂。

10. 起始姿势不变，同时伸直手臂。

11. 起始姿势：躺卧在体操凳上，手放在头后，抓住体操凳。腿伸直，抬起放下。

12. 起始姿势：立正，手拿实心球向前伸。双腿下蹲，手臂同时向躯干弯曲。

13. 起始姿势：立正，杠铃放在双肩上，右脚放在 50～60 厘米高处。站在高处的腿伸直，交换脚的位置。

14. 起始姿势：俯撑在地板上，拍手俯卧撑。

15. 起始姿势：俯撑在地板上，双脚放在体操凳上，拍手俯卧撑。

16. 起始姿势：靠近梯墙手倒立，屈伸臂。

17. 起始姿势：躺在体操垫上，双脚固定在梯墙上，将上肢抬起放下。

18. 起始姿势：单腿站立，每只手拿 3 千克的重量。从单腿支撑位置向左向右蹬。

19. 起始位置：同样动作，从单腿支撑位置向前向后跳。

20. 起始姿势：躺在地板上，一条腿从膝关节处弯曲，另一条腿放在此条腿上。

21. 起始姿势：立正，手拿实心球放在头后。将实心球从头后掷到前面。

22. 起始姿势：立正，手拿实心球放在胸前。将实心球向左向右掷。

23. 起始姿势：躺在地板上，手放在头后。上肢向上抬起，同时将实心球向前掷。

24. 起始姿势：俯卧，手拿实心球放在上肢前，将实心球向前掷。

25. 起始姿势：同样动作，将实心球向左向右掷。

26. 起始姿势：俯撑在两条体操凳上，屈伸臂。

27. 起始姿势：躺在体操凳上，推举不同重量的杠铃。

28. 起始姿势：脸向下趴在体操凳上，杠铃放在地板上。将杠铃快速向上抬起并放下。

29. 起始姿势：坐姿支撑，手放在后面，双腿抬起40°～45°角。双腿交替做画圈运动。

30. 起始姿势：半蹲，双手放在腰上。向上、向下、向左、向右跳。

31. 同样动作，手中拿5～10千克的重物。

32. 起始姿势：双膝跪地，双手靠在轮子上，将上肢向前向后运动。

33. 起始姿势：悬垂在吊环上，在吊环上做引体向上。

34. 起始姿势：悬垂在单杠上，在单杠上做引体向上。

35. 起始姿势：悬垂在绳索上，沿绳索攀爬。

36. 起始姿势：悬垂在单杠上，将双腿向单杠靠近。

37. 起始姿势：双脚固定在高度为20～30厘米的扣环上，俯撑屈伸臂。

38. 起始姿势：双脚固定在高度为20～30厘米的扣环上，双手在身后支撑在体操凳上。屈伸臂。

进行力量练习时的呼吸

在进行力量练习时，为避免出现不希望看到的现象，应遵循一些建议：

——只有在短时间、压力最大时才可以绷紧全身，而在进行压力较小的重复练习时不要屏住呼吸；

——不应使年轻运动员进行大量的最大和接近最大压力的练习；

——在进行力量练习前，不应深吸一口气；

——应确保初级运动员在练习中途进行换气。

小训练周期的力量训练计划

当使用力量训练作为课程主要部分的开始时，力量练习会在中枢神经系统最佳状态下进行。在这种情况下，能更好地形成保障肌肉力量增长的神经协调关系，并促进神经协调关系的改善。但是，由于在训练课程中还必须解决除了力量发展外的许多其他问题，力量训练计划可以在课程中间或结束部分进行。在课程主要部分之后进行力量训练，会发展更多的力量耐力而不是力量。

当使用最大承受重量值50%的重量时，每次重复间的休息间隔应为2.5～3.5分钟。当使用最大承受重量值90%的重量时，休息时间应为4～6分钟。还可以将力量训练合并为一组，每个练习之间的休息间隔为1～2分钟，每组练习之间的休息间隔为5～7分钟。

当训练课程中计划进行速度力量练习时，这些练习应在推举或静力性练习之前进行，因为进行速度力量练习时需要使肌肉和中枢神经系统处于最佳状态。

在进行力量练习（尤其是局部力量练习）时，可以依靠合理的交替练习来提高身体工作能力。在每组间的休息间隔时，可以进行消极休息，也可以进行积极休息。在进行消极休息，仰卧、向上抬起手臂和腿放松时，恢复得最快。散步、旨在放松和拉伸肌肉的练习和悬垂被用作积极休息的方式。

为有效地发展力量素质，必须进行力量训练，较长时间重复一组固定练习，只改变负重重量和所做练习数量。但不建议长时间使用同一组练习，因为这会导致出现小的适应性变化并对此习以为常。可以通过提高训练量来使力量发展出现实质性的提高，但是此举并非总是能实现，也不是最好的方法。进行单一练习还会使运动员从心理上感觉疲累，因此，必须每过4～6周改变一次练习。

在计划力量练习时，应考虑滑雪运动员的身体训练程度。资质较高的运动员每周应计划3节课，这比进行1、2或5节课的训练效果更好。

以上所有这些建议都针对全身作用的力量训练，因为强有力的肌肉群工作能力的恢复要比小肌肉群慢。因此，可以更经常地进行局部力量练习（Н. Г. Озолин，1970）。

当备战中长距离比赛时，大肌肉群的恢复较慢这一点应该要考虑到。参赛之前的10天里，训练计划中不应包括力量训练。但是，对专攻短距离的滑雪运动员来说，在比赛前和比赛当天都可以在训练过程中加入力量训练。但是，需要很长时间的训练才能使身体（肌肉系统）适应这样的负荷。

在用雪杖撑地时，三头肌、腹肌和背阔肌承担着主要负荷，因此，少重复、大阻力的力量训练应在训练过程中占有重要位置。现代滑雪运动员在起点、冲刺（终点加速）时需要有爆发力。为了以高速通过雪道，必须使承担主要负荷的肌肉具有高度发达的力量素质。因此，当运动员的上肢肌肉达到很高的水平时，其滑行技术是节约体力的，可以在长时间滑雪时保持身体的正确姿势。

近年来，使用绳索模拟机和借助运动员自重进行的练习来发展上肢肌肉。

滑雪运动员能否在极其疲劳的状态下长时间地保持正确姿势并成功冲刺，在很大程度上取决于腹部和背部肌肉的力量训练水平。

腹肌的发展水平对防止背部肌肉受伤具有重要意义，并能决定腿部蹬力的大小和向前摆腿的能力。

在越野滑雪的许多比赛中，赛道都是在中等崎岖程度的地形上铺设的，这增加了对爆发力和力量耐力发展水平的要求。在这样的赛道上用自由式进行滑行时，对大腿和臀部肌肉力量训练水平的要求大大增加了。

在发展肩带肌肉的力量训练中，同样应重视如通过用手以不同方式做引体向上、沿固定在天花板上的绳索向上攀爬之类的练习。

在训练期，每周应进行2~3次力量训练，每次持续时间为1.5到2小时；而在比赛期则每周应进行1次持续1小时的力量训练。

短距离滑雪运动员和长距离滑雪运动员力量训练水平的要求有所不同。因此，短距离滑雪运动员应比长距离滑雪运动员分配更多的精力用于最大力量的发展。

在发展速度力量时，会观察到滑雪技术有所改善，技术经济性和蹬地速度有所提高。

在制订用于发展力量训练水平的训练计划时，应考虑运动员力量训练的专业化方向和水平。

滑行技术差通常是由于主要肌肉群的局部肌肉耐力发展水平不足。当以循环方式进行力量训练和进行特殊力量训练时（滑滑轮、沿具有不同陡度的坡地雪道同步或交替推进）会发展局部的肌肉耐力。

为了在不增加肌肉横截面积的情况下增加力量，应该用很大的阻力进行力量练习，最多重复6次。

在训练期应进行发展性力量训练，而在比赛期应进行保持性力量训练。

为取得较高的运动成绩，滑雪运动员应该具有很高的有氧和有氧—无氧能力发展水平。因此，在制订训练计划时，应考虑到力量训练的发展水平，避免过度增加力量训练。尖端越野滑雪运动员在年训练周期中会分配训练时间的8%到15%给力量训练。

进行力量训练时，不仅应考虑肌肉表现出力量的身体能力，还应考虑到在比赛中实现这种能力所需要的生物力学代价。

速度力量的发展

决定速度力量发展水平的主要因素是肌肉内协调作用和运动单位的收缩速度。速度力量的先决条件是神经过程的灵活性，以神经系统各部分兴奋和抑制过程的改善及神经肌肉协调水平来表示。速度力量在很大程度上取决于肌肉组织的组成，即各种肌肉纤维的比例、伸展性和弹性、肌肉内和肌肉间协调能力，取决于力量、柔韧性、协调能力的发展水平、运动技术的完善程度、生化机制和意志品质发展水平。滑雪运动员以不同方式滑行时正确完成技术要素的能力在很大程度上决定于其速度力量的发展水平。只有运动员拥有良好的滑雪技术，才能充分实现肌肉的速度能力。在发展速度力量时，训练应以接近最大或最大速度进行。在发展爆发力时，必须以接近最大速度进行训练，而在发展启动力时，应以最大速度进行训练（B. H. Платонов，M. M. Булатова，1995）。

越野滑雪的比赛活动中，存在某些需要以很高的速度施以大力的动作（短距离或接力赛中的起跑）。为发展速度力量，必须进行大阻力训练，并与中低阻力训练交替进行。为有效提高启动力，应集中力量进行中低阻力训练。到运动员的速度开始下降为止结束训练。根据运动员的训练水平和资质、阻力大小和训练性质，训练持续时间为4~5秒，一组中的重复次数进行6次以下。短时间训练（3秒）时的休息间隔应持续40~50秒。随着练习进行时间的增加和大量肌肉参与到这一过程中，单个练习之间的休息时间应为3~5分钟。为加速恢复过程，休息时应自我按摩肌肉和进行肌肉拉伸练习（Ю. Хартман，X. Тюннеман，1988）。等长模式下的练习时间为2~3秒，使用最大力量的80%~90%。一组中进行5~6次重复，单个练习间的休息间隔为2~3分钟。建议在休息时进行自我按摩并进行肌肉放松和拉伸。

使用增强式训练法发展下肢的速度力量是最有效的。当使用初步肌肉拉伸作为刺激速度力量表现的因素时，在肌肉达到由拮抗肌力量进行的拉伸位置后，须使协同肌肉的主动收缩阶段紧随其后（Ю. Хартман，X. Тюннеман，1988）。只有当最大力量达到很高的水平时，才能进行此类练习。

这对力量的发展水平提出了很高的要求。在开始积极发展力量水平之前，运动员应该已经具有一定的力量发展水平了，需要逐渐使练习复杂化，即：

——在开始单腿跳跃之前，运动员应能够自由单腿下蹲10~15次；

——在从80~100厘米的高度跳下然后紧接着向上跳之前，运动员的肌肉系统应具有很好的训练水平；

——运动员应能够举起重量比自身体重大50%~100%的杠铃进行下蹲。

为发展下肢肌肉的速度力量，建议进行着地反弹跳。滑雪运动员应能够在着地时刻进行缓冲。神经刺激会增加参与跳跃过程的肌肉的伸展性和弹性，从而使其进入高度准备状态。在着地过程中参与抑制的腿部肌肉有助于能量积聚，并使其他肌肉也加入积极的运动中，这同样也会促进随后向前、向上爆发式跳跃的效率。根据运动员身体的训练程度和体重，着地反弹跳高度可以为50~100厘米，在着地和蹬地时，膝关节的角度应为120°~140°。

增强式训练法也可用于发展上肢（上肢伸肌）的速度力量。除了上述练习，还建议进行以下训练：

——高抬腿跳，跳绳，左右腿换跳，单腿跳；

——没有重量和负担占运动员体重20%的重量向上跳。

为有效提高速度力量水平，应在力量模拟机上进行20秒的短距离速度运动模拟练习。将短距离小周期训练纳入训练过程中有助于速度能力的提高。此举训练应在恢复性小周期后进行。

只有综合使用各种训练方法和手段，才能最大限度地提高速度力量。

为发展高水平运动员的速度力量，建议进行以下练习（Ю. В. Верхошанский，1988）。

高水平运动员速度力量发展练习

用杠铃或哑铃的训练需在体育馆内进行。在进行练习时，必须遵守以下建议：

使用最大承受重量90%和30%的重量：使用最大承受重量90%的重量进行2组2～3次缓慢运动，然后使用最大承受重量30%的重量进行3组6～8次运动，以最快的速度发力，每个动作间必须使肌肉放松。每组之间的休息时间为3～4分钟，而每套练习之间的休息时间为8～10分钟。共有2～3套练习。

在局部定向训练中，将两种不同的等长训练模式组合在一起使用。最开始进行2～3次最大等长力量练习，每次持续6秒，每次间隔为2～3分钟。然后休息3～4分钟，在此期间进行肌肉放松练习。重复进行相同的练习5～6次，使力量迅速增加到最大力量的80%。每次重复之间休息2～3分钟，在此期间进行动力性和摆腿练习以及肌肉放松练习。建议一堂课中应包含2～3个发展肌肉群的练习。若计划在训练课程中发展一个肌肉群，则建议以指定组合方式重复练习2次，中间休息8～10分钟。

等长模式和动力性模式在肌肉进行整体性工作时是相互配合的。使力在6秒之内平稳增长至最大等长力，保持在比赛条件下表现出最大力量的姿势，进行2～3次，每次休息2分钟，休息时必须使肌肉放松。然后，使用最大重量40%～60%的负重进行练习。练习进行2组，每组做4～6次，中间休息3～4分钟后进行运动。

带哑铃进行跳跃练习2组，每组6～8次。休息3～4分钟后，以低于最大力进行跳跃练习。例如，原地高抬腿跳10次，进行2～3组，每组5～6次，休息6～8分钟。

杠铃放在双肩做蹲起（杠铃重量为最大承重的70%～80%）2组，每组5～6次。休息4～6分钟后，进行原地跳跃练习2～3组，每组10跳。进行6～8

套，每套练习中间休息6~8分钟。

杠铃放在双肩做蹲起（杠铃重量为最大承重的80%~85%）2组，每组2~3次。休息3~4分钟后，手握10~20公斤的哑铃跳跃2~3组，每组4~6次，每组中间休息2~3分钟。进行2~3套练习，每套练习中间休息6~8分钟。

杠铃放在双肩做蹲起（杠铃重量为最大承重的90%~95%）2次。然后从60厘米高处进行2次着地反弹跳，一组进行6次跳跃。蹲起和跳跃之间的休息间隔为2~4分钟，每组跳跃之间的间隔为4~6分钟。在训练课程中，此组合练习重复2次，中间休息8~10分钟。

力量耐力的发展

在发展力量耐力时应考虑到，能量供应系统的功率、容量、流动性、经济性以及相对力量的发展水平是决定力量耐力水平的基本能力。与其说发展力量耐力的专项训练是为了提高无氧—有氧和有氧能力，不如说是希望能努力发展运动员在滑雪时发挥自身所有潜力的能力。选择力量耐力发展练习时，需要考虑越野滑雪的特点，所采用练习的外部和内部结构应接近于比赛活动。

为发展力量耐力，必须广泛使用额外重量：在沙滩上、水中跑步，上山跑，配戴专业加重带跑，拖曳重物（同伴、降落伞）滑滑轮或滑雪。

近年来，为达到较高的运动成绩，顶尖的滑雪运动员大大增加了力量耐力发展的训练量。正确完成滑行技术特别是自由式滑行技术，需要躯干肌肉具有良好的力量耐力发展水平。专项力量耐力发展练习不应进行得特别频繁，否则发展的不是力量，而是速度。在春夏阶段，建议在一堂训练课上至少进行2次练习，每次持续15分钟，乳酸控制在约4mmol/L的水平。而在夏秋、秋冬阶段，进行此类训练时，乳酸水平应控制在约5mmol/L的水平。

在专业力量模拟机上训练时，阻力值应等于或大于滑雪运动员在滑雪比赛时施加的力量。滑雪运动员在专业力量模拟机上训练时，用力基本上只达到了其最大力量的50%~60%。但是，有时需要施加更大的力量，要达到最大力量的70%~100%。应该选择训练节奏，使其最大程度上与比赛时相一致（B. H. Платонов，2005）。

发展力量耐力的动力性训练应多次进行，直到出现明显的疲劳感，练习持续时间为15秒到几分钟。

在静力性模式下训练时，训练时间为12~40秒，具体取决于肌肉的紧张程度。单个练习之间的休息时间取决于练习持续时间和所参与的肌肉数量。在进行短时间训练、需要通过若干组练习达到疲劳高潮时，休息时间不应很长。例如，对于20秒的练习，各个练习之间的休息时间为10~15秒；对于40秒的练习，休息时间应为 20~30 秒；对于 90 秒的练习，休息时间应为 30~60 秒。当进行持续数分钟的练习时，此时要通过一个练习而不是一组练习来达到训练效果，故其中的休息间隔应使身体能够恢复其工作能力。当进行一组练习时，休息时间过短会导致在重复训练过程中产生明显的疲劳感。为恢复身体工作能力，建议延长每组练习间的休息时间。例如，在进行平均每组 60 秒的 4 组练习（4次×60 秒）时，每个练习间的休息间隔应为 30 秒，每组之间的休息间隔应为 4~5 分钟。

在培养长距离滑雪运动员时，不建议使用大重量、最大重复次数的训练，而是需要使用中小重量、多次重复的训练。

在培养短距离滑雪运动员时，应使用中大重量、最大和接近最大重复次数的训练。

速度力量训练水平的发展

要想在越野滑雪中取得高水平的运动成绩，运动员必须具有较高的速度力量训练水平。应通过旨在发展特定肌肉群最大力量和提高滑雪（滑滑轮）时蹬地速度的专项训练来提高速度力量训练水平。在训练期，速度力量训练非常重要，其训练水平在很大程度上决定了越野滑雪比赛的成绩。

塑料雪板的积极引入和用机器压出的坚硬雪道使得滑雪运动员对速度力量训练的态度发生了根本性的改变。雪板的滑行状态发生了明显改善，故而雪板在雪地的抓地能力降低，这增加了脱滑的可能性。高质量的器材可以在不降低速度的情况下增加滑步长度。由于雪板对雪地的抓地能力降低，运动员被迫更快地蹬地以消除雪板在蹬地时的脱滑现象。为了在蹬地过程的新条件下保持较高的远距离速度，有必要使速度力量（爆发力）蹬地取代力量（按压）蹬地。

对交替两步滑行的动力学和运动学特征进行分析表明，高水平滑雪运动员（А. В. Гурский，1990）以最大或接近最大速度滑行时，腿的蹬地时间为 0.09~0.18 秒，出腿速度为 8~12 米/秒。蹬力的水平分量在 20~45 千克之间，手臂的撑力为 1~6 千克，而腿蹬力的垂直分量可达 120~145 千克。上述数据显示了所施加力与蹬地时间的比率，表明所施加力具有明显的爆发性特征。

应通过增加速度力量潜力来提高滑雪运动员的运动技巧。显然，这一过程不是无限度的。要想在越野滑雪比赛中有成功的表现，需要具有能够长时间保持最大蹬力的能力。

为提高各个肌肉群的速度力量训练水平，建议遵循以下方法学规定：

——有选择地作用于特定肌肉群；

——注意动作轮廓和幅度；

——集中意志力于力量表现的爆发性；

——高水平滑雪运动员每组跳跃练习中的重复次数最多可达 35 次，低水平年轻运动员可达 20 次。

建议速度力量练习应覆盖整个年训练周期，同时要考虑到运动员的个人特征。

进行速度力量练习的必需条件是：

——快速开始动作；

——给定动作频率（比赛频率和超比赛频率）；

——每隔 3 ~ 4 周定期更新练习；

——年轻滑雪运动员一个练习的持续时间应为 15 秒，高水平滑雪运动员应为 22 秒；

——在进行练习时，一组中每次重复之间的休息间隔应为 45 ~ 90 秒，每组之间的休息间隔应为 5 ~ 6 分钟。

在发展速度力量训练水平时，必须同时提高力量和速度的发展水平（B. H. Платонов，2005）。

为发展速度力量素质，建议进行以下练习：

肩部和前臂伸肌速度力量素质发展的一般发展性练习。

双手支撑在双杠上，屈伸臂 4 次，平均每次重复 20 ~ 25 下，以最大速度做 2 组。

以最大速度推离双杠 10 次，平均每次 20 秒：

——左手；

——右手；

——双手（肘部在下）。

俯卧撑 3 次，平均每次重复 20 ~ 25 下，以最大速度做 2 组。

借助手臂"爬泳"式游泳 5 次，平均每次 25 米，以最大强度的 95% 做 4 组。

皮划艇 8 次，平均每次 150 米，以最大强度的 95% 做 4 组。

推举杠铃 5 次，平均每次重复 12 下，使用最大承重 50% ~ 60% 的重量进行 2 组：

——头上推举；

——胸前推举。

以接近最大强度直臂经头后相互掷实心球 4 次，平均每次 1 分钟，做 5 组：

——卧姿；

——站姿。

肩部和前臂屈肌速度力量素质发展的一般发展性练习

单杠引体向上 6 次，平均每次进行 15 ~ 18 下重复。

头后直臂上下掷实心球 4 次，平均每次 1 分钟，做 4 组。

起始姿势：屈体站立，双手抓杠铃下垂。将杠铃举到胸前并放下（杠铃重量占最大承受重量的 50%）：做 5 次，平均每次做 12 下重复，做 2 ~ 3 组。一次屈伸在 2 秒内完成。

赛艇划桨 5 次，平均每次 100 米，做 2 组。动作速度为 2 秒以内完成一次划动。

起始姿势：杠铃放在胸前，将其从胸上推举起来（杠铃重量为最大承受重量的 50%）：进行 5 次，每次重复 8 ~ 10 下，做 2 组。

借助 Exer Genie 弹力带，交替屈肘 5 次，每次 22 秒，以最大速度做 2 组。

小腿伸肌速度力量素质发展的一般发展性练习

水中跑步（水没到膝盖）5 次，每次跑 20 米，以最大强度跑 3 组。

向前带动小腿水中跑步 7 次，每次跑 15 米，以最大强度跑 2 组。

起始姿势：俯卧带 15 ~ 25 千克重物屈伸小腿 5 次，每次 22 秒，以高强度做 3 组。

起始姿势：借助 Exer Genie 弹力带阻力，俯卧屈伸小腿。

大腿伸肌速度力量素质发展的一般发展性练习

单腿慢速下蹲并快速起身 5 次，每次 15 个重复，做 3 组。

肩负重下蹲并快速起身（重物重量为最大承重的 50%）6 次，每次 15 个重复，做 3 组。

手持负重（每手 5 千克）深蹲跳 5 次，每次 12 个重复，以接近最大强度做 3 组。

起始姿势：手放腰部，右脚在 40 ~ 50cm 的高处。伸直右腿，并回到起始姿势 10 次，每次 15 个重复（最大强度的 90% ~ 95%），做 3 组。

肩扛杠铃蹲起（杠铃重量为最大承重的 40% ~ 50%）5 次，每次 12 个重复，以接近最大强度做 3 组。

躯干伸肌速度力量素质发展的一般发展性练习

起始姿势：肩负重物站立（重物重量为最大承重的 30% ~ 40%），向前倾斜并回到起始姿势 3 次，每次 12 ~ 15 个重复，做 2 组。

赛艇划桨（最大强度的 90%）15 次，每次 150 米，做 2 组。

起始姿势：俯卧于长凳上，手持 3 ~ 4 千克重物放在头后，将躯干抬起放下

5次，每次15个重复，做2组，接近最大强度。

身体向后弯曲，过头扔实心球。

一组用于发展大腿屈肌速度力量素质的一般发展性练习

以最大强度在水中跑步（水位高过膝盖10~15厘米）8次，每次跑20米，做4组。

以最大强度前后交替摆腿（水位高过膝盖10~15厘米）5次，每次20秒，做3组。

高抬大腿水中跑步（水高过膝盖5厘米）4次，每次跑15米，以接近最大强度做3组。

高抬大腿水中跑步，每腿负重2千克（水高过膝盖5厘米）4次，每次跑10米，做2组。

在陆地上以最大强度高抬大腿跑步4次，每次跑20米，做3组。

高抬大腿跑步，每腿负重2千克做4次，每次跑15米，以接近最大强度做2组。

悬垂在单杠上，将伸直的腿抬高到90°，3次，每次做11个重复，共2组。动作速度为在2秒内完成放低、抬高腿。

借助皮筋阻力前后摆腿2次，每次持续20秒，以接近最大强度做2组。

起始姿势：右支撑腿站立。将左腿大腿抬高至90°，在其上放15~20千克的重物。缓慢放下大腿并快速向上抬起6次，每次20秒，做3组。

同样动作，换左腿支撑。

一组用于发展躯干屈肌速度力量素质的一般发展性练习

起始姿势：仰卧在地毯上，手拿3~5公斤重的重物放在头后。抬起躯体至"坐姿"位置，并回到起始姿势：5次，每次15个重复，共3组（动作速度：在2秒内抬起并放下躯干）。

悬垂在单杠上，并向前弯曲身体：5次，每次12个重复，做2组（动作速度为接近最大速度）。

起始姿势：仰卧在地毯上，伸直双腿并抬高，直到触碰到头部，并放低腿回到起始位置：5次，每次10~12个重复，做3组（每次重复在3秒内完成）。

起始姿势：仰卧在地毯上，同时抬高腿和躯干：4次，每次12~15个重复，做3组（每个动作在1秒内完成）

一组用于发展下肢速度力量素质的跳跃练习

以最大强度跳跃跑：5次，每次助跑，跑30米，做4组。

以最大速度高抬大腿双腿跳：

——原地：5 次，每次 15 秒，2 组；

——50 厘米障碍跳：5 次，每次 15 秒，2 组；

——向前跳：5 次，每次 15 秒，3 组。

以最大强度左右腿单腿向前跳：5 次，每次 20 米，3 组。

两腿蹬地过体操凳侧向跳：12 次，每次 20 秒，2 组（1 秒一跳）。

半蹲向上向前跳：5 次，每次跳 20 下，以最大强度跳 2 组。

从 50~60 厘米高处向下跳，并迅速向前向上蹬地：5 次，每次 12 个重复，做 3 组。

从 70 厘米高处向下跳，随后迅速蹬地并跳上 50 厘米高处：8~10 个重复，3 组。

以最大速度助跑，进行换腿跳，并进行强有力的蹬地：4 次，每次 25~30 米，3 组。

两腿蹬地过不同高度障碍物（40 厘米，50 厘米，60 厘米）跳：3 次，每次 10 个重复，以接近最大强度跳 4 组。

交替二步滑行模仿跳：10 次，每次 25~30 米，以最大强度跳 3 组。

在倾斜度为 5°~6°的上坡换腿跳 10 次，每腿跳 5 次，以最大强度跳 3 组。

双腿蹬地立定跳远：8 次，每次 20 个重复，跳 4 组。

双腿向上跳，去够位于比自身身高高 90~100 厘米地方的物体：3 次，每次 12 个重复，2 组（1 秒一跳）。

肩负重物双腿向上跳：3 次，每次 10 个重复，3 组（1.5 秒一跳）。重物质量为运动员体重的 10%~20%。

两腿交替向上跳：5 次，每次蹬地 20 次，2 组（最大速度）。

一组用于发展肩带肌肉特殊速度力量素质的练习

在平缓的斜坡上滑滑轮：5 次，每次 150 米，以最大强度的 95%~100% 滑 3 组：

——同推；

——交替推进；

——带 6~8 千克的钢瓶交替推进。

在平地上滑滑轮：5 次，每次 150 米，以最大强度的 95%~100% 滑 3 组：

——同推；

——交替推进；

——带 6~8 千克的钢瓶交替推进。

在模拟机上进行手臂交替推进动作模仿：6 次，每次 30 秒，以最大强度的

95%～100%做4组。

在模拟机上进行手臂同时推进动作模仿：6次，每次30秒，以最大强度的95%～100%做5组。

在位于倾斜板上的小托架上借助双臂和躯干向上拉动发力滑行：6次，每次10个重复，以2秒一个动作的速度做3～4组。

借助 Exer Genie 阻力模仿交替推进滑步：5次，每次20秒，以最大强度做3组。

借助 Exer Genie 或弹力带阻力模仿同推滑步：5次，每次30秒，以最大强度做4组。

一套用于发展下肢特殊速度力量素质的练习

在不同陡度的上坡进行二步交替滑行模仿跳：3次，每次30米，以最大强度做4组。

在平缓的上坡不带杖滑滑轮或滑雪：

——二步交替滑行：3次，每次30米，以接近最大强度滑2组。

——依靠左右腿交替蹬动：5次，每次30米，以接近最大强度滑2组。

在平缓斜坡上借助6～8千克的钢瓶或小降落伞不带杖滑滑轮、滑雪：3次，每次25米，以接近最大强度滑2组。

在平地上进行同样练习。

在平地或不同陡度的上坡借助皮筋的阻力进行二步交替滑行模仿跳：5次，每次20米，以最大强度做3组。

在不同陡度的上坡带3～5千克重物进行二步交替滑行模仿跳：3次，每次25米，以最大强度做3组。

一组用于发展在特定动作中承担负荷的肌肉群的特殊速度力量素质滑雪练习

在不同陡度（3°、5°、8°）的上坡以二步交替滑行滑雪，侧重于手臂的快速撑地：10次，每次200米，以最大强度滑3组。

同推滑，侧重于手臂的快速撑地：8次，每次200米，以最大强度滑2组。

一步一撑滑雪，侧重于手臂的快速撑地：8次，每次200米，以最大强度滑3组。

在陡度为3°的上坡二步交替滑雪，不带杖，侧重于腿快速而强有力的撑地：8次，每次150米，以最大强度滑3组。

以"半八字"方式蹬上8°～10°的斜坡，侧重于腿和手臂的快速蹬地和撑地，并主动将大腿向前伸：5次，每次50米，以最大强度滑4组。

以交替或同时滑步并以最大速度蹬上不同陡度的斜坡：5次，每次200米，以最大强度滑7~8组。

一步一撑滑行，侧重于强有力而快速地进行蹬地：8次，每次200米，以最大强度滑3组。

使用降落伞的阻力进行一步一撑滑行，侧重于强有力而快速地进行蹬地：8次，每次200米，以最大强度滑3组。

两步一撑滑行（出发版）：6次，每次150米，3组。

使用降落伞的阻力进行两步一撑滑行（出发版）：6次，每次150米，3组。

2.2　速度发展方法和手段

速度是运动员在最短时间内进行运动活动的能力。速度是复杂的运动素质，由神经运动机制活动效率和快速动员运动活动的能力决定。第一个因素在很大程度上是遗传决定的，不会有太大改进；第二个因素是速度基本形式发展中的主要储备，可以通过训练得到发展。

速度能力有基本和复杂两种形式。

速度能力的基本表现有三种形式，分别为动作反应的时间（短距离和接力赛中的起跑），单个动作的速度（进行身体练习时蹬地、投掷物体的速度等）和进行运动活动的速度，即高速运动的能力（跑步、滑滑轮和滑雪等）。

速度能力的复杂表现形式包括：快速加速的能力、在长距离保持高速度的能力和快速完成技术战术行动的能力。

为发展速度能力，应按照下列方式进行训练：间歇训练、重复训练、游戏式训练和比赛式训练。

人体速度能力是非常具体的，因此有必要在特定动作中发展速度。

速度能力复杂表现的主要先决条件之一是神经过程的灵活性，表现为神经系统各部分兴奋和抑制流动过程的完善，以及神经肌肉的协调水平（Sale，1992）。肌肉组织的特征也会影响速度能力的发展水平：各种肌肉纤维的比例，其延展性、弹性，肌肉内和肌肉间的协调水平（Huijing，1992）。速度能力的表现取决于力量、灵活性和协调能力的发展水平（Wilmore，Costilla，2004）。速度能力的表现还与运动技术技能的发展水平（Ю. В. Верхошанский，1988）、意志素质发展水平（В. Н. Платонов，1986）密切相关。

通过速度训练来发展速度素质，应进行各种练习，完成这些练习需要反应迅速、最大动作频率并以高速做单个动作。这些练习具有常规性（室外活动和体育游戏、接力赛、体操练习）、辅助性和专项性的特点。根据速度素质在特定比赛活动中的表现结构和特征选择专项训练练习。

在发展速度时，必须以最大速度进行 10~20 秒的练习。若在进行训练过程中的某个时刻速度降低，则发展的不是速度，而是耐力。

发展速度的主要训练方法是重复训练法。提高速度能力的一种非常有效的方法是参加短距离比赛。

对有效发展速度素质而言，最重要的是运动员在以最大或接近最大速度进行速度练习时被动员的程度。为提高速度能力，使用特殊牵引装置是非常有效的，该装置可使滑雪者的滑行速度比正常情况下多提高 5%~15%。

在发展运动速度时，应使用力量、速度力量练习以及具有极快动作元素的特殊练习。在训练短距离滑雪运动员对出发指令的反应速度时，必须在预期指令或非预期指令下进行练习。

正确出发非常重要，尤其是在短距离比赛中。为了快速而强有力的蹬地，应发展下肢和肩带伸肌的速度力量素质。为了防止"速度障碍"，不仅必须以最大或接近最大速度进行练习，还应以约为最大强度 90% 的强度进行练习：每次 10 秒，进行 5~6 次；每次 15~20 秒，进行 4 次；每次 30 秒，进行 3 次。休息时间为 2~5 分钟，具体取决于训练持续时间。

必须在各种（轻松、正常和困难）条件下进行比赛性和专项训练练习。在轻松的条件下进行练习时，应跟随领先运动员在高速路段上滑行，在平缓的下坡进行速度练习。在困难条件下进行练习时，应使用阻力（重物、伙伴）。在进行此类练习时，教师或教练应在心理上最大限度地调动运动员。必须与具有较高运动资质的对练伙伴一起进行训练，以创造一个具有竞争性的环境。每场训练结束后，应告知运动员其展示出的结果。

在发展滑雪运动员，特别是资质较高的滑雪运动员的速度素质时，必须遵守下列要求：

滑雪运动员应充分研究并好好掌握训练练习，使自己注意力的重点不在完成方法而在完成速度上。

训练技术应能够以最大速度进行。

训练持续时间应能确保在训练结束前速度不会降低。

提高速度训练效率的一种方法是进行小周期短距离训练，这在训练资质较高的滑雪运动员进行大量、高强度练习时尤为重要。进行繁重的训练会抑制速度训练中速度素质的表现。在某种程度上，速度训练小周期计划消除了这种矛盾。但是，只有在恢复性训练小周期后进行此类训练计划，才能获得显著的训练效果（В. Н. Платонов，2005）。

若训练过程中没有划分速度小周期，为有效发展速度，建议在休息后的第一天，即当运动员未对先前的训练负荷感到疲累时，进行速度发展训练课程。速度练习应在训练课程的前半部分进行。

在发展速度素质时，正确界定各个练习或各组练习间的休息时间非常重要。休息时间应充分，以使运动员可以在不降低速度的前提下重复进行一个或一组练习。休息时间长短取决于运动员的训练水平、运动资质、年龄，取决于所进行训练的类型，取决于训练强度。同时，应根据心率对运动员完成训练负荷后身体的恢复情况进行监测。在进行下一个练习之前，心率不应超过110bpm。

在为资质较高的滑雪运动员制定发展速度素质的训练项目时，应以表2-2-1中的数据为参考。

表2-2-1　发展复杂速度能力时的工作、休息模式（В. Н. Платонов，2005）

完成练习时间（s）	工作强度，最大速度指标占比（%）	训练时休息持续时间（s）		
≦1	95~100	15~20	30~40	45~60
	90~95	10~15	20~30	30~45
	80~90	5~10	15~20	20~30
4~5	95~100	30~40	50~80	80~120
	90~95	20~50	40~60	60~90
	80~90	15~20	30~40	50~60
8~10	95~100	40~60	80~100	120~150
	90~95	30~40	60~80	90~120
	80~90	20~30	40~60	60~90
15~20	95~100	80~120	120~150	180~240
	90~95	60~80	100~120	150~180
	80~90	40~60	80~100	120~150

为增加旨在提高速度能力训练的训练量，建议分组进行训练。一组中的练习数量取决于单个练习的时间和强度。练习组数取决于练习个数和持续时间、参与工作肌肉的数量和体积。在进行全身性质的训练时，建议每组进行3~4个练习。在一场训练中，所计划进行的练习不应超过3组。

为提高资质较高的滑雪运动员速度能力的发展水平，应定期以最大速度进行5~30秒的训练。建议在休息期间（10~20分钟）进行旨在舒展、放松肌肉的运动做按摩，饮用运动饮料。

发展速度能力时，主要的训练方法是游戏训练法、比赛式训练法和变换训练。

为提高越野滑雪运动员的速度能力，建议进行以下几组练习。

一组用于发展速度的一般发展性练习

起始姿势：面向墙壁，距墙壁一臂距离。撑在墙上，迅速屈伸双臂：每组10～15次重复，共2～3组。每组间休息时间为60～80秒。

起始姿势：面向树，距树一臂距离。一只手撑在树上，交替迅速屈伸臂：每组8～12次重复，共2～3组。每组间休息时间为40～60秒。

起始姿势：立正。数"1～2"向前上方伸手臂并向上跳，数"3～4"手向下向后方，双腿落地。每组15～20次，2～3组。每组间休息时间为80～120秒。

起始姿势：立正。数"1"下蹲手撑地，数"2"俯卧手撑地，数"3"下蹲手撑地，数"4"回到起始姿势。进行12～16次，2～3组。每组间休息时间为180～200秒。

一组用于发展出发速度的练习

从不同的起始姿势开始以最大速度跑步：6～8次，共2～3组。练习间休息间隔直到心率恢复到110bpm。

在轻松条件下以最大速度跑步：下山跑，15～18米，6～8次。练习间休息间隔直到心率恢复到110bpm。

以最大动作频率原地跑：12～15秒，5～6次重复。练习间休息间隔直到心率恢复到110bpm。

起始姿势：双手撑在墙上。腿部以最大动作频率原地跑：12～15秒，5～6次重复。练习间休息间隔直到心率恢复到110bpm。

小步跑：30～60米加速跑，5～6次重复。练习间休息间隔直到心率恢复到110bpm。

同对练伙伴一起以最大速度跑：30～60米加速跑，5～6次重复。练习间休息间隔直到心率恢复到110bpm。

各种室外和体育游戏。

几组用于发展速度素质的专项训练练习

在40～50米的路段间隔性滑滑轮或滑雪，重复5～6次，2～3组。滑行速度为最大速度的90%～100%。练习间休息间隔直到心率恢复到110bpm。进行练习时应：充分调动协调能力；只使用手的动作；只使用腿的动作。

在80～100米的路段间隔性滑滑轮或滑雪，重复3～4次，2～3组。滑行速度为最大速度的90%～100%。练习间休息间隔直到心率恢复到110bpm。进行练习时应：充分调动协调能力；只使用手的动作；只使用腿的动作。

2.3　耐力发展方法和手段

滑雪运动员的耐力是一种能够长时间有效地进行训练和比赛活动的能力，可以在不降低强度的情况下克服不断增长的疲劳。

在进行旨在发展耐力的训练课程时，应牢记：耐力分为一般和专项耐力、训练和比赛耐力、局部和整体耐力、有氧和无氧耐力、非乳酸和乳酸耐力、肌肉和植物神经耐力、感觉和情感耐力、静态和动态耐力及速度、力量和速度力量耐力。将耐力分为这些类型，可以分析决定这种素质表现的因素，从而选择最有效的方法来改进这种素质。越野滑雪中耐力发展的特点来自在考虑到其对调节和执行器官提出各种要求的情况下，对限制这种素质在比赛活动中表现水平因素进行的分析（В. Н. Платонов，2005）。

在体育实践中，耐力分为一般耐力和专项耐力。

一般耐力是滑雪者的身体在相对较长的时间内进行任何肌肉工作的能力。在越野滑雪中，一般耐力的意义可以归结为这样的事实，即其可以培养并有效表现出专项耐力。一般耐力会对运动技巧的形成过程产生积极影响，因为存在训练效果从非特定活动向特定活动"转移"的现象。

专项耐力是滑雪运动员在进行与比赛活动要求相关的专项工作时，承受此过程中出现的疲劳感的能力。使用专项训练练习和专项针对越野滑雪运动员的练习来发展专项耐力。

专项耐力分为：

专项训练耐力（在特定条件下完成的训练量和训练强度）；

专项比赛耐力（在比赛条件下完成的具有特定性质的周期性负荷）。

决定耐力表现水平的因素：

解剖形态学因素；

肌肉构造和组成；

心脏的尺寸和机能亢进；

血循环动力学特征；

能量供应过程的能力和容量；

工作的经济性；

调节因素；

意志表现；

技术稳定性和变化性；

其他身体素质的发展水平；

适应性反应的特异性。

应指出的是，在大周期、小周期中一般耐力、专项耐力和力量耐力的平行发展并不能显著改善运动成绩（Ю. М. Макаров，1987）。

在进行训练时，力量指标和耐力不是同时发展的，因为其处于某种对抗中，即有氧指标增大会抑制无氧指标的发展，反之亦然（Н. И. Волков，1969）。

在制订一堂训练课程的训练计划时，必须遵循以下建议：课程开始时，先进行速度力量训练，然后再进行旨在发展专项耐力或一般耐力的训练。在训练过程中应记住，有氧耐力是无氧耐力发展的基础。有氧耐力发展不足会导致出现运动后过量氧耗和厌氧分解产物从体内排出缓慢。

一般耐力和专项耐力发展水平之间的主要差异在于不同类型活动中神经肌肉调节和身体能量供应的特征。

专项耐力取决于技术技巧水平、力量发展水平和速度等。

一般耐力的发展

在发展越野滑雪运动员的一般耐力时，主要任务是使滑雪者的身体准备好完成更大训练量的训练负荷。

在发展一般耐力时，需要解决以下任务：

为发展专项耐力创造有利条件；

为提高专项耐力和训练强度建立基础。

一般耐力在很大程度上取决于人体自主神经系统，即心血管和呼吸系统的功能。训练强度越低，训练过程中负重越低，训练结果就越不取决于运动技能的完善程度，而是更取决于身体自主神经系统的能力。

为发展一般耐力，使用非专项性质的练习。发展一般耐力的训练工作主要在训练期的春夏季进行。不同年龄和资质的运动员用于发展一般耐力的训练方法也不同。随着运动资质的提高，训练方法的数量必须减少。

对于资质较低的运动员，应该使用更多的训练方法来发展一般耐力。在比赛期，建议减少一般耐力发展训练课程的数量。

对专攻长距离的越野滑雪运动员来说，一般耐力的发展与身体合理进行中高强度训练负荷能力的增强有关。大训练量的训练负荷主要是通过有氧能量供应进行的，有助于在完成特定负荷时表现出高水平的有氧耐力。

在训练期的春夏阶段，提高一般耐力和力量耐力水平非常重要。在此阶段开始时，训练过程中不应包括无氧训练。训练负荷必须以 2 mmol/L（有氧阈值）的乳酸水平进行。若无法通过仪器确定阈值区域，则可以通过心率来对此指标做出估计。有氧代谢的上限对应于最大心率的70%~80%。在此训练阶段，当进行超过2小时的训练时，乳酸指数应约为1.5 mmol/L，即心率指数应在最大值的60%~70%范围内。训练持续时间越长，训练强度应越低。

在发展高资质运动员的一般耐力时，应遵循以下建议，制定不同的训练负荷（表2-3-1）。

表2-3-1 发展一般耐力时不同训练负荷种类所占百分比（В. Н. Платонов，2005）

比赛活动持续时间（s，min）	一般耐力发展对全部工作占比（%）			
45~120s	40	25	20	15
3~10min	50	25	15	10
10~30min	60	20	10	10
30~80min	70	15	5	10
80~120min	75	15	5	5
>120min	80	10	5	5

对于专攻短距离的滑雪运动员，一般耐力的发展有一些不同。在训练过程中，应通过发展速度力量素质、无氧能力、协调动作和灵活性，重点注意身体能力的提高。应在一定数量范围内进行发展有氧能力的训练，以确保有效完成专项工作。

专项耐力的发展水平在很大程度上取决于一般耐力的发展水平。一般耐力是专项耐力的基础，而未来的运动成绩正是取决于专项耐力的发展水平。

专项耐力的发展

越野滑雪运动成绩的提高在很大程度上是通过增加专项耐力发展训练的训练负荷来实现的。在比赛时，专项耐力水平较低的滑雪运动员无法承受沿雪道的高强度滑行。因此，应逐步增加专项耐力训练的训练量和训练强度。

在进行了大量诸如力量、速度、一般耐力等身体素质的发展训练后，应开始进行认真的、有针对性的专项耐力发展训练。

在发展专项耐力时，专项身体能力和肌肉中能量过程的效率会得到提高。

在训练过程中，会使用匀速、变化、重复和间隔训练法来发展专项耐力。使用重复或间歇训练法进行训练时，建议在路段上以接近比赛速度和比赛速度进行训练，休息时间不要太长。发展专项耐力时，应重点注意在结构和对身体的影响特征上尽可能接近比赛活动。近来，在中等海拔高度的平原上举行集训期间，一些越野滑雪运动员会使用特殊的口罩或管子，来增加呼吸难度，使得运动员似乎处于比自己此时所在高度高 500 米的海拔上。

在进行训练时，应以不同强度进行练习。每个练习间休息间隔的持续时间取决于练习时间和强度。

在计划训练负荷时，应从运动专业化的特征出发，模拟比赛时的负荷。训练负荷强度应接近于比赛强度。休息间隔持续时间取决于练习持续时间。练习持续时间较短时，休息间隔时间也应较短。以最大强度进行 20 ~ 30 秒的训练后，休息应持续 1.5 ~ 3 分钟。若练习持续时间较长，则每次重复之间的休息间隔应更长一些。

在发展专项耐力时，应在距离固定或距离逐渐减小的多路段上进行训练。同时，单个练习之间的休息时间要短一些，心率的下降幅度不得超过 10 ~ 15bpm。后一路段长度应比前一路段短或保持不变。不同距离的路段上训练的总时间应接近于既定比赛所需要的时间。

在越野滑雪中，有氧能量来源是能量供应的主要途径。

在比赛活动中，有氧能量供应方式的特点是，滑雪者的身体能够迅速达到耗氧量的极限值并长时间保持。

在进行训练时，应确保训练负荷适当。

在发展专项耐力时，应确保：

——技术战术活动改进方法的多样性；

——技术战术改进和专项耐力发展过程紧密联系在一起；

——在训练活动条件下，使身体功能系统的整个状态接近比赛活动时的状态；

——在发展专项耐力及改进技术战术的过程中，不断改变外部环境条件（В. Н. Платонов，2005）。

在进行专项耐力训练时，应特别注意提高运动员在进行沉重训练负荷（尤其是在运动后过量氧耗条件下进行无氧负荷）时的心理稳定性。

当进行与克服专项困难有关的练习时，应使运动员的注意力集中在自觉进行训练上。在进行长时间练习时，需要运动员具有强大而坚定的意志力；而在进行短时间训练性和比赛性练习时，要最大限度地集中精力（Hoffman，2002年）。

比赛中的表现是提高意志品质和专项耐力的动力。在团队中营造出一种不断竞争、全力以赴的氛围，有助于取得高水平的运动成绩。教师或教练的任务在于，能够动员运动员在进行所有练习时表现出自己最大的能力。对培养意志品质和提高滑雪运动员的技术水平来讲，长时间乏味的训练是必不可少的。

2.4　柔韧性发展方法和手段

柔韧性是人体肌肉骨骼系统的形态和功能特性，决定了各种动作的幅度。柔韧性很大程度上取决于关节活动性，包括解剖学柔韧性（取决于关节的结构）、主动柔韧性（通过自身肌肉张力表现出来）和被动柔韧性（通过外部影响表现出来）。柔韧性可以被看作人体关节的总活动性。滑雪运动员的柔韧性越好，就越容易掌握滑雪技术并对其进行改进。若缺乏足够的柔韧性，动作技术掌握过程将变得复杂且缓慢。若由于关节活动性不足使动作幅度范围受到限制，则在滑滑轮或滑雪时蹬地力量和速度会减小和降低。肌肉和韧带可能会因为关节缺乏活动性而受伤。

在发展柔韧性的过程中，动作幅度增加，可以改进滑雪技术，动作会更加自由，从而会提高滑行时的经济性。

在体育实践中，分为一般和专项柔韧性、主动和被动柔韧性。

一般柔韧性取决于所有关节的活动性，使得能够以大幅度进行各种动作。

一般柔韧性是在进行全方位身体发展的各种练习的过程中获得的。关节活动性的发展有助于以不同动作幅度进行如倾斜、摆动、旋转等练习。

专项柔韧性是指某个关节具有很突出的活动性，对应于专项活动。

在越野滑雪中，在发展专项柔韧性时，必须特别注意提高在以特定方式滑雪时参与最多关节的活动的专项练习。

滑雪运动员的所有关节都必须具有足够好的活动性。当以传统式滑行时，对膝关节和踝关节的灵活性提出了要求；而以蹬冰式滑行时，对肩关节和髋关节的灵活性有特殊要求。

通常区分主动柔韧性和被动柔韧性。

主动柔韧性是运动员通过相应关节肌肉群的活动，以大幅度进行动作的能力。在进行各种身体练习时，可以实现主动柔韧性。在体育实践中，主动柔韧性比被动柔韧性更具价值。

被动柔韧性是通过外力作用（某重量、器材、同伴用力）在关节处达到最大活动性的能力。

在做一般动作时，人仅使用关节最大活动能力的一小部分。

在开始发展柔韧性之前，应对关节结构和限制其活动性的因素有一个大致的了解。在骨骼的活动关节中，主要有以下构成结构：

——关节面，即参与该关节形成并通过此面相互连接在一起的骨骼表面。关节活动性取决于连接面与其面积的对应性。这种对应关系越大，关节的活动性就越差；

——覆盖关节面的关节软骨；

——由致密的纤维结缔组织形成的关节囊，以套子的形式围绕骨头。关节囊的内膜将滑液分泌到关节腔中，润滑关节的骨骼表面。

——关节腔，是在关节骨的关节面间的狭缝状空间，其所有侧面都被关节囊封闭。

除主要构成外，还有一些辅助构成：

——韧带：密集的纤维结缔组织束，位于关节囊的厚度内或其上，有时位于关节腔内，位于关节面之间；

——在某些关节（脊柱、膝关节）处，有关节间盘和楔入骨关节面间增加其比例的软骨板。

尽管定向训练可改善关节囊和韧带的弹性并改变关节面的形状，但不同关节柔韧性的范围由其解剖学特征和功能决定。

柔韧性取决于年龄和性别。被动柔韧性在9～10岁提高最大，而主动柔韧性则是在10～14岁。同时，划分出了柔韧性增长的自然加速期。女孩在14～15和16～17岁，男孩在9～10、13～14和15～16岁时的柔韧性增长速度最快。13～15岁最有利于发展各个关节的活动性（А. А. Гужаловский，1978）。因此，必须在这个年龄开始发展柔韧性，其效率要比年龄大时高1倍。在20岁之后，动作幅度会由于肌肉骨骼系统中与年龄相关的变化而减小，此时提高柔韧性水平要困难得多。

女性的柔韧性比男性要高出20%～30%。早晨柔韧性最差，然后会不断增加，到晚上时会再次降低。12～17点之间柔韧性最好（В. Н. Платонов，1986）。

使用按摩、热水浴和加热推拿可显著提高主动柔韧性。

为发展柔韧性，还可使用肌肉刺激的生物力学方法和电振动刺激方法。

柔韧性发展手段

有三种发展柔韧性的方法：动力性（进行抓举、摆动、旋转、弹性运动）；静力性（将身体环节保持在极度伸展位置，拉伸）；组合（进行若干次动力性动作后将身体环节保持在伸展位置）。

在训练越野滑雪运动员时，应将其柔韧性发展到一定水平，以确保滑雪动作无障碍地完成。

　　为发展柔韧性，可以利用一般训练、专项训练和辅助训练，以接近最大幅度和最大幅度进行运动。

　　发展柔韧性的手段可以分为促进被动或主动柔韧性发展的练习。可以在同伴帮助下或不在同伴帮助下进行练习，使用自重或额外物体重量进行练习。

　　进行静力性练习可促进被动柔韧性的发展。

　　大幅度、躯干向不同方向倾斜的各种摆动和弹性动作可以促进主动柔韧性的发展。

　　需要在年训练周期的所有阶段进行柔韧性的发展。在训练期的春、夏、秋季阶段，应格外重视发展柔韧性；而在训练期的秋冬阶段和比赛期，则需要使关节的活动性保持日常训练达到的水平，并继续进行发展关节活动性的工作。对于柔韧性不足的运动员，应制订单独训练计划。

　　在力量训练综合课程上，也必须进行柔韧性发展练习。在进行早操、训练前的热身活动时，也建议进行柔韧性提高练习。此类练习建议在测验性训练前及比赛开始前进行。

　　主动柔韧性的发展要比被动柔韧性慢1倍。当训练课程中不包括柔韧性发展练习时，柔韧性会很快回到原来的水平。为成功发展柔韧性并维持在适当水平，每天需进行40分钟的练习。柔韧性发展练习应与其他练习交替进行。当交替进行力量素质发展练习和柔韧性发展练习时，力量训练的效率会增加，而动作幅度会大大降低。当交替进行速度发展练习和柔韧性发展练习时，两种素质的发展都不会受到影响。柔韧性发展练习建议在训练课后进行（Б. В. Сермеев，1970）。

　　在训练期开始时，应特别注意被动柔韧性的发展；而从第二阶段开始，必须着手进行主动柔韧性的发展。

　　为发展被动柔韧性，建议不断加大幅度，进行平稳的肌肉退让性动作。

　　为发展主动柔韧性，动力性和静力性力量练习十分有效。建议使用在动作幅度终点保持静态姿势的缓慢动力性练习。单个练习持续时间在很大程度上决定了其有效性。单个练习持续时间不仅取决于关节特征，还取决于运动员的年龄、性别。年轻滑雪运动员重复练习的次数应比成年人少50%。为获得相同的训练效果，女性训练时间应比男性短10%～20%。单个练习持续时间范围为20秒至2～3分钟。每天应进行20～30分钟的柔韧性发展练习。主动静力性练习持续时间不长，而缓慢的屈伸动作可以长时间进行。

　　为发展各个关节的活动性，应进行若干组练习。每组建议进行10～14次主动动作。在进行静力性练习时，每组练习持续时间应为6～12秒，摆动动作时间应为 10～15 秒。

在发展柔韧性时，动作速度不应过高。当动作速度适度时，能使运动员的肌肉和韧带免于受伤。

在使用重物发展关节的最大活动性时，重物重量应不超过运动员伸展肌肉力量水平的 50%。

在进行缓慢动作时，重物重量应足够大；而在进行摆动动作时，使用 1～3 千克的重物就足够了。

每次练习间的休息时间应能确保运动员在进行下一次练习时身体能力得到了恢复。

休息时间长短取决于练习性质、训练时间、参与的肌肉数量，可以为 10 秒到 3 分钟不等。

但是，两次练习间的休息时间不应过长。长时间休息后，运动员的身体会凉下来，这会导致关节活动性下降。

单个练习间的休息间隔可以进行低强度练习。

每天进行 2 次、每次持续 40～50 分钟的训练课程，可以在两个月内显著提高柔韧性。

当前，生物力学刺激方法被广泛用于增加关节的活动性。生物力学刺激是在最大或中等压力下产生的肌肉活动的振荡模式。振荡模式会使得肌肉张力增加，其中的血液循环增强，疼痛得到消除。

建议用于发展柔韧性的练习

起始姿势：背靠体操墙站立，双手抓住头部后面的栏杆。沿体操墙栏杆向下移动双手，弯腰到水平位置，并回到起始姿势。

同样动作，弯到水平位置以下。

起始姿势：背对体操墙站立，双手在头部高度抓住栏杆。将躯干向前探，并交替将右（左）腿弯曲着向前伸，伸直双臂下。

同样动作，但是起始姿势改为下蹲，双手向上抓住体操墙栏杆。

起始姿势：双脚分开与肩同宽，双手放在腰上。依靠膝盖弯曲向后倾斜，双手触摸脚后跟。

同样动作，但是不弯曲膝盖。

起始姿势：双腿分开，双手放在头后。将体重从一条腿转移到另一条腿上，交替改变支撑姿势。保持头部和背部笔直，使肘部向后分开到最大。

起始姿势：立正。向前弓步走，手放在膝盖上。

同样动作，手向前伸。

起始姿势：单腿站立，另一条腿在膝盖高度支撑在体操墙上。向后弯曲躯干到水平位置，并向抬高的腿弹簧式下弯，逐渐增大动作幅度，交换腿。

同样动作，另一条腿在腰部高度支撑在体操墙上。

起始姿势：单腿站立，另一条腿在平衡木的水平部分。弹簧式向平衡木上的腿下压躯干，随后交换支撑腿。在下压时，双腿不要弯曲膝盖。

同样动作，交替向两条腿弹簧式下压。

起始姿势：坐在地板上，两腿伸直并拢。将躯干向前下压，不断增加动作幅度。

同样动作，双腿分开，与肩同宽。

2.5　协调性发展方法和手段

协调能力是人类快速、准确、经济、灵敏地解决意外发生的运动问题的能力，在很大程度上由肌肉记忆，即中枢神经系统记住动作并在必要时进行复制的特性所决定（Н. А. Бернштейн，1991）。

协调能力有以下几种表现形式：

——区分各种动作特征的能力；

——掌握和改变新动作的能力；

——保持动态和静态平衡的能力；

——自动放松肌肉的能力。

协调能力的表现取决于以下因素：

——中枢神经系统因素；

——其他身体素质的发展水平；

——运动训练水平；

——早前掌握技能的数量和复杂性；

——个人特征。

协调能力的水平还取决于运动行为与环境的对应关系。

从生理学角度来看，灵敏性是由中枢神经系统的协调作用及其活动性决定的。良好的灵敏性是改进新动作和运动行为的重要先决条件。

在发展协调能力时，建议使用以下教学方法：

——任务逐渐复杂化；

——采用不寻常的起始姿势；

——使用多样化和多变的动作；

——引入干扰因素。

分为一般灵敏性和专项灵敏性。

在发展一般灵敏性时，使用一般训练练习。使用与各种运动任务相关的体育游戏来提高灵活性也是十分有效的。突然停下和突然转弯跑、转弯跳跃跑、侧身和倒着跑、各种接力赛等形式都得到了广泛使用。在不加入新元素、一直使用同一种练习方式的情况下，灵敏性的培养和改进效果会降低。

在训练期的开始阶段发展灵敏性时，滑雪者不应感到疲累，因为在进行练习时，必须使动觉和神经紧张起来。练习应当在先前训练的明显疲劳感消失以后进行。

从训练的夏秋季开始，训练计划中应包括在疲劳背景下进行的灵敏性练习。在发展一般灵敏性时，建议进行 1~2 组、每组 7~8 个练习、每个练习持续 12~15秒的训练。

沿长距离滑行的滑雪运动员一定会经过下坡、转弯等需要特殊灵敏性的地段。借助辅助和专项训练练习（单板或单个滑轮通过转弯），可以很好地发展专项灵敏性。此类练习包括在崎岖地形上滑、滑轮或滑雪。可以使用体操练习的技巧运动作为辅助练习。

轮滑练习对发展灵敏性特别有效。为进行这样的训练，可以将 10~12 个障碍桩置于同一条线上，彼此间距离为 1~1.5 米。滑雪者应以之字形单腿、双腿或两腿交叉通过这些障碍桩。

在训练滑雪运动员的过程中，单独发展灵敏性的训练课程不多。早操和每天的训练课程中都应包括灵敏性发展练习。在少年时期发展灵敏性最佳，因此应足够重视年轻滑雪者此种素质的发展。

灵敏性与其他身体、心理素质紧密联系在一起，这些素质最终决定了体育成就的水平。因此，灵敏性只能在很有限的范围内能转移到相关运动中（B. H. Платонов，1983）。在训练越野滑雪运动员时，应特别注意为发展专项灵活性进行的专项训练练习。建议从训练期的春夏阶段开始进行灵敏性训练，每次训练进行 1~2 组、每组 8~10 次的训练。每个练习间的休息时间为 60~90 秒，每组间的休息时间为 2.5~3 分钟。

为确定灵敏性水平，应使滑雪者克服各种不同的障碍赛道。运动员完成所有运动动作所花费的总时间就是衡量灵活性的标准。所用时间反映了解决运动问题的速度和顺序。

协调能力受专业化感知（蹬地时的施加力的感觉、蹬地时间、不同天气条件下的雪况）的影响。

当完成下列方法规定时，协调能力的发展会更加强化：

促进更高协调性水平的单个能力的针对性发展（反应速度、对不断变化条件的适应等）；

在技术上正确研究用作训练手段的运动技能（否则其将成为新错误的来源）；

改善促进协调能力显著提高的分析器的功能；

提高所使用身体练习的协调复杂度（Е.И. Иванченко，1997）。

在发展协调能力时，应通过改变支撑面积和除去视觉信息（闭眼、戴墨镜）来加大身体练习的难度。在越野滑雪中，滑雪技术要素能否得到高质量表现在很大程度上取决于在各种身体姿势（静态和动态）下保持稳定性的能力。

在开始从事滑雪运动时，运动员经常会产生肌肉协调性紧张，即肌肉从紧张到放松的过渡过程缓慢的问题。

应当记住，过度肌肉紧张会对完成运动任务产生负面影响，并会加大改进动作技术的难度，增加动力资源并导致过早疲劳。在进行已经掌握得很好的身体练习时，可能会产生协调性紧张。在滑雪运动员对本赛季主要赛事过于重视，以及更换了滑雪设备和雪地、雪槽条件的情况下也会产生协调性紧张。

使用精神自我调节法、集中注意力于肌肉放松、不施加大力缓慢进行放松肌肉的练习、在没有压过和结冰的雪槽上滑行、进行按摩疗程有助于消除协调性紧张。

建议用于发展灵活性的练习

跳远，背朝跳跃方向。

助跑并交替用左右手掷球，改变助跑速度和长度。

原地向后跳。

倒跑。

加速跑，每过2~3秒改变方向（向前、向左、向右、向后）。

前滚翻并倒跑。

体育（篮球）和户外游戏。

障碍跳跃跑。

侧身向前跳（交替右、左侧向前），然后倒跑3~4秒。

同时双手或单手单脚玩两个篮球。

抛2~3个网球。

在进行训练课程和比赛时，滑雪运动员表现出很高的协调能力。肌内和肌间协调是决定协调能力水平的最重要因素。合格的运动员具有很高的协调能力。协调能力能够快速激活所需运动单位，确保增效肌和拮抗肌的最佳相互作用以及肌肉从紧张向放松的快速有效转变（В. Н. Платонов，2005）。

为在越野滑雪比赛中取得成功，滑雪运动员必须具有良好的协调性，以便在沿雪道滑行时，在考虑到地形和当前状况的情况下，瞬间改变滑雪技术。

在发展和改进协调能力时，应在轻松和困难的不同条件下进行练习。一般认为，高资质滑雪运动员在进行接近最大难度，年轻滑雪运动员在进行最大难度40%～75%的练习时，其协调性会得到发展和改进。练习建议在早操和训练课程开始时进行。在训练期应特别注意协调性的发展和改进，最开始要以较低的强度进行练习，然后不断增加练习强度，直到接近最大强度或最大强度。进行复杂的协调练习时，练习时间应较短；若协调练习较简单时，则可延长练习时间。在从事越野滑雪的整个阶段，都应不间断发展和改进协调性。协调能力发展水平与训练时间和强度有关。当练习持续时间较短（5～7秒）时，应使重复次数达到14次；当练习持续时间长（≥15秒）时，重复次数应减少至3次。进行练习时，中间休息间隔应为2～2.5分钟。这样的休息间隔应能确保滑雪者的身体能力得到恢复，并可以高质量地完成下一项任务。若任务是在疲劳条件下进行练习，则休息时间可以延长。在疲劳滑雪时，滑雪者会在需要的时候集中精力。练习间的间隔可以进行消极或积极休息。进行积极休息最为有效，可以进行肌肉放松、低强度滑行，为高质量地完成练习调整好心态。

建议用于发展协调能力的练习

体育游戏。

杂技元素。

转弯、转体跳。

转体360°跳。

网球。

改变方向下坡跑。

拍手俯卧撑。

穿梭跑。

单杖滑轮滑、滑轮或滑雪。

平衡是运动员在进行各种动作和身体练习时保持身体姿势稳定的能力。在体育实践中，分为静态平衡（静态姿势保持平衡）和动态平衡（在各种动作中保持平衡）。

在保持某种姿势时，人的身体发生晃动，结果无法保持身体静止不动。人体晃动幅度取决于平衡功能的完善程度。该功能越完善，人体晃动幅度越小。身体得到很好训练的运动员具有很高水平的平衡感。

有两种已知的培养平衡的方法。

第一种，在训练课程中使用困难条件下进行的、有助于平衡发展的练习。进行练习时，不应试图让身体静止不动。通过在失去平衡时尽快恢复到稳定姿势可以获得良好的效果。

第二种，在训练课程上分别改善负责保持平衡的分析器（前庭分析器和运动分析器）。在改善前庭功能时，应使用直线和角度加速练习。

高运动资质、精通滑雪技术的越野滑雪运动员在沿雪道滑行时，不会感觉保持平衡很困难，这一点与滑雪技术掌握得不好的年轻滑雪运动员不同。

在滑雪时，主要是依靠踝关节和膝关节的运动保持平衡。

在体育和日常生活中，动作完成的准确性取决于人对空间的感知程度，也就是说，当提高动作的准确性时，空间感也会得到改善（В. М. Зациорский，2009）。

为发展平衡能力，建议进行特定任务。一开始，滑雪者的任务是以较低步频、较大步长通过一个路段；下一个任务则必须以较高步频、较短步长通过相同路段。接下来，应根据所谓"任务近似"法逐渐使任务完成条件相似（В. С. Фарфель，1975）。以这种方式进行平衡发展练习要比重复进行同一种练习更为有效。

建议用于发展平衡的练习

起始姿势：双脚分开与肩同宽，面对位于小药球上的平衡板。跳上平衡板，双脚分开与肩同宽，通过平衡手臂、腿和躯干保持平衡。

同样动作，但是在保持平衡时，向各个方向转体。

同样动作，但是站上平衡板后下蹲，借助手臂和躯干保持平衡。

起始姿势：站在圆桶上，通过平衡手臂来保持平衡。保持平衡，沿直线在滚动的圆桶上运动。

同样动作，但是背部朝前运动。

同样动作，但是脸和背部交替朝前运动。

保持平衡，踮脚尖沿倒过来体操凳的狭窄部分行走。

保持平衡，沿倒过来双人凳的狭窄部分行走。

保持平衡，背同伴沿倒过来的体操凳行走。

起始姿势：同伴们单腿站立，侧对彼此，互相抓住彼此右（左）手手腕。向自己方向拉或使同伴失去平衡。

在下坡单腿滑滑轮、轮滑或滑雪，另一条自由腿在后。

同样动作，但是另一条自由腿在侧面。

在下坡闭眼单腿滑滑轮、轮滑或滑雪，另一条自由腿在后。

单腿通过下坡结束时的转弯。

2.6　滑雪运动员有氧能力和无氧能力的发展方法

在进行身体练习时，滑雪者需要能量以保证肌肉收缩过程的正常进行。为保证各种类型身体活动的正常进行，机体内有若干种能量合成系统，最终的能量底物是三磷酸腺苷（ATP）。ATP 的合成可以通过使用氧气（有氧途径）、不使用氧气（无氧途径）以及形成或不形成乳酸来进行。

乳酸厌氧阈值表明了滑雪者身体的训练水平。高训练水平的滑雪者的无氧阈值更高，有氧能量供应系统也更发达，其容量为最大摄氧量的 80%～90%。无氧阈值对应于血液中乳酸水平增加到 4mmol／L。具有较高无氧阈值的滑雪运动员能显示出更高的运动成绩。身体训练水平较差的滑雪者在心率较低时便会达到无氧阈值，这表明其有氧能量供应系统的动力不足。应注意的是，滑雪者的无氧阈值水平因人而异，因此有必要不断进行测试以确定无氧阈值。

为在越野滑雪中快速取得较高的运动成绩，一些教练会在某个年训练周期中大幅度增加周期性训练量。大幅度增加训练负荷在一开始可以提高运动成绩，但慢慢会导致适应能力受到抑制，使运动员的运动成绩停止增长，缩短运动员表现高水平成绩阶段的时间，并使运动员的身体出现病理变化。这种情况是因为，在训练期间，一方面违反了训练量和训练强度间的比例关系，另一方面破坏了运动员的能量潜力。

近年来，在高资质滑雪运动员的训练系统中，男子在年训练周期的训练负荷稳定在 11 000～12 000 千米，女子稳定在 10 000～10 500 千米的水平。

以下指标会影响越野滑雪比赛的结果：

最大摄氧量值；

无氧（乳酸）阈值水平；

动作经济性。

若正确地组织训练过程，则滑雪运动员的最大摄氧量和无氧阈值水平会增加。经济性地完成滑雪技术要素的能力是可以经过训练的，但在很大程度上是一种与生俱来的素质。即使在身体功能指标发展水平不高的情况下，具备经济性沿雪道滑行能力的滑雪者仍可表现出较高的运动成绩（尤其是在长距离比赛中）。完成滑雪技术要素的经济性取决于骨骼肌收缩和放松的速度及神经对肌肉的兴奋速度等。

从训练期的夏秋阶段开始，长时间有氧能力训练课程中应包括在疲劳背景下进行的加速运动。同时应尽力保持滑行技术的正确性。

在培养和改进训练方法的长期过程中，通过增加训练的强度、合理组合一般身体训练和专项身体训练手段，可能会进一步提高运动成绩。优化滑雪运动员的训练过程，即意味着在长期训练期间找到训练量和训练强度的正确比例，优化组合所采用的手段方法，以及发展滑雪运动员的主要素质。

训练强度不仅通过指标（时间、速度、占比赛速度百分比、步频等）来表征，还通过身体对训练负荷的反应即身体功能变化来表征。训练负荷对身体的影响由心率、耗氧量、运动后过量氧耗、外周血中乳酸和尿素的浓度及激素指标来监测。训练强度是每单位时间内进行训练量。这意味着每单位时间内完成动作越多，训练强度就越大（Н. Г. Озолин，1970）。

不断增加训练量和训练强度是不可能的。当进行大量高强度训练时，滑雪运动员的身体没有时间得到恢复造成训练效率低下。

耐力是滑雪运动员的主要素质，因此其发展和改进始终至关重要。在比赛时蹬坡、中途加速、冲刺加速时，运动功率会显著增加，并且接近最大值。运动员拥有高能力的前提条件是其植物性神经系统的功能（心血管和呼吸系统）达到很高的水平，从而能为工作肌肉提供动力营养。

越野滑雪运动成绩提高的前提是具有发达的专项耐力，因此有必要用大量时间来培养此种素质（А. И. Семейкин，2007）。专项耐力被认为是运动员在其专业化要求规定的时间内有效完成专项负荷的能力。训练量、训练强度及训练方法的最佳组合会促进专项耐力的提高。

为发展耐力，首先必须奠定一般身体素质的基础，然后在改进专项耐力时，逐渐增加训练负荷，转向更高强度的训练（Н. Г. Озолин，1984）。在制定训练大纲时应考虑到，为期两个月的专项训练结束后，耐力组成部分可能会在1.5个月后恢复到初始水平。

在发展一般耐力和专项耐力时，进行有氧性质的训练；而在发展速度力量或速度耐力时，则进行无氧性质的训练。

为提高身体的有氧能力，使用以下训练方法：匀速训练法、交替训练法、重复训练法和间歇训练法。

为提高越野滑雪者的身体素质，使用不同的专项训练方法（表2-6-1）。

表 2 - 6 - 1　基本训练方法

方法	训练时间（h）	心率（bpm）	训练性质	发展素质	休息性质
匀速训练法	2 ~ 3	110 ~ 150	连续	一般耐力和专项耐力	
远距离训练法	≤ 1	160 ~ 180	连续	一般耐力和专项耐力	
交替训练法	1.5 ~ 2	140 ~ 180	连续	一般耐力和专项耐力	改变负荷
重复训练法	≤ 1	120 ~ 140	非连续	速度耐力	消极
间隔训练法	≤ 1	120 ~ 150	非连续	速度耐力	消极
圆周训练法（速度力量训练）	≤ 11.5	120 ~ 140	非连续	力量耐力和速度耐力	消极，放松肌肉的练习
游戏训练法	≤ 11.5	140 ~ 170	非连续	速度和速度耐力	
比赛训练法	取决于任务	160 ~ 180	非连续	速度耐力	

匀速训练法

在年训练周期的所有阶段都使用匀速训练法，以逐步提高一般耐力、专项耐力、力量耐力和力量水平，并改进滑雪技术。在此期间，训练负荷在强度上没有明显变化。但是，在崎岖地形上滑行时，训练负荷不会是相同的，因此，术语"匀速训练法"在某种程度上是有条件的，且仅表示训练方向。在使用匀速训练法进行训练时，心率控制在 110 ~ 150bpm，这可以允许长时间进行训练。为此，使用跑步、上坡模仿跑、滑滑轮或滑雪等方法。在使用此训练方法时，主要生理作用表现为心血管和呼吸系统功能的改善，组织氧气消耗能力的增加。

在实践中，使用以下各种匀速训练法：

——在平坦或略微崎岖的地形上进行发展一般耐力的低强度训练，训练负荷的增加仅通过增加训练时间来实现；

——在平坦或略微崎岖的地形上进行中等强度的训练，使滑雪运动员的身体为进行速度耐力发展训练做好准备；

——在崎岖地形上进行低强度训练，其中通过增加训练时间和地形崎岖程度来增加训练负荷；

——在崎岖地形上进行中等强度的训练，使滑雪运动员的身体为进行速度和速度耐力发展训练做好准备。

交替训练法

交替训练法用于发展耐力。训练负荷以 145 ~ 176bpm 的心率进行，滑行速度为比赛速度的50% ~ 90%。此种训练方法比间隔训练法能更好地提高有氧运动能力。通过这种方法进行的训练可以增强专项耐力和力量耐力。交替训练法的必要条件之一是从一种强度到另一种强度的平稳过渡。通过进行交替训练，有助于改善心血管和呼吸系统的功能，增加最大耗氧量，并加速新陈代谢。

交替训练法的主要手段是慢跑、上坡模仿跑、以不同强度滑滑轮或滑雪、在平地和上坡进行跳跃练习等。

交替训练法的示范方案：

方案1：以不同强度交替滑行。在蹬坡时增大强度，以增加训练负荷。

方案2：低、中等强度交替滑行（蹬坡时以中等强度滑行）。

方案3：不同强度的滑行与以接近最大强度蹬坡交替进行。建议在备赛时使用。

交替训练法是主要训练方法之一。此种方法可以改变训练负荷，不同运动资质的滑雪者在所有训练阶段都会对其加以使用。当训练水平较高时，交替训练法可用于改进战术技术。

当通过交替训练法训练发展耐力时，应将训练距离划分为一定长度的路段。所有路段应以不同的强度滑行。在示例1中，开始时第一个低强度路段滑行时的心率指标应为 140 ~ 150bpm，而在快结束时第四个强度路段，心率指标应提高至 170 ~ 180bpm。在示例2中，开始时第一个高强度路段的心率指标应为 170 ~ 180bpm，在第四个低强度路段心率应降至 140 ~ 150bpm。

示例1：

——第1路段：心率 140 ~ 150 bpm；

——第2路段：心率 150 ~ 160 bpm；

——第3路段：心率 160 ~ 170 bpm；

——第4路段：心率 170 ~ 180 bpm.

示例2：

——第1路段：心率 170 ~ 180 bpm；

——第2路段：心率 160 ~ 170 bpm；

——第 3 路段：心率 150 ~ 160 bpm；

——第 4 路段：心率 140 ~ 150 bpm.

重复训练法

使用重复训练法有助于发展专项耐力，提高速度和节奏。此训练法应主要在比赛期使用。

当使用重复训练法发展速度和速度耐力时，应重复进行练习，强度为最大强度的90% ~ 100%。休息间隔时间应充足，使身体得到恢复并在不降低强度的条件下进行接下来的练习。在发展年轻运动员的速度素质时，应在不超过200米长的路段上进行训练。

重复训练可以在不同长度路段上进行（长于、短于或等于比赛距离）。心率模式应基于比赛心率来制定。训练期间的心率应比比赛心率高 5bpm。

休息应持续到心率降至 90 ~ 100bpm 为止。此类训练应谨慎、适量地进行。

每堂课应包括在 30 ~ 100 米长路段上进行的速度发展练习（30 米 × 2 或 3 组；60 米 × 2 或 3 组；10 米 × 1 或 3 组）。

训练课上使用更长的训练路段（200 ~ 400 米）时，短距离运动员的速度训练量应为 1800 ~ 2000 米，而中长距离滑雪运动员的速度训练量应为 2500 ~ 3500 米。

重复训练时的心率应高于间隔训练时的心率。

当心率低于比赛心率时，该训练负荷不会对专项耐力的发展产生所需要的效果。一组中的重复次数取决于运动员要参加比赛距离的长度。短距离运动员的重复次数应比长距离滑雪运动员少。

使用重复训练法进行训练时，建议考虑以下几点：

路段长度和重复次数应能使运动员以大于比赛速度的速度通过；

通过各路段的滑行时间和休息时间应计时。当滑行速度降低时，训练应中止；

练习完成总时间应为最短比赛距离用时的 1/3 ~ 2/3；

休息时间应足够长，以使运动员可以以计划速度重新进行加速；

在开始使用重复训练法进行训练时，训练路段长度应很小；随着运动员训练水平的提高，增加训练路段长度。

通过重复训练法进行的训练负荷总量应明显小于间隔训练法。

间隔训练法

间隔训练法的制定基于心脏搏出量在完成相对紧张训练后的暂停过程中增加的现象。

在使用间隔训练法进行训练时，应重复进行持续时间较短的练习。

间隔训练法既有优点，也有缺点。大量使用间隔训练会导致心血管和中枢神经系统训练过度。

心率模式的制定应以在比赛中主要距离上的心率数据为基础。休息时间取决于心率恢复到 120 ~ 140bpm 所用的时间。这之后才能开始进行下一步的工作。单个练习的持续时间不应超过 1 ~ 2 分钟。根据训练路段长度，休息时间为 45 ~ 90 秒，心率在路段开始时为 120 ~ 140bpm，在路段结束时为不超过 170 ~ 180bpm。若在训练路段开始和结束时心率过高，心脏搏出量会减小，从而导致训练效果打折扣。

若在开始滑行下一个路段前，心率降至 90 ~ 100bpm，则这种训练就变成了重复训练。

在训练年轻运动员时，建议有限地使用这种训练方法并在严格监督下使用。

在以周为单位的小训练周期中，高资质滑雪运动员从 5 月至 8 月应每周进行 1 次间歇训练，从 9 月至 11 月每周进行 2 次。在比赛期，间歇训练次数取决于参赛数量。参赛数量多时，不建议进行间隔训练。

建议高资质滑雪运动员以下列方式进行间隔性训练：

蹬坡跑或滑滑轮、滑雪 4 次，每次 5 ~ 6 分钟；

在崎岖地形以同样方式进行练习 5 次，每次 5 分钟；

蹬坡模仿跑或滑滑轮、滑雪（女子 5 公里，男子 10 公里）。

对于青少年，建议在上坡进行 1、2、3 分钟的间歇训练。两次练习间的休息时间应为练习时间的一半。

目前，顶尖教练员在以间隔方法举行训练时，将其分为慢速和快速两种。

在进行慢速间隔训练时，用低于比赛中主要距离上的心率滑行通过训练路段，且每次练习间的休息间隔较短。当心率达到 140 ~ 150bpm 时滑行下一个路段。

用这种方法进行训练有助于心血管系统的发展，主要用于训练的初始阶段。

当进行快速间歇训练时，心率可以达到更高的水平，休息时间也可更长。当心率达到 120 ~ 130bpm 时，滑行下一个路段。

此类训练有助于腿部肌肉的发展和专项耐力的改进，在比赛期进行。

通过重复或间歇方法进行训练时，可通过的路段数量取决于训练阶段、运动员的状态等。

比赛距离越短，在相同长度路段上每组需要进行的重复次数越少。

通过训练路段时的心率越高，通过的训练路段应越少。

以重复训练法通过的路段总长度应小于间隔训练法。

在发展无氧能力时，旨在提高糖酵解能力的练习应在高运动后过量氧耗和短休息间隔的情况下进行。当休息时间短于 20 秒时，训练是连续进行的。若训练负荷一开始每次重复间的休息间隔大于 40～50 秒，则随着训练计划的进行，每次重复后休息间隔应减少 10 秒。若不减少休息时间，在低运动后过量氧耗下进行的训练将刺激呼吸过程并抑制糖酵解。通过以连续或分组方法进行的训练有助于糖酵解系统功能的提高。

使用连续训练法时，随着训练量的增加，ATP 再合成的糖酵解途径逐渐取代了有氧运动，并且训练负荷对滑雪运动员身体的影响变得复杂。

当训练过程的任务是通过增加肌糖原储备来增大有氧过程能力时，年轻滑雪运动员的训练时间不应超过 20～25 分钟，高资质运动员应为 40～45 分钟。若有必要动员肝糖原，则年轻滑雪者的训练时间应增加到 40～60 分钟，而高资质滑雪运动员应持续 60～120 分钟。全面提高有氧过程能力的训练课程的长度应为 3～4 小时。随着有氧能力的增强，建议通过乳酸和心率指标来评估训练负荷的强度。

在训练期发展有氧能力时，建议在春夏阶段使用匀速训练法进行训练，夏秋季的训练课程中包含使用交替训练法进行的训练。从训练期的夏秋季开始，训练课程中应包括使用间歇训练法进行的训练。

在发展有氧耐力时，应采用不同的增加有氧能量供应过程功率和容量的方法进行训练课程。进行持续时间长且经常重复的练习或进行大量持续时间短的练习，即滑滑轮或滑雪通过 60～80 千米的距离或进行间歇性训练（10～12 次，每次 1.5 千米，两次练习间休息 3 分钟）时，可达到此目的。

进行大量有氧训练对于发展外部呼吸和动作中所涉及肌肉利用氧气的能力非常重要。进行这样的训练后，运动员体内糖原储量增加，脂肪被动员起来，代谢过程会得到改善。然而，过度有氧运动会导致身体的过度疲劳。训练过程中出现疲劳的最初迹象是：心率和呼吸频率增加，收缩期血液量和心输出量减少。有氧负载过度会导致不必要的深度疲劳，并导致恢复过程急剧减慢（В. Д. Моногаров，1994）。

对越野滑雪者而言，局部有氧耐力非常重要。应不断注意增强局部有氧耐力。从训练期的后半段开始，建议在训练过程中加入多次蹬陡坡或在平地和中度陡度的斜坡上利用重物增加阻力的滑滑轮训练。进行此类练习可显著增加血流量，并刺激对氧气的利用。

在训练高资质滑雪运动员以显著提高其有氧运动能力时，其发展性小周期中应包括 3~4 次加量训练，这有助于提高心血管系统的能力并改善呼吸；而对于运动资质较低的运动员，在发展性小周期中最多计划两次这样的训练。

在训练专攻短距离的滑雪运动员时，有氧训练（尤其是与无氧代谢阈值相对应或低于无氧代谢阈值的负荷）量应少一些。过多的有氧训练会导致快肌纤维数量减少，而快肌纤维是人体对耐力训练的适应性反应的一部分（P. Мохан 等，2001）。

在使用分组训练法时，若两组训练间的休息时间过长，则训练的复杂程度降低，且主要是通过无氧能量供应进行的。

为在训练过程中发展滑雪运动员的速度能力，使用针对短距离的小周期训练是有效的。这是因为，在疲劳感持续增长的条件下进行大量和高强度的训练时，会出现矛盾。使用单个小周期进行速度训练可消除这种矛盾。在速度性小周期训练课程中，以最大强度或最大强度 85%~95% 的强度进行 10~90 秒的练习。在进行训练时，变化性很重要，这会使所谓"速度障碍"延迟出现。为了确定以最大强度和接近最大强度训练时的休息时间，建议使用表 2-6-2 中的数据。

表 2-6-2　取决于训练强度的两次练习间的休息时间（В. Н. Платонов，2005）

训练时间（s）	训练强度（%）	休息时间（s）
10	95~100	40~90
10~20	95~100	60~120
	85~95	40~55
30~40	95~100	90~180
	85~95	60~110
50~60	95~100	110~200
	85~95	80~120

在训练期秋冬阶段的各个小周期和比赛期，进行"肌红蛋白"间歇性训练会产生良好的效果。肌红蛋白是氧气从血液的血红蛋白到细胞线粒体的主要载体。在实现运输功能前，新的、连接的肌红蛋白部分将其氧气供应给线粒体。因而，机体内的肌红蛋白储量在训练负荷的影响下可以增加 40%~60%，可被视为辅助基质。"肌红蛋白"训练的实质可以归结为在短路段上重复进行 10 秒的训练，休息间隔也为 10 秒。训练强度不应达到最大或次最大值（必须避免在

磷酸肌酸或糖酵解模式下进行训练），但应足够大，重复次数应足以使身体进入最大摄氧量模式。此训练的代谢本质归结为以下事实：在最大摄氧量模式下工作时，肌红蛋白主要为肌肉提供氧气。在完成10秒的训练后，工作停止；在10秒的休息期间，氧气和肌红蛋白各个部分结合在一起。然后从头开始重复这一流程。

为发展越野滑雪运动员的速度素质，还应定期以最大强度进行若干次（17～19次）持续15～20秒的练习，中间休息4～6分钟。在休息时，进行旨在伸展放松肌肉的练习。

在比赛期，当制订旨在提高成年越野滑雪运动员最大有氧能力的训练计划时，应在训练计划中加入间歇性训练。建议训练路段长度：12月——600～800米，1月——800～1000米，2月——1200～1400米，3月——1500米；高资质滑雪运动员最高可达3000米。训练速度应为最大速度的85%～90%。两次重复间的休息间隔应为3.5～4分钟。

为发展最大无氧能力，越野滑雪者的训练过程中应包含间歇性训练。间歇训练法用于发展专项耐力，其实质是中间休息时间有限的重复训练。对于年轻运动员，此种训练使用应限量。在以下长度路段上进行训练最为有效：12月——450～500米，1月——650～700米，2月——800～900米，3月——1000米，高资质运动员——1500米。训练速度为最大速度的95%～97%。建议不断减少单个练习间的休息时间。在4次通过路段时，一组中两个路段滑行之间的休息时间应为6、4、2分钟，而每组间休息18～20分钟。

还有另一种有效提高速度耐力的方法。训练计划应使每一交替路段都比前一个训练路段短或长度相同。单独练习之间的休息时间应较短。每组中的路段长度合起来的总长度应接近所计划参加比赛的距离长度（表2-6-3）。

表2-6-3 建议速度耐力发展训练的路段长度和不同路段
长度时的休息时间（В. Н. Платонов，2005）

	路段长度（米）				
	400	800	1500	5000	10000
路段1（m）	200	300	500	1500	3000
休息（s）	15	20	30	30	45
路段2（m）	100	200	400	1500	3000
休息（s）	10	15	20	30	45

	路段长度（米）				
	400	800	1500	5000	10000
路段3（m）	100	100	300	800	1500
休息（s）		10	10	20	30
路段4（m）		100	200	800	1500
休息（s）		10	10	20	30
路段5（m）		100	100	400	1000

从生理学角度来看，越野滑雪中肌肉工作所需能量有三种类型的来源：有氧、无氧乳酸和无氧非乳酸。

有氧能源是以碳水化合物和脂肪被空气中的氧气氧化为前提的。由于滑雪运动员体内有大量的葡萄糖和脂肪储备并能够无限制地消耗大气中的氧气，有氧训练的开展是逐步进行的，在开始后2~5分钟可达到最大值。有氧能源的功率要比无氧能源小，在越野滑雪中可为持续时间较长的工作提供能量。

在进行紧张的有氧训练时，每个加速间的休息时间可以较短也可较长。当休息时间较短时，训练分组进行。当进行6~8次重复时，每个练习持续时间应为3~8分钟，强度为最大强度的90%~92%，乳酸浓度应为6~7mmol／L，恢复时间为2~4分。

当休息时间较长时，训练中应包括一组持续8~20分钟的加速练习。当进行4~5次重复时，加速速度为最大速度的75%~85%，乳酸浓度应为4~5mmol／L，每次练习间的恢复时间为5~6分钟。当运动员自我感觉良好时，建议这样的训练每周进行1~2次。

无氧乳酸来源与肌糖原和肝糖原的储量有关，糖原分解为乳酸并形成ATP和磷酸肌酸（糖酵解）。无氧能量来源在经济性上要比有氧能量来源低很多倍。机体在对工作肌肉的氧气供应不足以满足其需求时，会使用无氧能量来源。在越野滑雪中，使用无氧乳酸来源的工作持续时间为30秒~6分钟。参加测验性比赛是乳酸训练的一种。

无氧非乳酸来源在以最大强度进行持续时间短的工作（15~30秒）的能量供应中起着决定性的作用。ATP的储备以及磷酸盐化合物参与的反应能够在最短的时间内为工作器官提供大量能量。在进行旨在改善无氧过程（增加肌肉中

ATP 和磷酸肌酸的数量）的训练课程时，应考虑到这一点。

为提高糖酵解能力，应在高运动后过量氧耗且休息间隔短的条件下进行练习。提高糖酵解系统能力的训练可以连续或分组进行。具有良好身体状态的滑雪运动员在一次训练中可以进行 20～22 次持续 30 秒的加速或 13～15 次持续 60 秒的加速。随着训练负荷的增加，有氧途径逐渐取代了 ATP 重新合成的糖酵解途径，训练负荷对训练效果的影响也变得复杂。

表 2-6-4 列出了刺激运动员身体非乳酸生产力提高的训练负荷的主要参数（В. Н. Платонов，2005）。

表 2-6-4　无氧非乳酸过程功率和容量提高训练的主要参数

训练参数	作用方向	
	功率	容量
练习持续时间（s）	5～25	30～90
工作功率	最大	最大和接近最大
练习间休息间隔（min）	1.5～3	2～6
每组中练习数量	3～4	3～4
一堂课中练习组数	3～5	2～4
每组间休息间隔（min）	5～6	8～12

滑雪运动员可以在短时间内保持最大速度。随着距离的增加，滑行速度降低，施加力量也会减小。当进行重复或间歇性训练时，滑雪者的身体在短暂的休息期间会由糖原得到部分补充，乳酸水平会降低。间歇性训练是以次最大强度进行的。两次练习（路段）间的休息时间很短。在休息时，心率会部分得到恢复。在进行间歇性训练时，建议监测心率。若滑雪运动员在 10 千米距离上的比赛心率是 190±2bpm，则在进行间歇性训练时心率应为 166～170bpm 或 171～175bpm。在训练期的夏秋阶段，心率应为 170～175bpm 或 176～180bpm；在接下来的训练阶段心率不高于 180bpm。休息时间应不超过 1.5 分钟，心率应降至 120～140bpm。应当指出的是，学者和教练对于进行间歇性训练的方法尚无共识。一些人建议每次练习间的休息间隔时间应固定；而另一些人则坚信，影响此类训练的主要因素是训练路段长度、滑行时间及其次数。

在科学方法论的文献中，建议训练过程应包括慢速和快速间歇性训练。慢速间歇性训练的本质在于，滑雪者以较低的心率（比比赛心率低 15～20bpm）

滑行通过训练路段。练习间的休息间隔应持续到心率恢复至140bpm。用这种方法进行训练可促进心血管系统的发展。

进行快速间歇性训练时，以较高的心率进行训练（比比赛心率低8～10bpm）。练习间的休息间隔应持续到心率恢复至110～120bpm。用这种方法进行训练可以促进专项耐力的发展。

监督训练法是有效管理训练过程的一种手段。在使用监督方法进行训练时，应在年训练周期中对滑雪运动员训练水平的各个方面进行监督。

圆周训练法是一种运动员沿圈滑行的综合练习的训练课程的一种组织形式。圆周训练法用于提高力量和速度力量的训练水平，分组进行。此类训练主要在训练期开展。在比赛期，建议进行此类训练，以帮助运动员将力量和速度力量保持在已达到的训练水平。

游戏训练法，即借助于游戏方法进行的训练，可以发展速度、灵敏性、协调性、耐力等。游戏训练法被广泛地用于青少年滑雪运动员的训练中。竞争元素可以使运动员的身体能力得到扩展。

比赛训练法用于年度培训周期的各个阶段，是一种有效的训练方法。运动员随着自身训练水平的提高，应参加越来越多的比赛。

目前，滑雪运动员的训练方法是在一次训练课上发展一种基本身体素质（耐力、力量、速度等）。其他国家国家队的滑雪运动员在国际比赛中的成功表现表明他们采用了更有效的训练方法，即在一堂训练课上将有氧和无氧训练模式结合起来。在一堂训练课上发展不同的身体素质可以大大提高比赛时的滑行速度。

顶尖滑雪运动员运动成绩的提高是因为其在训练期大幅度增加了在雪上训练的时间。近年来，顶尖滑雪运动员在春夏训练阶段进行1～2次集训，在夏秋训练阶段进行3～5次集训。世界最顶尖的滑雪队会避免两次雪上集训之间间隔时间过长。在训练期，运动员将雪上训练量增加到2500～2800千米，在自然条件下改进滑雪技术并进行专项力量训练。雪上训练在上午进行，下午更多的时间会用于滑滑轮、在崎岖地形上跑步、骑自行车和游戏。传统的冰川集训地点为：Stren（挪威）、Selan、Riksgränsen（瑞典和挪威边界）和Ramsau（奥地利）。

在完成持续时间较短的或持续时间达2分钟的训练时应记住，此类训练是无氧训练。随着距离长度的增加，训练由无氧性质变为有氧性质。当频繁进行有氧能力发展训练时，肌肉力量会下降，因此，既能在短距离比赛上成功表现又能在中距离比赛上快速冲刺是非常困难的。为取得很好的运动成绩，运动员应在单次训练课或训练日中将几种方法组合在一起使用，即同时发展有氧和无氧能力。

在中等海拔进行集训会极大增强滑雪运动员的身体状态。在中等海拔进行集训时，必须遵守以下规定：第一阶段的适应天数在训练期的夏秋阶段为6~7天，在秋冬阶段和比赛期应减少为3~4天。

在中等海拔进行训练时，建议将集训分为4个小周期，在山上训练16~18天。在每个小周期的前3天，每天进行两次训练；在小周期的第4天，只进行一次补偿性训练。在第二个训练小周期后计划休息一天。小周期的前两天负荷最大，第三天训练负荷减少10%。从山上下来后，必须遵循以下建议：

——4天：减少负荷；

——7天：低强度、中等训练量；

——7天：高强度、小训练量。

若高山训练目的是为了在中等海拔举行的比赛上取得成功，建议将训练时间延长至3~4周，以便与植物性神经系统相适应，形成一种新的内脏神经体育活动形式。

在中等海拔进行训练时，运动员的滑雪速度都会降低。为了补偿滑雪时速度的降低，应在训练过程中加入在短路段上进行的速度训练。

建议对无氧能力进行定期测试。在进行测试时，使运动员在30秒内以最大速度蹬上10°~12°陡度的坡，在坡地上提前每隔5米标记一个路段，记录运动员在30秒内通过的路段长度。对测试结果进行分析，可以认为，通过较长路段的运动员具有较高的无氧运动能力。

利用滑轮和滑雪测试确定专项无氧能力：

滑滑轮或滑雪以最大强度在30秒内蹬上陡度为5°~6°的斜坡，记录运动员通过路段的长度。

以下测试用于确定有氧能力：

测试蹬上长度为2千米、陡度为6°~8°的斜坡的时间。

测试通过长度为10或15千米、非常崎岖不平的路段的时间。

利用以下测试确定专项有氧能力：

滑滑轮或滑雪以传统式和自由式通过长度为15千米、非常崎岖不平的路段，并记录时间。

利用以下测试确定肩带肌肉的专项有氧—无氧能力：

滑滑轮或滑雪以最大强度通过长度为1.5千米、非常崎岖不平的路段，并记录时间。

在进行有氧训练时，肌肉工作所需的大部分能量是由葡萄糖和脂肪在氧气存在下产生的。这是越野滑雪中的主要能量来源。在训练开始后的 2~3 分钟，有氧系统被打开。在进行次最大负荷训练的过程中，人体中有限的碳水化合物首先提供能量，然后，脂肪会在能量供应中起主要作用。合格的越野滑雪者拥有约 800 克的碳水化合物储备，足以进行 90 分钟的训练。人体中碳水化合物储量用完后，脂肪开始进行能量供应。在训练水平较高的滑雪者体内，脂肪在能量供应中的比例可达 80%。当进行长时间的剧烈训练时，蛋白质在能量供应中的作用增加。蛋白质占产生能量的 5%~15%。

2.7 滑雪运动员的力量训练水平对比赛成绩的影响及其监测方法

直接影响越野滑雪中专项耐力水平的重要因素是力量训练水平，即运动员长时间保持规定力量水平的能力。滑雪时会涉及大量的肌肉群。在发展力量耐力时，使用等速练习和等动力练习：以推进方式滑滑轮或滑雪，使用特殊的滑轮模拟机进行手部动作的模仿。使用这些练习来增强手臂、肩带和躯干肌肉也是适宜的。建议根据练习时间、数量和所用力大小，按照比赛的节奏来定量进行练习。滑雪对滑雪者的肌肉骨骼系统有很高的要求。在崎岖地段的雪道进行滑行时，运动员应具有足够的肌肉耐力。

身体能力是滑雪运动员在整个距离上保持比赛速度并在动作行为中始终保持稳定用力水平的能力。为保证很高的身体能力，必须发展神经细胞、神经肌肉系统和"营养保证"器官的功能稳定性。

在发展滑雪运动员的力量训练水平时，首先必须发展动态力。在接力赛、短距离比赛出发和冲刺圈、比赛最后 200~300 米距离加速时，滑雪运动员需要以最大力量蹬地。为快速通过崎岖地段的雪道，运动员应具有出色的肌肉耐力，这是以主要肌肉群高水平能力为基础的。当沿一定距离滑行时，滑步的长度和频率、手臂撑力和腿的蹬力非常重要。高速滑行是依靠腿数千次的蹬地实现的，其垂直方向的力含自身体重在内可达 130 千克，水平方向上可达 30~40 千克，而双臂撑力则为 30~40 千克。

对高级运动员来讲，提高运动成绩的条件之一是发展进行基本动作的特定肌肉群的力量。

当前，运动设备的不断改进和用机器压出的坚硬雪道使比赛速度得到了进一步的提高，因此，滑雪者专项力量和速度力量训练水平的重要性日益提高。现代越野滑雪运动员的肌肉系统比上几代运动员更为发达。专攻短距离的运动员身高很高并且肌肉发达。

同推滑滑轮的广泛使用使在夏天就能够很好地训练肩带肌肉并改进滑雪技

术，这对年轻运动员而言尤其重要。

当前，有大量的运动器材可供运动员使用，并且已开发出了许多套的专项练习，可以在进行力量训练时发展任何一个肌肉群。重在发展专项力量素质时，训练课程应以比赛速度进行，且动作线条（关节角度）应与比赛时的动作相一致，也就是说，训练条件应尽可能接近比赛条件，以确保获得最大的训练效果，这一点非常重要。为了解决这个问题，建议利用拖拽降落伞或重物进行滑滑轮或滑雪训练。

滑滑轮或滑雪进行间歇性或长距离训练时，专项力量会得到训练。在进行此类训练时，由于每次蹬地所施加的力都不大，最大力量不会得到发展。最大力量和接近最大力量只有在强阻力和多次重复的情况下才能得到训练。在利用阻力（摩托车轮胎、自行车拖曳、小型降落伞）滑滑轮或滑雪时，可以发展最大力量。

在滑滑轮或滑雪发展专项力量时，练习持续时间应为 15~22 秒，并以最大力量蹬地。当以接近最大力量进行蹬地时，练习持续时间应达 2 分钟，蹬地频率为每秒 1 个动作。滑雪者应从静止姿势开始，施加最大或接近最大力量。每次重复间的休息时间为 2~3 分钟。在每个周期建议进行 2~3 次力量训练。

年轻滑雪运动员有时会在滑轮训练上花费大量时间，牺牲掉其他的训练方式。当年轻运动员进行大量滑轮训练时，他们中许多有前途的运动员会在向成人运动的过渡中"迷失"，这主要是因为其潜在身体功能没得到及时开发。

为有效地发展身体功能和速度力量训练水平，必须进行模仿训练。

在训练期，主要训练手段是滑滑轮和在蹬坡模仿跑。之所以强调蹬坡模仿跑是运动员的一项专项练习，是因为这项练习对运动员的心血管系统有特殊要求，并与滑雪时的动作有很大的相似性。表 2-7-1 列出了男女越野滑雪运动员蹬坡模仿跑练习在年训练周期中的建议训练量。

表 2-7-1　越野滑雪运动员蹬坡模仿跑练习在年训练周期中的建议训练量

年龄（岁）	蹬坡模仿跑（km）	
	手臂交替（55~60 下/min）	手臂同时（45~50 下/min）
	男	女
9	-	-
10	10	6
11	20	12
12	35	21

年龄（岁）	蹬坡模仿跑（km）	
	手臂交替（55~60 下/min）	手臂同时（45~50 下/min）
	男	女
13	55	36
14	85	60
15	120	100
16	165	140
17	220	180
18	270	220
19	295	245
20	330	275
21	380	315
22	430	365
23	480	400
24	530	450
25	550	470
26	550	470

在选择蹬坡模仿跑的训练圈时，应使坡地长度占距离总长的1/3。

高资质滑雪运动员滑轮训练训练量的增加是影响其比赛结果的决定性因素。为保持较高的身体训练水平，应进行模仿训练。

在计划训练负荷时应知道，以相同速度进行滑滑轮、滑雪和蹬坡模仿跑时，其能量消耗是迥然各异的。若我们认为滑雪时的能量消耗为100%，则当以相同速度滑 ELPEX 滑轮时的能量消耗为88%~90%，进行蹬坡模仿跑时的能量消耗为115%~120%。

在计划训练纲要时应考虑到，在训练课程刚开始的前2~3周，当完成标准训练负荷时，会观察到力量素质和柔韧性得到了最大程度的增长，然后增长速度减慢，接着完全停下来。若在剧烈的力量训练后完全停止训练，力量指标会在1.5~2周开始后下降；而当训练课程不包含力量训练时，力量素质会在两个月内降至初始水平。

越野滑雪运动员应使自己的力量耐力在1~2月内达到最高发展水平，因此训练计划必须保证运动员在训练期的各个中周期和比赛期进行专项测验性训练。

手臂和肩带肌肉的专项力量训练水平测试建议利用"ERCOLINA"滑轮模拟机（意大利）或通过滑滑轮、滑雪进行。在模拟机上进行测试时，测试结果由双臂交替和同时工作的持续时间确定；通过滑滑轮、滑雪进行测试时，根据同推或交替推进蹬坡滑行通过的距离及其用时确定（表2-7-2、2-7-3）。

表2-7-2　利用模拟机"E RCOLINA"测试手臂力量耐力时建议时间标准

月份	工作时间（min, s）			
	手交替工作，55~60个循环/分钟		手同时操作，45~50个循环/分钟	
	男	女	男	女
5 月	4.00~4.30	3.00~3.30	4.00~5.00	2.30~3.00
7 月	6.30~7.00	4.30~5.00	8.00~9.00	4.00~4.30
8 月	7.30~8.00	5.30~6.00	9.00~10.00	5.00~5.30
9 月	8.30~9.00	6.30~7.00	10.00~11.00	6.00~6.30
10 月	9.30~10.00	7.30~8.00	11.00~12.00	7.00~7.30
11 月	10.30~11.00	8.30~9.00	12.00~13.00	8.00~8.30
12 月	11.30~12.00	9.30~10.00	13.00~14.00	9.00~9.30
1 月	12.30~13.00	10.30~11.00	14.00~15.00	10.00~10.30
2 月	≧13.30	≧11.30	≧15.00	≧10.30

表2-7-3　利用同推滑滑轮、滑雪测试专项力量耐力时建议路段长度

月份	距离（m）		每圈用时（min, s）
	男	女	
6 月	1000（2×500）	500	
7 月	1000（2×500）	1000（2×500）	
8 月	1500（3×500）	1000（2×500）	
9 月	2000（4×500）	1500（3×500）	
10 月	2500（5×500）	2000（4×500）	
11 月	3000（6×500）	2500（5×500）	
12 月	3500（7×500）	3000（6×500）	
1 月	4000（8×500）	3500（7×500）	
2 月	4500（9×500）	4000（8×500）	

　　然后建议测试下肢肌肉的专项力量训练水平。测试通过以传统式或自由式滑滑轮或滑雪进行。建议不让滑雪者用手臂撑地（仅依靠腿蹬地）（表2－7－4）。

表2－7－4　不带滑雪杖、以传统式或自由式滑滑轮或滑雪测试下肢
肌肉专项力量训练水平时建议路段长度

月份	距离（m）		每圈用时（min，s）
	男	女	
6月	1000（2×500）	500	
7月	1500（3×500）	1000（2×500）	
8月	2000（4×500）	1500（3×500）	
9月	2000（4×500）	1500（3×500）	
10月	2500（5×500）	2000（4×500）	
11月	2500（5×500）	2000（4×500）	
12月	3000（6×500）	2500（5×500）	
1月	3000（6×500）	2500（5×500）	
2月	3000（6×500）	2500（5×500）	

　　对获得的结果进行分析，确定此阶段的专项力量训练水平，并对下一阶段各滑雪者的训练计划进行调整。

　　在比赛条件下，运动员不仅应能够保持较高的滑行速度，还必须能够在某些路段上提高平均距离速度，以顺利完成战术任务。这对速度耐力提出了很高的要求。从能量供应角度来看，速度耐力要求在无氧过程活跃的情况下最大限度地调动有氧能力，因此，必须在赛季主要比赛来临前使速度耐力达到最高水平。

　　应通过在长度为1000米的路段上以最大强度进行滑雪测试，来监测速度耐力的发展水平。两次重复练习间的休息间隔应持续到心率降至120bpm（表2－7－5）。

表2-7-5　测试速度耐力时建议重复次数

月份	1000 m 重复次数		每次用时（s）
	男	女	
11 月	7	5	
12 月	9	7	
1 月	10	8	
2 月	12	10	
3 月	12	10	

越野滑雪的比赛活动要求运动员专项耐力的发展水平能够保证其在平地和坡地路段上都保持必要的速度。因此，仅仅根据平均比赛速度来监测专项耐力的发展水平是不恰当的，还要参考通过雪道平地路段和坡地路段的速度大小。为此，应在标准雪道上进行滑滑轮或滑雪测验性训练，记录通过整个距离及通过长度为100米的平地和坡地路段的时间。

在训练期测试身体训练水平和专项速度力量耐力时，使用以下测试方法：在长度为100米、陡度为7°~10°的标准斜坡上，以最大强度和规定重复次数进行带杖二步交替模仿跳，两次重复间的休息间隔为3分钟（表2-7-6）。

表2-7-6　测试速度力量耐力时建议重复次数

月份	100 m 重复次数		每次用时（s）
	男	女	
6 月	10	8	
7 月	13	11	
8 月	15	13	
9 月	17	14	
10 月	17	14	

在滑滑轮或滑雪时，评估滑雪运动员速度力量训练水平的主要标准是最快蹬上长度150米、陡度4°~6°斜坡的时间。测试中两次重复间的休息时间为3分钟。测试以传统式和自由式滑行进行。

当以传统式滑行时，在测试中进行二步交替滑行、不带杖二步交替滑行、同推和跨推。

当以自由式滑行时，在测试中进行一步一撑、两步一撑和不带杖两步一撑。

采用双杠臂屈伸测试确定手臂肌肉力量。记录30秒屈伸臂的次数和运动员最多进行屈伸臂的次数。

采用俯卧撑测试确定力量耐力。记录30秒屈伸臂的次数和运动员最多进行屈伸臂的次数。

确定手臂肌肉专项力量和力量耐力的测试在3米长的倾斜板上进行。板一端抬高90厘米，在此端固定两根带手柄的细绳。板上放置带滚轮的小推车。运动员朝前俯卧在小推车上并调整细绳长度，以使在向上拉（双臂应几乎伸直）时小推车能达到预定高度。进行测试时，运动员应仅借助手臂在小推车上沿板上下移动。记录1分钟内的重复次数和最多完成次数。

2.8　滑雪运动员在中等海拔条件下及经过山地训练后的训练方法

对利用山地进行训练的研究与备战1968年墨西哥城奥运会有关。在此届奥运会上，在山地地区长大的运动员和在中等海拔山地进行训练的运动员取得了最好成绩。然而，在慕尼黑奥运会上，长期居住在平原地区，但在备战奥运会时在中等海拔山地举行过集训的运动员成绩最好。

在制定训练大纲时应记住，在中等海拔山地条件下，越野滑雪运动员的身体会受到太阳辐射、高空气电离、低气压、低氧分压和氧气不足的影响。

山地高度存在以下几种分类：低海拔山地，中等海拔山地，高海拔山地（А. Д. Бернштейн，1967）。

低海拔山地：是海拔750～1000米的山地。在此高度进行训练时，运动员不会感到不适。只有在高负荷情况下，运动员体内才会发生功能性变化。

中等海拔山地：是海拔1000～2500米的山地。在此海拔上仅在安静状态下对运动员的身体没有过高的要求。但是在进行训练时，运动员会出现氧气不足，身体内会发生功能性变化。

高海拔山地：是海拔2500米或更高的山地。在此海拔上即使是在安静状态下，运动员也会感到氧气不足，其体内会发生功能性变化。

在训练越野滑雪运动员时，建议集训多在中等海拔山地条件下进行，少在高海拔山地和低海拔山地进行。

在中等海拔山地条件下进行集训时，运动员体内会发生如下适应性反应：

——肺换气增加；

——心搏量增加；

——血液中血红蛋白数量增加；

——血液中红细胞数量增加；

——红细胞中 2，3 - 二磷酸甘油酸酯的含量增加，会导致血液中血红蛋白上的氧气被清除；

——肌红蛋白数量增加，有利于氧气的消耗；

——线粒体的尺寸和数量增加；

——氧化酶的数量增加（Д. Колб，2003 年）。

影响运动员身体最重要的因素是：

——分压过低；

——大气压过低；

——大气密度过低。

随着高度的增加，分压降低，导致肺泡吸入的空气中的氧气量减少，结果会导致供氧不足，从而使得工作能力降低，使低强度工作时的恢复过程变得更加困难（B. H. Платонов，2005）（表 2 - 8 - 1）。

表 2 - 8 - 1　气压、氧气含量和氧气分压随高度增加而降低的水平

高度（m）	气压（Pa）	氧气分压（Pa）	
		气管	肺泡
0	1013	199	147
1000	898	175	123
2000	795	153	101
3000	701	133	81
4000	616	116	67

从山地训练的最开始，补偿机制就被动员起来以防止人体氧气供应不足。在 1000 米的海拔高度上进行剧烈训练时，就会开始感觉氧气不足了。海拔 1000 米处的最大摄氧量是平原上最大摄氧量的 96% ~ 98%。高度每增加 100 米，最大摄氧量减少 0.7% ~ 1.0%（R. A. Roberts，S. O. Roberts，2002 年）。在海拔 1500 米处，人体每 1000 米摄入氧气量减少 9.2%，乳酸指标相较于平原时增加 30%；在海拔 3000 米处，乳酸指标会增加 170% ~ 240%（B. H. Платонов，2005）。

在计划训练过程时必须考虑到：

——在中等海拔山地（高海拔山地）举行集训的数量、持续时间和频率；

——集训所需必要海拔高度（取决于训练阶段）；

——滑雪者在山地训练时所需的适应时间及回到平原后的重新适应时间；

——年训练周期中在平原和山地条件下的训练量和训练强度；

——在平原条件下训练时采用人工低氧训练（在高压氧气舱内训练）

（В. Н. Платонов，2005）。

一般认为，海拔 1500～2500 米的高度是改善身体功能最为有效的高度。大部分专家将在中等海拔山地进行训练时的适应性发展和身体功能发展动态划分为三个阶段。从 3～7 天到 8～12 天有一段急性适应期，其特征是机体功能状态变差（睡眠质量差、头痛、口干、烦躁、心率加快、血压升高、鼻出血）。从 13～15 天，机体在安静状态下的功能状态接近正常情况下的初始水平。从 20～25 天，机体会表现出很高的功能水平。

当备战在山地举行的比赛时，有两种山地训练方案（Ф. П. Суслов，1982）。

第一种方案，在山地停留时间较长，急性适应阶段训练模式较为保守，下一阶段的训练强度逐渐增加，并根据适应过程过渡到不同训练负荷。当训练合格的运动员参加在中等海拔高度举行的比赛或山地训练经验少的年轻滑雪者参加在平原条件下举行的比赛时，使用此方案。当使用此训练方案时，刚到山地的最开始 7 天，耐力发展训练的训练量应比平时减少约 15%，训练强度应减少 40%。在接下来的 7 天里，应比平时减少 10% 的训练量，同时延长晨跑时间。可以适度增加滑行通过中短路段的训练强度，但此强度应小于习惯条件下的强度。在接下来的 14 天中，耐力发展训练应和习惯条件下相同。只有在短路段训练时才应增加训练强度；在长路段滑行时，训练强度应较低，且中间休息间隔应较长。

随着滑雪者对中等海拔山地低氧条件适应能力的增强，有必要对训练过程进行个性化调整，即通过部分减少休息间隔时间来增加强度。

第二种方案，预计在中等海拔山地短暂停留 6～12 天，不降低训练量和训练强度。当在中等海拔山地停留 20～25 天时，训练量和训练强度会在急性适应和过渡适应阶段稍稍降低。具有丰富山地经验的滑雪者在比赛期会采用此方案。

为提高在平原条件下的运动成绩并保持中等海拔山地多次训练的效果，每次去高山训练时应：逐渐缩短急性适应阶段第一个小周期的持续时间，即训练强度显著降低阶段的持续时间（从 5～9 天减少到 2～3 天）；逐渐将第二个训练小周期的持续时间从 4～5 天减少到 2～3 天，也就是将训练量较为保守的 2 个小周期从 10～12 天减少到 4～6 天；在中等海拔山地训练的第一周和第二周，应保持基本条件下所熟悉的及相应训练阶段必要的训练负荷总量（±10%）；从第二个小周期开始，通过缩短休息间隔、提高训练速度来逐渐增加训练强度。

当再次到中等海拔山地时，适应过程会更快、更轻松地过去。急性适应期会持续 2～3 天。身体功能在初次中等海拔山地训练的第 20～21 天达到的水平，在第二次时需要 10～13 天就能达到。

应记住，在中等海拔山地进行训练时，大量增加训练负荷可能会导致滑雪运动员身体的过度劳累，并导致其身体能力提高阶段推迟出现（或导致运动成绩下降）。在年训练周期中，中等海拔山地训练不应超过 4 次。

来自俄罗斯的运动员在不同高度进行集训的时间为 14～30 天，来自斯堪的纳维亚、德国和其他国家或地区的运动员则为 10～14 天。意大利、法国、加拿大和美国的顶尖滑雪运动员主要生活在 1500～2000 米海拔高度的山区，因此他们更适应低氧条件。

与平原条件相比，即使在 1000 米的海拔高度上进行训练，也会导致呼吸深度和呼吸频率的增加。

建议上山之前在医生的监督下服用 10 天疗程的铁制剂来为身体补充铁元素，以更好地适应山地条件。

从训练的夏秋阶段开始，建议在出发去中等海拔山地集训前的 7 天内进行大训练量、高强度的训练，并在出发前一天进行测验性训练或比赛。

当蹬上 2200±100 米的高度时，身体能力可能会降低至平原条件下的 70%。当反复去中等海拔山地并在那里停留 3 周时，稀薄大气对身体能力的负面影响降低。

在中等海拔山地，身体对训练负荷的适应从两个方面进行：

——身体提高最大摄氧量的能力；

——功能和生理过程的经济化。

在备战赛季的主要比赛时，最后一场集训建议在中等海拔山地进行，这可以显著提高滑雪运动员身体功能的水平。应计划一个训练负荷较低的小周期作为集训的开端。建议在运动员身心能力得到完全恢复的状态下开始高山训练。

集训持续时间至少为 3 周，应在第一场比赛前 16～18 天结束。为在比赛中取得成功并最大限度地提高运动员的身体能力，建议每年在中等海拔山地进行至少 90 天的训练。在中等海拔山地条件下进行集训时，应遵守以下建议：

——将与急性适应第一阶段相对应的训练课程第一个小周期的持续时间从

6~9天逐渐减少到3~4天；

——逐渐缩短与适应过渡阶段相对应的训练课程小周期的持续时间，从5~7天过渡到熟悉的训练量水平逐渐减少到3天；

——从第二个小周期开始，通过缩短休息间隔及提高沿赛道滑行的速度和练习完成速度，逐渐增加训练强度。

以保守模式进行的两个小训练周期应从10~14天逐渐减少到4~6天。建议在中等海拔山地条件下训练的前两周使训练量保持在滑雪运动员在平原条件下所熟悉的水平（或将其降低3%~6%），并将训练强度降低10%~12%。从第二个小周期开始，应不断增加训练强度。

进行为期21天的集训最为适宜。在21天的集训过程中，前7天可以对山地条件进行很好的适应，并为第8天到14天提高训练量创造前提条件；接下来，在第15到21天，便可以使运动员的身体功能训练程度达到一个新的水平。在此期间，应计划最大训练负荷，以形成适应并稳定所达到的适应水平。若一开始训练量为2~3小时，那么在接下来的几天中应将其提至5小时。

在海拔为2700米的高度停留的前7天，乳酸水平应不超过2mmol/L。超过此指标表示身体过量负载。

在山区进行7至10天的高强度训练可能会导致心血管系统活动发生某些变化，并导致训练过度。

训练期在冰川上举行集训期间，前7天滑雪总训练量应为15~18小时，接下来7天应为18~21小时，最后7天为23~25小时。通常，第一次训练是在海拔2700米高度的山上滑雪练习，第二次训练是在1000~1200米海拔高度处骑自行车、滑滑轮、跑步、蹬坡模仿跑、跳跃跑或力量跑。应在此高度进行剧烈的速度和速度力量训练。

若在1700~2000米的海拔高度范围内进行集训后，计划参加在中等海拔山地举行的比赛，则在山上的训练期应为3~4周。在中等海拔山地进行这样长时间的停留是必要的，这样随着植物神经系统适应的同时，在复杂的气候条件下形成了运动活动一种新的内脏神经系统形式。

若在中等海拔山地条件下举行集训时，在适应期没有减少训练负荷，则滑雪运动员可能会出现身体过度劳累的状态，这被称为"第二次适应化浪潮"。这种状态可能会在到达山区13~17天时发生。为避免此种情况出现，在中等海拔山地应计划停留不超过10天。

适应程度应通过心率和血液生化检查（建议早上空腹、训练后1小时和晚上进行血液采样）来监测。

在中等海拔山地期间的心率会呈波浪式变化：前4天心率下降，第5、6天心率上升。等8、9天，心率指标再次开始下降。

在中等海拔山地的前5天里，神经过程的活动性和平衡性增加，肌肉放松困难。在中等海拔山地待5~7天后，合格的运动员就可以开始进行大量身体练习了（Р. И. Ленкова，М. И. Александрова，1977）。

在中等海拔山地条件下计划训练负荷时，应遵守下列内容（Д. А. Алипов，1974）：

——第1~6天：主动适应，在训练课上完成中等训练量和适当强度的负荷；

——第7~13天：增加训练量和训练强度；

——第14~16天：继续增加训练量，同时降低训练强度；

——第17~21天：稍稍降低训练量，同时增加训练强度。

在中等海拔山地条件下进行集训时，应遵循以下建议：

——在中等海拔山地条件下的集训开始之前，必须降低训练量和训练强度；

——在中等海拔山地条件下时，应逐渐增加每周小周期的训练负荷，使其根据训练量和训练强度交替；

——集训结束后的第一周应减少训练负荷。

实践经验表明，身体在熟悉条件下达到很高的训练水平是顺利适应缺氧环境最重要的条件。因此，运动员在前往中等海拔山地之前，其身体应已得到充分的训练。在进行教学训练课程时，应考虑运动员高山训练的经历及其在当前阶段的身体功能训练状态。但是，频繁地在中等海拔山地进行集训也不能预防过度紧张状态的产生。若无必要的初步适应，刚到山区就进行高强度训练的运动员同样会出现过度紧张的状态（Д. Колб，2003）。

经常在中等或高海拔山地进行训练的运动员，当回到平原后，其在山地达到的反应水平可持续40天或更长时间。当在6~7个月的时间里定期在中等海拔山地举行集训时，返回平原40余天后，会观察到最大摄氧量指标的增加和无氧代谢水平耗氧量的增加。

不同年龄和运动资质运动员的适应期不同。第一次到达中等海拔山地的年轻运动员对新条件的适应会比成年和高资质运动员更慢，其适应期也相应地会持续更长的时间。

考虑到训练和比赛负荷整体效果管理的复杂性和气候因素的影响，应使用各种手段对高山训练过程中运动员的心血管系统、神经肌肉系统、心理状态及其对训练负荷的耐受性进行实时和日常监测。

在中等海拔山地训练临近结束时，训练负荷应减少，否则当返回平原，在第二个训练周开始时，可能会出现身体能力下降的现象。

组织青少年运动员在中等尤其是高海拔山地举行集训，可显著提高其运动成绩。但与此同时，将山地训练纳入青少年运动员的训练讨程可能会耗尽其体内的适应性资源，使得在将来他们将无法展示出最高的运动成绩（В. Н. Платонов，2005）。

近来，运动员开始在训练间隔期到中高海拔山地居住、休息，而训练课程开始在更低的海拔高度进行。与此同时，运动员可以更有效、更长时间地适应缺氧条件。

恢复过程在很大程度上取决于均衡的饮食。女性的卡路里摄入量应为8%~10%，而男性则要比平原上高12%~15%。蛋白质、脂肪和碳水化合物的比例应为1:0.8:5。应摄入蛋白质含量高的食物，在饮食中加入足够量的含钾食物，并在训练期间及训练后（急性适应期除外）增加液体的摄入。若无禁忌情况，建议服用维生素和高剂量的抗坏血酸（每天500~600毫克）。

应分配足够的时间用于休闲，同时要特别注意恢复性活动。

人工低氧训练

其在体育实践中有两种形式：

——使用高压氧气舱训练；

——在平原条件下训练，使用专门装备制造低氧条件的小房间。

使用此类训练有优点也有缺点。在人工条件下，可以调节气压和氧气分压。同时也可以在自然条件下进行训练。当使用专门小房间时，可以使在睡眠期间处于低氧状态。

应当指出，人工低氧训练是对中高海拔山地训练很好的补充。

当使用高压氧气舱来提高运动员身体功能的训练水平时，无法对动作的时间空间及动态特征产生积极影响，也无法改进滑雪技术。

因此，应使用人工低氧训练来对中高海拔山地训练和平原训练进行补充。

高资质女滑雪者参与进行的研究表明，在内部为人工高海拔山地（超过3000米的海拔高度）条件的专门小房间居住并在平原进行训练具有积极作用（А. А. Грушин等人，1998）。这样的条件确保了训练水平的进一步提高，并同时借助低氧因素刺激了体内的造血功能。

使用高压氧气舱来提高18岁的1级、2级滑雪运动员的运动成绩和速度力量训练水平也同样有效（И. В. Листопад，1983年）。

中等海拔山地集训后滑雪者的重新适应

中等海拔山地训练后重新适应环境的过程呈波浪形发展：

12 天：高身体工作能力期（也可能没有）；

12 ~ 13 天：比赛成绩急剧降低的消极期；

14 ~ 24 天和 30 ~ 45 天：高身体工作能力期。

应指出的是，上述所指出的重新适应的节奏对不同资质的运动员来说并不具普遍性。

在此期间，身体工作能力的性质受以下因素影响：

体育专业化；

资质；

身体的个性特征；

在中等海拔山地的训练强度，尤其是第一周和最后一周的训练强度。

在重新适应过程中，身体的工作能力取决于在中等海拔山地进行训练负荷的量和强度。返回平地后，滑雪者身体机能能力的改变在很大程度上取决于在中等海拔山地期间训练负荷计划的正确性。为避免在重新适应的第 7 ~ 10 天时出现身体机能表现和运动成绩的明显下降，应降低在中等海拔山地最后一周的训练量和训练强度，并在返回平原后的第一周保持此训练量和训练强度。当进行大量高强度的训练时，重新适应期身体的工作能力会大大降低。

回到平原条件后，功能状态和运动表现不会立即就得到提高。有些运动员在开始 3 天身体状态良好，运动成绩得到了提高，但在随后的 7 天里，其身体工作能力明显下降。在这些天，不建议进行繁重的训练课程及参加比赛。身体工作能力下降阶段之后是身体工作能力提高的阶段。返回低地条件后，机能状态和身体工作能力会在第 20 ~ 25 天达到巅峰水平（Ф. П. Суслов，1995）。

大多数运动员的适应期会持续 5 ~ 6 天，但需要更长时间能量供应系统的适应性和与其他运动素质的有机联系才能达到一个新水平。

同越野滑雪运动员一起工作的实际经验表明，若在中等海拔山地进行为期 3 周的集训并合理计划训练负荷，且高山训练结束和主要比赛开始之间的间隔为 15 ~ 18 天以上并且不超过 30 天，就能够在冬季的主要比赛中取得成功。最佳参赛日期是在中等海拔山地训练后回到平原的第 15 ~ 21 天。

使用人工低氧训练时，可以将高山训练结束与赛季主要比赛开始之间的时间间隔增加到 40 ~ 50 天（В. Н. Платонов，М. М. Булатова，1995 年），虽然在训练实践中，运动员在第 12 天和第 15 ~ 21 天有非常出色的表现。

在滑雪者返回平原后，建议遵循以下训练方案：

——第一个小周期（2 ~ 4 天）：降低负荷；

——第二个小周期（7~8天）：进行中等量、高强度的训练负荷；

——第三个小周期（7~8天）：进行小量、高强度的训练负荷。

当计划参加在中等海拔高度举行的比赛时，集训在比比赛高度略高的海拔举行较为适宜。

对改变时区向西飞时开展训练过程的建议：

在向西飞（出行）之前的4天应改变作息，计划起床、开始训练课程的时间，并提前1小时熄灯；

飞行时不要睡觉；

摄入蛋白质含量高、碳水化合物含量低的食物；

避免摄入大量的食物和水；

停止喝含咖啡因的饮料。

到达集训或比赛场地后，建议进行少量的训练。晚餐应清淡，并包含高含量的碳水化合物。睡觉前，建议先洗个热水澡并做按摩理疗。

晚上使用强光时，适应过程会进行得更快。

若有可能，应计划早晨或白天出发，晚上到达。

出发当天要晚1~2小时起床。

建议在抵达后的第一天下午进行一次训练。

对改变时区向东飞时开展训练过程的建议：

在出发当天，起床时间应比平时提前2~3小时。若有可能，应计划晚上出发，早上到达。在飞机上必须睡觉。

在一周时间里逐渐改变训练时间（晚2~3小时）可促进在向东飞后运动员身体适应的过程。同样建议晚点起床和晚些用早餐。在第一天到达时，应降低训练负荷的量和强度。在飞行后开始2~3天，身体表现会下降25%~35%。因此，应大大降低这些天的训练负荷。第4天后，身体功能能力得到恢复。从第5天开始，可以增加训练量并提高训练强度。

2.9　短距离越野滑雪运动员的训练方法

国际滑雪联合会正在寻求进一步推广越野滑雪的方法。因此，滑雪比赛项目中增加了个人和团体短距离比赛，这些比赛很有观赏性，吸引了众多观众。由于距离短，这些比赛既可以在居住区，也可以在郊区举行。

对重大国际短距离比赛结果进行的分析表明，在大多数情况下，全面的和专攻短距离的女滑雪运动员都能成功地完成比赛，而男子情况有所不同：专攻短距离的男滑雪运动员在大多数情况下的表现要比全能男滑雪运动员好。在中等崎岖程度地形上举行传统式短距离比赛时，绝大多数时候都是专攻短距离比赛的滑雪者会获胜。他们能够获胜，在很大程度上是因为他们在比赛时使用自由板进行同推滑行，且具备更高的力量和速度力量训练水平。当在复杂的雪道上举行比赛时，情况会发生变化：很好地掌握传统式滑雪技术并具有很高的力量和速度力量训练水平的滑雪者会成为胜利者和获奖者。短距离比赛首先要进行预赛。根据成绩进入决赛的运动员在个人短距离比赛中一共要 4 次滑过该距离，在团体短距离比赛中则要 6 次滑过该距离。

在参加短距离比赛期间，能量供应的糖酵解有氧机制会发挥作用（B. H. Платонов，2005）（表 2 - 9 - 1）。

表 2 - 9 - 1　能量供应机制

能量供应机制	ATP 来源	ATP 再合成的性质	距离和速度
磷酸肌酸	肌肉中 ATP 和磷酸肌酸的储量	无氧	60 ~ 80 米，最大速度
糖酵解	葡萄糖和糖原分解（乳酸积累，会形成运动后过量氧耗）	无氧	300 ~ 1000 米，最大速度
有氧	葡萄糖的氧化（乳酸积累，无运动后过量氧耗）	有氧	1500 ~ 5000 米，最大速度

短距离越野滑雪运动员的速度、滑行、力量、技术和战术不同于长距离越野滑雪运动员。能否在短距离比赛中取得成功在很大程度上取决于其速度力量训练水平。当在短距离比赛中以传统式滑行时，腿蹬地结束后，后板尖几乎不会向上抬。将支撑板上的腿拉直后，运动员立即将其向前摆动。短距离比赛中的动作频率和蹬地力量远高于其他距离的比赛。在传统式短距离比赛中，在相当长的一段距离上，运动员使用的是出发版同推滑行，主要依靠强大的蹬力和非常快的动作频率来达到很高的速度。在平坦地段和平缓斜坡上，蹬地力量具有决定性意义；而在很陡的斜坡上，蹬地力量和动作频率的合理比例则至关重要。应以跳跃式蹬地来蹬上非常陡和中等陡度的斜坡，以提高滑行速度。

在短距离比赛中，滑雪者的战术技巧非常重要。在参加资格赛（预赛）时，应确保能进入前 30 名，建议采用以下方案沿比赛距离分配体力：

——沿整个距离的滑行速度实际上不发生改变；

——比赛开始和中间部分的滑行速度相同，最后部分速度增加。

在白俄罗斯共和国参加资格赛（预赛）时，成绩应能确保进入前16名。

在比赛的冲刺阶段，根据运动员及其竞争对手的身体功能训练水平来选择战术：

——滑行速度沿距离改变；

——滑行速度在距离前半程是不变的，然后增加到最大。

滑雪者是否善于正确地在整个距离上分配体力，在很大程度上决定了其运动表现（尤其是在比赛冲刺阶段）。

当身体功能和心理达到很高的训练水平后，善于正确地在距离上分配体力的运动员会成为国际比赛的得胜者或获奖者。

在训练过程中，教练经常会在比赛距离上模拟竞争情况，但这并不能完全反映比赛中的形势。发展战术思维最有效的方法是参加比赛，同最强的短距离运动员竞争。在参加比赛时，运动员应分析当前情况，并在此基础上确定自己的战术行动。在每次比赛前，教师或教练员应制订战术计划。只有当运动员对比赛中可能出现的各种情况都做好心理准备时，才能拥有战术思考的技能。建议教师或教练和运动员分析顶尖短距离运动员的战术。

在比赛中，运动成绩很大程度上取决于动作频率与蹬地力量的比例是否最佳。国际短距离比赛的获胜者和获奖者是那些能够快速出发并沿距离快速提高滑行速度的运动员。在短距离比赛的冲刺阶段，通常能在比赛的最后100米确定获胜者。具备很高的速度力量训练水平、能够快速出发、保持高节奏、合理地在某些距离段选择滑行方式并拥有完美冲刺技术的运动员会获得胜利。同样，当比赛中出现异常情况时能够快速采取正确决定的能力也至关重要。

男子短距离用时为3：20～3：40，女子为3：05～3：20。在参加短距离比赛时，无氧和有氧供应机制的相对能量贡献分别约为50%（Н. И. Волков 等，2000）。要想在短距离比赛中取得成功，运动员的有氧—无氧能量供应机制应具有很高的发展水平。在越野滑雪中，肌肉活动的能量供应是借助乳酸无氧（短距离）和有氧来源进行的（表2－9－2）。

表 2-9-2　肌肉工作的能量供应

来源	形成机制	激活到最大水平用时（s）	作用时间（s）	最大能量释放持续时间（s）
乳酸无氧	糖酵解形成乳酸	15~20	20~360	30~90
有氧	空气中的氧气氧化碳水化合物和脂肪	90~180	持续若干小时	≥120~300

乳酸能量供应系统中 ATP 的重新合成是通过葡萄糖和糖原在无氧条件下进行的分解。每分解 1mol 葡萄糖，形成 2mol ATP；每分解 1mol 糖原，形成 3mol ATP。伴随着能量在肌肉和体液中的释放，形成了丙酮酸，丙酮酸转化为乳酸。乳酸迅速分解，形成乳酸盐（В. Н. Платонов，2005）。

因此，随着肌肉中乳酸浓度的增加，无氧糖酵解过程中糖原的分解减少。

乳酸无氧系统会在其工作的第 25 秒表现出最大功率；而在第 30~60 秒，ATP 再合成的糖酵解途径会成为身体工作能量供应的主要途径（Н. И. Волков 等人，2000）。

年轻运动员的无氧能力较低。女性乳酸无氧能量供应系统的能力和容量低于男性。当女性进行最大乳酸无氧运动负荷时，其乳酸水平低于男性。高资质运动员在参加比赛时，从比赛的第 2 分钟到第 4 分钟，其乳酸无氧能量供应机制占优势。

短距离滑雪运动员时的年训练周期中，训练负荷的计划应有所不同。在训练期开始时，应进行中等强度的训练，包括力量和速度力量训练。短距离滑雪运动员在年训练周期中的训练负荷总量相比建议的长距离滑雪运动员年周期训练量减少了 10%~15%。短距离运动员力量和速度力量训练的时间增加了 20%~25%。训练短距离滑雪运动员时，不应长时间进行有氧训练。训练计划中必须包括有氧、有氧无氧和无氧训练。在发展运动素质时应考虑到，运动员的身体会适应反复重复的训练负荷，且不能使这些素质得到进一步的发展。除了进行长时间的有氧训练外，训练过程中还应包括分组进行的无氧训练。这些训练应在完成 30 分钟的热身后进行。

在短距离运动员进行力量训练时，应进行 10~15 秒的大重量练习。恢复休息时间应较长。滑滑轮或滑雪时建议使用阻力。这样的训练不仅可以发展力量素质，还可以提高协调能力和动作的经济性。进行持续 30 秒~3 分钟的间隔性力量训练可促进力量素质的发展。

间隔性有氧训练计划样板

加速滑雪：以最大强度的 70% ~ 80% 3 ~ 4 次滑过 150 ~ 170 米的距离。

匀速滑雪：以最大强度的 60% ~ 70% 进行 7 到 8 次 1 ~ 1.5 分钟的滑行，最后一次以最大强度进行。

慢速滑雪 2 ~ 3 千米。

以最大强度的 70% ~ 75% 滑雪 10 ~ 12 千米。待心率恢复至 120bpm 后，以65% ~ 75% 的强度重复进行 6 ~ 7 次 1.5 分钟的滑行。

两次重复间的休息间隔：直到心率恢复到 125 ~ 130 bpm。

低强度滑雪 3 ~ 5 千米。

间隔性无氧训练计划样板

加速滑雪：以最大强度的 85% ~ 90% 滑行 3 次，每次 250 米。

以最大强度的 75% ~ 80% 滑雪 6 次，每次 1 分钟。以最大强度进行最后一次滑行。重复间的休息间隔直到心率恢复至 120bpm。

以低强度滑雪 2 ~ 3 千米。

以最大强度的 85% ~ 92% 滑雪 10 ~ 12 千米，心率控制在 160 ~ 170bpm。休息时间直到心率恢复至 110bpm。

以最大强度滑雪 1.5 分钟。

低强度滑雪 5 千米。

建议从 8 月开始在每周小周期中青少年至多两次使用这种训练，成年运动员使用 2 ~ 3 次。

在发展所有肌肉群的力量训练水平时，必须在训练的春夏阶段开始时就进行阻力力量训练，重物阻力应为最大承受力量的 70% ~ 90%。提高了最大力量后，应继续发展力量和速度力量耐力。使用循环训练或个性化训练来发展这些素质。从 6 月开始，练习分 3 组在 40 ~ 60 秒的路段上进行。每次练习间的休息间隔为 40 ~ 60 秒，每组间的休息间隔为 5 分钟。练习强度为最大强度的 70% ~ 75%。在进行练习时，重物重量应为最大承受重量的 40% ~ 60%。从 8 月开始，某些训练中分段练习的时间可以增加到 1.5 分钟。建议在整个训练期进行循环训练。在比赛期，进行此类训练是为了让力量保持在已达到的训练水平。

在训练期开始时，发展力量和力量耐力的训练应占总训练时间的 50%。应借助循环训练、划赛艇、皮划艇、骑自行车、滑轮模拟机训练来发展这些素质。当进行这些练习时，建议发展肌肉爆发性收缩的能力。

在计划发展专项力量的力量训练时应记住，当在平地上滑滑轮或滑雪时，肌肉收缩是爆发性的，而在蹬坡时肌肉收缩则是牵引性的。当斜坡非常陡时，必须以非常快的动作频率跳跃蹬上斜坡，并努力减少蹬地时间（蹬地应快且有力）。根据 FIS（国际滑雪联合会）的规则，短距离比赛的整个距离应包括长、中和短斜坡各一个，因此对短距离滑雪者的力量训练变得越来越重要。

在训练课程开始时进行速度力量练习可以更好地发展速度力量素质，而在课程结束时进行该练习则可以更好地发展速度力量耐力。在训练课程的主要部分结束后进行速度力量练习，要比在课程主要部分开始前进行负荷量更大。

使用以下练习来发展专项速度力量训练水平：在不同陡度的斜坡进行模仿跑，在平地、陡度较小或中等陡度的斜坡借助重物或伙伴的阻力滑滑轮或滑雪。

为发展大腿肌肉，可以在陡峭的斜坡上跑步或在陡峭的斜坡上模仿跑。

为发展小腿肌肉，可以在中等陡度的斜坡上跑步或在中等陡度的斜坡上模仿跑。

练习进行强度从中等到最大不等。在非常陡峭的斜坡上应增加动作频率和蹬地速度；而在中等陡峭的斜坡上，应降低动作频率、增加步长，并强有力而快速地进行蹬地。

在训练期开始时，每周小周期中应在不同陡度的斜坡上进行 2 次加速，而在训练期中期则应进行 3 次加速。每一组应包含 3~4 个练习。练习应在 22 秒内完成。练习间的休息间隔为 80~120 秒，两组间的休息间隔应为 5 分钟。在休息时，应慢慢地走路放松或进行慢速滑滑轮。

在发展肩带的专项速度力量训练水平时，滑滑轮或滑雪进行同推或交替推进练习。在发展下肢的专项速度力量训练水平时，进行带杖或不带杖蹬坡模仿跑，不带杖有阻力或无阻力滑滑轮或滑雪。

发展专项力量耐力时使用同样的练习，但是训练路段长度增加了 2~3 千米。滑行强度为最大强度的 65%~80%。进行 2~3 组、每组 2~3 个练习。两次练习间的休息间隔为 2~2.5 分钟，每组间的休息间隔为 6 分钟。专项力量训练的主要手段是蹬坡模仿跑。在训练期开始，建议训练过程中包含跳跃练习 4~5 次，并将一次训练的时间到训练期结束时增加到 1.5 分钟，将训练次数减少到 2~3 次。在训练期开始时组数为 2~3 组，而训练期结束时则增加到 3~4 组。进行练习时建议带杖或不带杖，并进行左右腿单腿跳。

对专攻短距离的大批滑雪运动员而言，以下测试可以提供最有用的信息（И. В. Листопад, , 1983, А. А. Авдеев, 2007 年）：

以最大强度在 15 秒内进行双杠臂屈伸（r = 0.67）。

单杠悬垂，身体向前弯曲（r = 0.69）。

单杠引体向上（r＝0.49）。

以最大强度交替或同时推进滑滑轮蹬上陡度为6°～8°的斜坡（r＝0.89）。

慢跑5000米（r＝0.67）。

在模拟机"小推车"上测试1分钟（r＝0.54）。

换脚跳30次（r＝0.51）。

进行比赛性练习，如屈伸前臂，并确定承载主要负荷的肌肉（r＝0.98）、大腿（r＝0.97）和脚掌（r＝0.98）的相对力量。

测力计测试（r＝0.61）。

以下指标与比赛结果密切相关：一圈平均长度（r＝0.73）；整个距离的平均速度（r＝0.97）；冲刺路段速度（r＝0.88）；出发路段速度（r＝0.81）；训练期运动成绩与速度力量训练水平间的相互联系（r＝0.66）。

可以通过在不同长度训练路段上进行训练来发展速度耐力。为此，将1800米的短距离分为2、3或4部分，并在第1部分首先进行加速，然后在第2部分加速，然后在第3和第4部分加速。可以通过重复或间隔训练法进行加速。此类训练中的运动强度可以是最大强度的80%或最大强度。

速度训练既应在短训练路段上进行，也应在长训练路段上进行。速度训练时的休息时间取决于练习强度和训练路段长度。当进行强度为90%～100%的练习时，休息应持续2分钟或更长时间；当进行强度为80%～90%的练习时，休息时间为30～90秒。

若采用重复训练法进行训练，在1000米的路段上进行训练具有良好的效果（男子滑行8～9次，女子6～7次）。

为发展专项速度力量训练水平，在训练期和比赛期都应在每周小周期中至少2次使用模拟机设备，每次30～40分钟，同时滑滑轮或滑雪进行同推或交替推进。在训练的春夏阶段，建议低等级运动员每次训练课程在平地地段和缓坡上以最大强度进行6～7次150米的加速，而高资质滑雪运动员则进行9～10次200米的加速。同样的训练也必须在中等陡度的斜坡上进行。在随后的每个阶段，应将速度力量训练的训练量增加10%～15%。在计划训练过程时应考虑到，在进行20千米以上距离的发展性滑雪训练、参加10千米或更长距离的比赛、进行一般和专项速度力量训练的24小时后，第一运动类别的滑雪运动员不宜进行速度力量训练，因为其速度力量训练水平的恢复程度还明显不足。此类训练可以安排在发展性模式下进行距离不超过13～15千米的蹬坡模仿跑后，在进行5次、每次1000米、中间休息3分钟的速度滑雪训练后。应计划在19～21岁时大幅度提高速度力量训练负荷，因为速度力量训练水平指标的最大增长正是发生在此年龄阶段。从 14 岁开始，就应该在年训练周期的各个阶段都高度重视速度力量训练，在每周小周期内计划不少于 1 次的专项速度力量训练较为适宜。

在提高力量和速度力量训练发展水平时，低运动等级的越野滑雪运动员应在每周小周期中平均进行 2 ~ 3 次、每次持续 30 ~ 40 分钟的力量或速度力量训练，而高资质的越野滑雪运动员则应进行 3 次、每次 45 ~ 60 分钟的力量或速度力量训练。在发展力量和速度力量训练水平时，应将 50% ~ 60% 的时间用于一般发展性练习，并将 40% ~ 60% 的时间用于专项练习，而对于高资质运动员时间分配则分别为 35% 和 65%。在训练的夏秋阶段，建议将 40% ~ 45% 的时间用于一般发展性练习，将 55% ~ 60% 的时间用于专项练习，对于高资质运动员分别为 30% 和 70%。

在训练的秋冬阶段，低运动级别的越野滑雪运动员应将 35% ~ 40% 的时间用于一般发展性练习，将 60% ~ 65% 的时间用于专项练习，高资质运动员则分别为 20% 和 80%。

在比赛期，低运动级别运动员应将 30% 的时间用于一般发展性练习，将 70% 的时间用于专项练习，高资质运动员则分别为 10% 和 90%。

一组用于提高短距离滑雪者协调能力的练习

为进行练习，应分别将 10 个标志物摆在一条线上，间隔 1.0 ~ 1.5 米。

穿轮滑鞋左腿单腿在标志物间做锯齿状滑行。

右腿单腿做同样练习。

双腿同时做同样练习。

在标志物间倒换脚做同样练习。

做同样练习，双腿同时向后滑行。

做同样练习，左腿单腿向后滑行。

做同样练习，右腿单腿向后滑行。

一组用于提高短距离滑雪者动作速度的练习

为进行练习，应在地板上画一个 12 级的"楼梯"，每两级间距为 50 厘米。

可以将向前、向后及侧身跳跃任意组合在一起，以不同强度进行练习。在音乐伴奏下进行此项练习，可以获得很好的训练效果。

右侧朝前，以最大强度向前跑，并交替以左脚或右脚跨过横梯。

左侧朝前，做同样练习。

以最大强度向前跑，两脚交替跨过横梯。

以最大速度向前双脚跳过一级横梯，然后向左从"楼梯"一侧回到起点，然后再向前跳，再向左从"楼梯"的一侧回去，依此类推，直到跳到"楼梯"

的尽头。

以最大速度向前双脚跳过一级横梯，然后向右从"楼梯"一侧回到起点，然后再向前跳，再向右从"楼梯"的一侧回去，依此类推，直到跳到"楼梯"的尽头。

一组用于发展肩和前臂伸肌速度力量素质的练习

练习强度为最大强度的90%～98%。

双杠臂屈伸2组（3次，每次12个重复）。

分别用左手和右手推树（垂直物体）2组（2次，每次20个重复）。

俯卧撑2组（2～3次，每次25～30个重复）。

推举重量为最大承受重量60～70%的杠铃2组（5次，每次10～12个重复）。

双手带阻力以自由泳方式游泳4组（5次，每次20米）。

皮划艇3组（8次，每次200米）。

双臂伸直，以站姿或卧姿将药球从头后向前往远处掷5组（4次，每次30秒）。

一组用于发展肩和前臂屈肌速度力量素质的练习

练习强度为最大强度的85%～95%。

单杠引体向上5～6次，每次15个重复。

双臂伸直，将药球在头后向上向后掷4组（3次，每次30秒）。

起始姿势：弯腰站立，拿杠铃的手臂自然下垂。将杠铃举到胸前并放下：2组（5次，每次12个重复）。

起始姿势：杠铃置于胸上，将杠铃向上推举2组（5次，每次10个重复）。杠铃重量为最大承受重量的60%～65%。

皮划艇2组（5次，每次200米）。

一组用于发展小腿伸肌速度力量素质的练习

练习强度为最大强度的80%～85%。

水中跑步（水位达膝盖高度）2组（5次，每次15米）。

小腿向前摆动（水位达膝盖高度）2组（5次，每次15米）。

起始姿势：俯卧，小腿上带重量为15～20千克的重物，屈伸小腿（3组，每组5次，每次22秒）。

起始姿势：俯卧，对抗皮筋阻力伸直小腿（2组，每组5次，每次22秒）。

一组用于发展大腿伸肌速度力量素质的练习

练习强度为最大强度的90%～95%。

单腿下蹲并快速站起 2 组（5 次，每次 10 个重复）。

双腿做同样练习 2 组（6 次，每次 12 个重复）。

半蹲姿势，肩部负有重量为 20 千克的重物，向前上方跳跃 2 组（5 次，每次 6 个重复）。

起始姿势：双手叉腰，右脚踩在 40～50 厘米高处。以右腿站立，然后回到起始姿势（2 组，每组 6 次，每次 12 个重复）。

肩部负重做同样练习，重物重量为 40～50 千克。

肩扛杠铃，下蹲并快速起身（杠铃重量为最大承受重量的 20%～40%，2 组，每组 5 次，每次 12 个重复）。

右腿弓步，左腿在后脚尖点地，跳跃交换腿的姿势 2 组（每组 5 次，每次 20 秒）。

肩负重物做同样练习。重物重量为 10～20 千克。

一组用于发展躯干伸肌速度力量素质的练习

练习强度为最大强度的 80%～85%。

起始姿势：肩扛重物站立。向前倾并回到起始姿势 2 组（3 次，每次 10 个重复）。

皮划艇 2 组（15 次，每次 150 米）。

起始姿势：俯卧，双手放在头后。抬起、放下躯干 2 组（5 次，每次 12 个重复）。

弯腰，将药球经过头向后掷 2 组（5 次，每次 30 秒）。

一组用于发展大腿屈肌速度力量训练水平的练习

练习强度为最大强度的 80%～85%。

水中跑步（水位高于膝盖）2 组（8 次，每次 10 米）。

在水中将左腿或右腿前后摆动（水位高于膝盖）2 组（5 次，每次 20 秒）。

高抬腿跑 3 组（4 次，每次 20 米）。

带重量为 2 千克的重物高抬腿跑 2 组（4 次，每次 15 米）。

起始姿势：单杠悬垂。双腿伸直并向上抬起到单杠处，回到起始姿势（2 组，每组 2 次，每次 10 个重复）。

利用皮筋阻力，将左腿或右腿前后摆动 2 组（2 次，每次 20 秒）。

带 10～12 千克的重物将大腿快速抬起并慢慢放下 2 组（6 次，每次 15 秒）。

一组用于发展躯干屈肌速度力量素质的练习

练习强度为最大强度的 80%～85%。

起始姿势：仰卧，双手放在头后。做仰卧起坐 2 组（5 次，每次 10 个重复)。

起始姿势：仰卧，双腿伸直并向上抬起直到触碰到头后的地板，然后放下双腿回到起始姿势（2组，每组5次，每次10个重复）。

借助皮筋阻力进行同样的练习。

起始姿势：仰卧。同时抬起双腿和躯干2组（每组4次，每次10个重复）。

双手和双腿上各放置一个3~4千克的重物，做同样练习。

一组用于发展下肢肌肉速度力量素质的跳跃练习

练习强度为最大强度的90%~98%。

跳跃跑2组（5次，每次25米）。

原地双腿高抬腿跳2组（5次，每次15秒）。

向前移动跳跃做同样练习。

左腿单腿跳2组（5次，每次20米）。

右腿单腿跳，同样练习。

双腿蹬地过长椅跳12次，每次5米。

半蹲向前上方跳2组（5次，每次15米）。

从50厘米高度处跳下，在着地后快速向前上方跳2组（3次，每次10个重复)。

着地反弹跳，着地后蹬地并跳上高处物体（高度为50厘米）3组（5次，每次8个重复)。

助跑换腿跳2组（4次，每次20米）。

双腿蹬地跃不同高度的障碍物跳3组（3次，每次6个重复）。

带杖二步交替滑行模仿跳2组（6次，每次25米）。

不带杖进行同样练习。

立定双腿跳远4组（5次，每次10个重复）。

双腿蹬地向上跳，触碰250厘米高处的物体2组（3次，每次12个重复）。

带3~4千克的重物进行同样的练习。

每步向上跳5次，每次25米。

一组用于发展肩带肌肉专项速度力量素质的练习

练习强度为最大强度的90%~98%。

滑滑轮同推、交替推进蹬上不同陡度的坡地3组（5次，每次22秒）。

在平地上做同样练习。

借助重量为3~5千克重物的阻力，做同样练习。

在滑轮模拟机进行双臂交替推进模拟4组（6次，每次30秒）。

在滑轮模拟机进行双臂同时推进模拟 5 组（6 次，每次 30 秒）。

借助双臂和躯干同时发力，在置于倾斜板上的小推车上滑行 3 组（6 次，每次 12 个重复）。

一组用于发展下肢肌肉专项速度力量素质的练习

练习强度为最大强度的 90% ~ 98%。

在不同陡度的坡地上进行二步交替滑行模拟跳 4 组（3 次，每次 25 米）。

利用同伴阻力进行相同练习。

滑滑轮或滑雪二步交替滑行蹬上不同陡度的坡地 2 组（5 次，每次 22 秒）。

利用同伴阻力进行相同练习。

滑滑轮或滑雪交替推进滑行蹬上不同陡度的坡地 2 组（5 次，每次 22 秒）。

利用同伴阻力进行相同练习。

注：在进行上述每组练习时，每组中单个练习间的重复间隔为 1.5 ~ 2 分钟，而每组间的间隔则为 5 ~ 6 分钟。

2.10 根据最大摄氧量指标监测越野滑雪运动员的身体功能训练水平

最大摄氧量是运动员在最大负荷下每单位时间（1 分钟）所消耗的氧气量。最大摄氧量有直接取决于运动员体重的绝对指标（VO2max，L/min）和与体重成反比的相对指标（VO2max，L/min/kg）。最大摄氧量取决于氧气运输系统（呼吸系统、血液、心血管系统）和氧气利用系统（主要是肌肉）。

确定最大摄氧量的方法

使用最大值（直接法）和次最大值试验（间接法）来确定最大摄氧量。

利用直接法确定最大摄氧量时，会使用 Jaegar（德国）、Schiller（瑞士）等各制造公司生产的功率计（越野滑雪运动员最常使用自行车功率计或滑雪测功仪）和气体分析仪。在使用直接法时，被测试人应将测试练习进行"到极限"。这时，在最大负荷时下的氧气消耗为最大摄氧量。

间接法的本质是通过心率间接确定耗氧量的参数。基于在一定强度（相关系数在 0.92 ~ 0.96 范围内）下工作时最大摄氧量和心率呈线性相关，已开发出了几种间接确定最大摄氧量的方法（如肺量计）。这种相关关系以图表方式反映在相应的列线图上，并通过直接线性方程式进行描述，该线性方程式广泛用于针对未经过训练人士及周期性和非周期性体育项目运动员的科学应用目的。

以直接和间接法确定的最大摄氧量对一个人身体工作能力的定性基本相同，因此这两种方法均推荐用于实际工作中。

在使用自行车测功计确定最大摄氧量时，建议运动员完成逐级增加的负荷。

每过两分钟，负荷功率增加150kg·m/min，无休息间隔，直到由于疲劳再也做不了功。在任务的每个阶段都记录心率。为确定乳酸水平，在该任务的所有阶段都要从手指或耳垂中抽取血液。乳酸浓度的测定主要使用BIOSEN乳酸分析仪（EKF，德国）进行。使用气体分析仪系统Siller AT‑104 ERGO‑Spiro（Switzerland）米确定最大摄氧量。

专项身体工作效率和能量供应机制的测试通过专门滑轮测功计进行。运动员以自由式或传统式滑滑轮，进行负荷逐级增加的测试，直到滑到"极限"为止。测功计速度应保持不变（3m/s），初始倾斜角度为1度。每隔4分钟（一级），倾斜角度应发生变化。最大级数应为9。进行每一级负荷时，中间的休息时间应为40秒。在每一级都要记录消耗的氧气量、心率和外周血中的乳酸含量。

在训练课程和参加比赛时，滑雪运动员都不会以最大摄氧量的指标完成负荷。但是，最大摄氧量指标较高的越野滑雪运动员在比赛中能比最大摄氧量指标低的运动员消耗更多的氧气，这意味着他们能够有更好的运动表现。因此，教练应了解世界上最顶尖的精英滑雪运动员的最大摄氧量指标并将之与自己运动员的最大摄氧量指标进行比较，这一点非常重要。

具有高身体功能水平（高最大摄氧量指标）的越野滑雪运动员能够在越野滑雪中展示出非常好的成绩。女子的这一指标为4.0L/min（65～70ml/kg·min），男子为6.0L/min（80～85ml/kg·min）。

顶尖男越野滑雪运动员的最大摄氧量水平为6.0～7.0L/min（85～90ml/kg·min），顶尖女越野滑雪运动员则为4.0～4.5L/min（70～75ml/kg·min）。具有高最大摄氧量指标对于在比赛中取得成功非常重要，但取得高运动成绩的决定性条件是滑雪运动员使用自身身体功能潜力的能力。

取得高水平运动成绩的主要因素是较高的最大摄氧量水平和滑雪时动作的经济性。最强的马拉松滑雪运动员最大摄氧量的指标低于参加世界杯各站比赛的运动员。马拉松距离的比赛对滑雪者有特殊的要求，因为滑行速度并不能一直保持最大，且雪道崎岖程度较小。这样的比赛需要耐力，需要不断改变速度经济性地滑过整个距离的能力以及战术性思考的能力。滑马拉松距离时提高经济性储备重要的是在能量供应过程中增加脂肪的利用。已经发现，在高强度有氧训练的影响下，脂肪酸的氧化速度增加，且其在工作时能量供应中的作用增加。这使得可以更经济地利用肌肉和肝脏的糖原储备，将其保留起来以供比赛活动的最后阶段利用。然而，运动员身体具备高能量潜力并不能确保其在训练和比赛活动中具有很高的耐力（М. М. Булатова，1996；В. Н. Платонов，

2005）。有时，最大摄氧量为 70ml/kg·min 运动员和最大摄氧量 80ml/kg·min 以上的运动员在国际比赛当中竞争时，前者会成为获奖者。这表明，较高的功率水平和较大的能量供应容量并不是取得高水平运动成绩的决定性因素。运动成绩的提高还取决于实施因素：机动性（适应性、活动的多种方案等）、经济性和稳定性。所有这些因素都与滑雪运动员的技术、战术、身体、心理水平息息相关，且会随着其他运动素质的发展而得到改进。

最大摄氧量的最大提高发生在 16~18 岁，这之后尽管训练量和训练强度会不断增加，但最大摄氧量的增长速度也会减慢。在训练期制订年轻滑雪运动员的训练计划时，应将在崎岖地形上奔跑加蹬坡模仿跑看作发展身体功能训练水平的主要手段，并给予足够的重视。

为在比赛中保持较高的滑行速度，必须具有较高的无氧阈值。最强的滑雪运动员的无氧阈值是其最大摄氧量的 85%~95%。无氧阈值指标较高的运动员比无氧阈值低的运动员在比赛中的表现更加出色。为提高无氧阈值，在使用间隔法进行训练时，以等于或略低于无氧阈值的心率水平进行训练非常有效。

研究表明，在用自行车功率计和滑雪测功仪对高资质越野滑雪运动员进行测试时，最大摄氧量、无氧代谢阈和最大心率之间存在可靠的直接相关联系。鉴于最大摄氧量指标在自行车功率计和滑雪测功仪上的测试具有可靠的相关性，可以使用自行车功率计测试来找出最大摄氧量指标较高的有前途的运动员。自行车功率计测试非常适合用来在年训练周期的不同阶段评估无氧代谢阈水平和最大心率的变化，以及用来评估训练过程的有效性（И. В. Листопад，2010）。

2.11 通过训练期间和训练后血液的生化分析确定越野滑雪运动员身体的负载程度

机体能量供应主要有两种方式：有氧和无氧。

通过有氧方式为肌肉活动供能时，能量通过营养物质（蛋白质、脂肪、碳水化合物）的氧化和所吸入空气中的氧气产生。这些物质被氧化后主要形成二氧化碳和水，并为 ATP 提供能量。由于每单位燃烧物质的能量来源（养分储备）会提供大量能量，且生成的二氧化碳和水会通过汗水和呼吸作用从体内清除，因此人体可以长时间工作。通过有氧能量供应是一般耐力这一素质的基础。

通过无氧途径产生能量时，氧化在没有氧气的情况下进行，并且发生了所谓运动后过量氧耗，这一现象会在休息时消失。无氧氧化的主要底物是肌糖原和肝糖原，它们在体内的储量非常有限，最终产物是乳酸，当与金属阳离子相互作用时，乳酸随后形成乳酸盐，同时还为肌肉工作释放能量。产生能量的无氧方式与有氧方式在许多特性上明显不同。

首先，乳酸在肌肉和血液中积累，会干扰持续时间较长的工作，使机体酸化。其次，无氧方式的经济性更差，因为每单位糖原氧化产生的能量要比有氧氧化时几乎少20倍。因此，此种模式下出现了与糖原存储的快速消耗有关的、阻碍长时间工作的第二个障碍。但尽管如此，在周期性体育项目中，无氧方式在运动员身体的能量供应中也占有非常重要的地位。当有氧氧化产生的能量不足以完成大功率工作（高速跑、冲刺、抓举）时，无氧方式作为备用。在慢速跑步、滑滑轮或滑雪时，能量只通过有氧氧化来产生。当以更大的速度滑行时，能量供应既依靠达到最大水平的有氧氧化，也依靠无氧氧化的逐步接入。随着无氧方式产生能量的比重增加，运动员体内的乳酸含量也随之增加。根据现代概念，运动员安静状态下的乳酸水平不超过 2.2mmol/L，若乳酸水平不超过 4mmol/L，则认为该工作是在有氧区进行的。血液中乳酸浓度为 4～8mmol/L 时的工作被认为是在混合区进行，即有氧和无氧能量相对平均的区域。血液中乳酸浓度超过 8mmol/L 的工作被认为是在无氧区进行的。在此条件下，无氧氧化的比例占主导。因此，无氧区的耐力练习会相应地既动员起有氧能量供应、也动员起无氧能量供应的次最大值，以提供以最高速度滑行时所需的能量（В. Н. Платонов，2005）。

运动员能量供应的经济性和功率越高，将这些指标维持在高水平的时间越长，那么当其他条件相同时，他就可以发展并保持更高的滑行速度，他的运动成绩也越好。

在进行了需要动员糖酵解无氧能量供应系统功能的负荷后，高资质越野滑雪运动员外周血中乳酸消除的速度在一定程度上表征了其快速恢复的能力。乳酸积累量更少和利用率更高的运动员更有能力完成大量、高强度的训练负荷，相应地也能展示出更好的成绩。乳酸利用率在一定程度上是评价运动员身体快速恢复能力的标准之一，可与其他数据一起用于评估运动员的发展前景。高水平的血红蛋白和平均红细胞血红蛋白浓度（MCHC）有助于更好地利用乳酸，在为降解产物更好地供应氧气的条件下，能使乳酸从肌肉更快地扩散到血液中并从体内清除（И. В. Листопад，2010）。

有氧和无氧能力借助训练会相对得到更好的发展。通过以下事实可以证实这一点：即使是高资质的越野滑雪运动员，只要训练过程构建得正确，其有氧供应下的滑行速度也每年都会得到提高。

运动员有氧能力的提高并不是依靠其最大摄氧量的提高，而是依靠其身体能量供应的功率和经济性得到了提高，因此，提高能量供应的这两个特性应是训练工作的方向。

无氧能力不像有氧能力发展得那样好。通过发展有氧能力，实际上可以在经济的有氧模式下提高滑行速度，无须连通无氧资源。

将无氧氧化连通并直到将其最大限度地动员起来，会使速度有一定程度的提高；而当有氧能量供应下以很高的速度滑行并开始连通无氧模式产生能量时，速度可能会有更大的提高。

在训练课程时，应根据训练阶段关注每个区域的工作。这一需要是基于这样的事实，即在备赛期间，运动员的身体必须在高酸化条件下稳定地适应高效率的工作。正确规划每个区域的训练负荷可提高比赛表现。

每个区域中能保证成功发展所需素质的训练负荷持续时间对每个运动员而言不尽相同，并且取决于生理和个体特征，包括遗传特征。当安排每个区域中的训练负荷时，训练的比例、顺序及休息间隔对某些素质的提高来说具有决定性的意义。对一些运动员而言最佳的训练负荷对另一些运动员来讲可能是过量的，并可能会对身体功能状况和运动成绩的增长产生不同的影响。在计划训练负荷时必须考虑到这一点。

不同资质和不同年龄的滑雪运动员在有氧能量供应区的有效工作平均可持续25~30分钟至数小时，在混合区可持续2~3分钟至数十分钟，而在无氧区工作的持续时间则取决于乳酸水平，从几十分钟到几分钟不等。

若在混合能量供应区域，尤其是在无氧能量供应区域进行超出运动员个人能力的长时间训练负荷，会导致运动状态下滑、运动成绩下降并导致生病、受伤。

当采用间隔或重复方法进行训练时，休息时间应足够长，以使乳酸浓度降低至3.3~4.0mmol/L。

发展有氧能力的最佳方式是在有氧能量供应模式（乳酸水平3~4mmol/L）下进行长时间滑滑轮、滑雪和越野跑。在乳酸水平较低时滑行不会对任何素质的发展产生明显影响，却会促进身体的恢复。

当在一个周期中进行大量的有氧训练负荷时，会观察到工作能力即无氧能力的下降，反之亦然。

如下的年周期训练负荷比例是最佳的：乳酸水平为3~4mmol/L时的有氧区训练负荷占总训练负荷量的60%，乳酸水平为4~7mmol/L时的混合区中有助于最大摄氧量提高的训练负荷占总训练负荷的25%，乳酸水平高于8mmol/L时的无氧区训练负荷占总训练负荷的5%。年周期训练量的其余部分计划以恢复性模式下的周期性训练负荷形式进行（10%）。

训练负荷必须根据运动员的年龄、资质和身体功能状况单独进行计划。

建议使用专项测试来监测有氧和无氧能力的发展水平。

通过以下两项测试来监测有氧能力的发展水平。

第一项测试要确定有氧能量供应区中滑行速度的变化。为此，在一个月或整个训练阶段期间，需要在完成训练负荷（越野跑、滑滑轮或滑雪）后确定乳酸浓度。若研究期间滑行速度在乳酸浓度增加不明显的情况下有所提高，则所进行的工作有助于有氧能力和耐力的发展。若速度和乳酸水平保持稳定不变甚至是发生下降，则表明训练没有达到预期效果。在这种情况下，必须寻找训练工作效率低下的原因，并采取措施进行改正。

第二项测试可以确定在无氧代谢阈值水平下的滑行速度变化。该术语指的是在有氧方式产生的能量不足以满足人体的能量供应，开始主动连通无氧能量来源并导致乳酸浓度增加时的滑行速度。习惯上认为，无氧代谢阈值速度极限在乳酸水平为 4mmol/L 时产生。进行测试时，运动员匀速跑圈 3~4 次，每次跑10 分钟，中间休息间隔 1 分钟。每一次跑步时增加速度。第一次选择使运动强度对应于有氧区的速度，第二次选择约在有氧区和混合区边界的速度，第三次选择混合区的速度。每一次跑完之后，从手指抽取血液并确定乳酸浓度。然后，将获得的数据应用于坐标系，其中横坐标表示跑步速度、滑滑轮速度或滑雪速度，而纵坐标表示乳酸浓度。根据测试结果制定图表。从曲线与直线 y = 4 mmol/L 的交点开始，垂直线画到横坐标。找到的点即指示无氧代谢阈值速度。

与第一项测试相同，需要通过重复研究来确定训练负荷对有氧能力的影响。无氧代谢阈值速度的提高表明了耐力素质的发展。第二项测试比第一项测试获得的信息量更大，因为前者可以确定无氧代谢阈值速度，而无氧代谢阈值速度是根据区域分配训练负荷时的指南，因此第二项测试具有非常重要的实践意义。

使用下列两项测试来确定无氧能力。

第一项测试在测验跑中进行，确定终点时乳酸的浓度。建议在每月月底进行此项测试。

在进行第二项测试时，乳酸浓度在比赛结束后终点处确定。

所获得数据说明的内容是一样的：随着从夏季比赛到冬季比赛无氧能力的发展和运动成绩的提高，终点处的乳酸水平应会增加。若在比赛结束 30 分钟后乳酸水平降低了 40%~50%，表明运动员具有良好的训练水平；若在完成训练或比赛负荷 1 小时后，乳酸水平降低了 95%，则表明运动员的身体具有良好的恢复能力。进行负荷后其身体能更快地利用乳酸的运动员，他们的运动表现也更好（И. В. Листопад，2010 年）。在运动状态处于巅峰并在比赛中取得成功后，在终点处的乳酸浓度不应低于最大个别特征值。若乳酸浓度没有降低且运动成绩有所提高，则意味着无氧能力得到了有效的发展且运动员最大程度地利用了动员能力。

若运动成绩较低而乳酸浓度最大，表示运动状态有所下滑；若终点时乳酸浓度降低而成绩很好，则表明运动员没有能够最大限度地动员起来。

乳酸含量高表明有氧能量来源无法保证高强度身体负荷的进行。在乳酸水平约为 8mmol/L 的情况下，由于破坏了运动员动作的协调性，进行滑雪技术改进训练是不合适的。当肌肉高度酸化时，磷酸肌酸的重新合成速度减慢，在备战短距离比赛时应考虑到这一点。

当实际摄氧量比肌肉活动需氧量少得多的情况下，乳酸盐的合成会急剧增加。当在稳定的新陈代谢状态条件下工作时，在训练开始时增加了的乳酸合成及肌肉和血液中的乳酸含量将逐渐降低。

在训练有素的运动员中，从血液中清除乳酸的速度比训练不足的运动员要快。

乳酸水平测定方法在实践中得到了广泛使用。此方法信息量大，非常简单可靠。建议将其用来监测和纠正训练过程，这有助于对训练过程进行更加有效的管理，并最终促进运动成绩的顺利提高。

尿素是蛋白质代谢的产物。蛋白质在胃肠道酶的作用下分解为氨基酸，并以这种形式被吸收到血液中，其中一部分会在肝脏中形成人体所需的特定蛋白质：白蛋白、球蛋白、纤维蛋白原等。一些氨基酸在血液中循环。肌肉、肝脏、肾脏和大脑中的氨基酸含量远高于血液中氨基酸的含量。一定数量的氨基酸在人体中经历脱氨、转氨、脱羧等各种转化过程，转化的最终产物是氨、二氧化碳和水。氨有剧毒，通过形成尿素而被中和。

蛋白质、脂肪和碳水化合物的代谢是一个复杂的、相互联系的过程。在代谢的某些阶段，碳水化合物可以转换成脂肪，脂肪可以转换成碳水化合物，蛋白质也可以转换成碳水化合物。这是利用尿素指标来评估训练负荷耐受性的基础。人体对大量、高强度负荷的适应包括压力状态下固有的新陈代谢和调节机制。这种负荷的压力作用表现为肾上腺皮质激素（糖皮质激素）分泌增加。训练课程中导致尿素合成增加的过程反映了从蛋白质代谢产物（氨基酸）补充碳水化合物储备的适应性机制。人体中主要集中在骨骼肌和肝脏的碳水化合物能量资源的数量有限，只够在中等负荷下工作 1.5~2 小时。碳水化合物的补充主要是依靠蛋白质。该过程伴随着尿素的形成。因此，同依靠蛋白质的尿素的形成与碳水化合物的合成在功能上是相伴随的。肌肉活动越多，相应地便需要补充碳水化合物，于是尿素合成的强度及其在血液中的含量就越高。

这一情况是建立血液中尿素标准的基础，可以用于评估训练负荷对身体机能状态的适合程度。

血尿素是每日完成负荷耐受性的综合指标。确定早晨（空腹安静时）取样血液中的尿素水平，可以从整体上评估对前一天训练负荷的耐受性。当早晨尿素水平男性增加至 7mmol/L、女性增加到 5mmol/L 时，可以得出训练负荷过大的结论。当男性尿素含量在 6～7mmol/L 范围内、女性尿素含量在 4～5mmol/L 范围内时，表明前一天的训练负荷对人体而言是合适的。尿素含量值较低可视作运动员身体负载量不足的标志（H. H. Яковлев 等，1974）。

尿素合成与物质代谢密切相关。完成训练负荷后，人体内会发生身体工作能力的恢复和超级恢复过程。在进行训练期间，肌肉中蛋白质的分解和糖原储存的系统性减少主要发生在工作肌肉和肝脏中。分解成自身组成成分（氨基酸）的蛋白质会加入补充碳水化合物能量资源的过程，同时会有尿素的形成。这些过程会在训练过程中及其后的某个时间发生，具体取决于训练负荷的强度。在恢复过程中，主要是在夜间睡眠中，人体会经历合成代谢占主导的恢复过程，氨基酸代谢的方向也会发生变化。在超补偿阶段，骨骼肌中糖原和蛋白质的含量增加，由此人体的功能水平也会得到增强。超补偿（或过度恢复）阶段的明显程度和持续时间取决于前面所进行训练负荷的量和强度。然而，若在合成代谢过程未结束阶段（恢复阶段）使用了高训练负荷，那么恰恰相反，可能会出现对立状态：过度疲劳和过度训练。因此，及时发现运动员身体恢复不足的状态具有实际意义。只有将血液中尿素数量的数据与训练负荷的大小进行比较，才能对运动员血液中尿素的含量做出正确的阐释。

有三种对训练负荷的反应类型。

第一种反应类型的特征在于尿素量的动态变化与训练负荷之间的直接相关性。这类反应中血液中尿素的含量很少，通常连续两天不会超过平均类别标准，即 6.6mmol/L。不管是在能很好地承受大量、高强度训练负荷的高水平运动员身上，还是进行相对较少训练负荷的资质较低的滑雪运动员身上，都观察到了类似的联系性。在休息和夜间睡眠期间，新陈代谢过程会及时地从负荷阶段转换到恢复阶段的合成代谢过程，恢复阶段在第二天早晨之前结束。尿素含量与训练负荷之间的直接相关关系表明了分解代谢和合成代谢过程的平衡性，并且说明训练负荷适合于运动员的身体功能水平。

第二种反应类型，尿素量的动态变化与训练负荷间的直接联系被破坏了。随着训练负荷的进一步增加，会观察到尿素水平的反常下降，有时甚至会下降到低于初始水平。当创造条件在恢复骨骼肌蛋白（长期恢复期）、积极使用尿素（氨基酸）的同时抑制尿素的产生时，这种尿素水平的下降可能可以用恢复过程未结束来解释。对于第二种反应类型，要想结束恢复过程，必须将训练负荷减少一天。此类反应并不常见。运动员在整体自我感觉良好时却感觉进行速度训练很困难。

第三种反应类型会在高强度训练负荷的情况下观察到。受到高强度训练负荷的影响，不管接下来训练负荷量的大小，很高的尿素水平趋向于进一步增加，同时，在正常恢复的合成代谢过程减少的背景下，分解反应会占优势。这种反应类型整体上表明训练负荷的量和强度不适合于身体的功能水平。此种反应类型需要更长的恢复时间。同一名运动员可能会根据训练负荷和恢复措施的具体搭配而从一种反应类型过渡到另一种反应类型。

在参加重要比赛后的恢复阶段，日常监测的主要任务是确保恢复过程的快速进行，并使运动员的身体为后续阶段的大训练负荷做好准备。因此，此训练阶段升高和高于极限值的血尿素水平表明所建议的积极休息活动强度过大或健康状况出现了一些问题。针对这两种情况，均应采取一切必要措施，通过使用各种能够确保得到充分休息和康复的手段，来使恢复过程正常化。

在解决训练工作基本任务的基础阶段便为将来的运动成绩打下了基础。血尿素在评估训练负荷耐受性时的作用尤其重要。同时，该指标应能帮助教练回答两个主要问题：

——给运动员的训练负荷是否足够大，对其最重要的身体系统的功能是否产生了计划中的深刻影响；

——训练负荷是否过大，运动员是否处于过度紧张和过度训练的初始阶段。

通过将尿素指标与教学监测数据和其他生物医学指标进行比较，可以回答这些问题。

在训练负荷降低期，尿素水平不应超过个人标准的范围，而尿素含量的变化应符合第一类反应。在进行训练计划其余部分的恢复性工作时，以高速滑过若干路段并不会导致尿素含量的明显增加，因为这时积累的碳水化合物能量资源消耗很少，并且无须弥补由于蛋白质分解而造成的碳水化合物的不足。这一点可以通过对比赛负荷的尿素反应并不存在得到证实（Ю. Ф. Удалов，1989）。

若在训练过程中随着无氧负荷比例的增加尿素水平也开始升高，则表明碳水化合物资源不足，而为了消除这种不足开始消耗蛋白质。

运动员在进行训练负荷后身体的恢复程度建议根据晚上和早上血尿素的含量进行确定。

人体对所完成的训练负荷有四种反应类型：

类型1：晚上尿素水平为8～10 mmol/L，早上为5.5～6.5 mmol/L。这是最佳的身体反应类型。训练负荷计划正确。

类型2：晚上尿素含量很高，早上则缓慢下降。

类型3：晚上尿素含量明显降低，而早上该指标没有下降。这一反应说明运动员身体疲劳。

类型4：晚上和早上尿素水平指标相同。出现了身体的超负荷。

建议训练负荷应符合运动员在每个训练阶段身体功能的训练水平。若遵从此要求，则运动员可完成各强度区大量的训练负荷。身体功能训练水平以波浪状增长，在计划年训练周期所有阶段的训练过程时都必须考虑到这一点。训练负荷量和比赛负荷量大小不同，训练方向也不同，会引起身体不同程度的疲劳。为使滑雪运动员的身体从疲劳中得到恢复，需要不同长度的休息时间。高资质滑雪运动员的训练过程是基于这样一个原则计划的：在运动员身体未完全恢复时进行分组训练，然后进行足以使身体完全恢复的充分休息。在计划训练负荷时，必须善于定量，因为滑雪运动员通常会用身体功能能力的极限完成训练负荷。精心计划训练过程并根据滑雪运动员身体功能水平对其完成情况进行监测，这是教练工作中非常重要的方面。

训练负荷的计划必须从分析过去一个冬季滑雪运动员的比赛活动开始。为此，教师或教练应在年训练周期中绘制运动成绩和训练负荷变化图表。基于图表数据，对训练小周期和大周期中训练负荷的量和强度比例是否正确进行分析并得出结论。这之后，建议分析生化和医学监测数据。对所获得的资料进行全面分析，可以确定训练计划的优点和缺点，并对其进行相应调整。

在训练的春夏阶段开始时，应对运动员进行医学检查，同时进行深入综合体检并确定最大摄氧量值和无氧代谢阈值指标。

根据不同速度的跑步、滑滑轮和滑雪测试所获得的心率指标与乳酸浓度等数据来确定训练的强度。

应该根据所设定的任务，在每个训练阶段制定一个训练课程纲要，计划训练负荷的量和强度。

为在每个训练阶段有效地进行训练，应选择并测量若干训练圈，绘制路线并做标记，确定要测量滑雪运动员速度的路段。为控制训练负荷的强度，必须记录通过训练圈的时间，并对心率指标和乳酸浓度进行监测。

必须对完成训练负荷后滑雪运动员身体的恢复情况进行监测，确定血液中尿素的水平。为对所完成训练负荷进行分析并评估滑雪运动员的日常状态，应制定训练负荷日常监测矩阵并填写血液生化分析表格。日常监测矩阵中填写以周期方式完成的训练负荷的数据及各强度区域等级相应的训练时间和通过的公里数。在每周结束时，基于上述记录，创建根据乳酸值评估训练负荷强度的图表，并根据尿素指标创建恢复过程的动态变化图表。

利用尿素含量指标的动态变化以监测适应过程在不同的训练阶段都有其特点。在为将来运动成绩打基础的基础阶段，确定血尿素水平尤为重要。通过确定该指标，可以对以下问题做出回答：训练负荷是否适合于运动员的身体功能状态，训练负荷是否对运动员身体中最重要系统的功能产生了计划中的影响以及此影响是否过大，运动员是否处于过度紧张或过度训练的初始阶段。在重大比赛期间举行的恢复性训练中，应对恢复过程进行日常监测，以便能够对其进行有效管理。在任何训练阶段，当血尿素的含量过高甚至超过极限值，都说明恢复训练过于紧张或者健康状况出现了偏差。在这两种情况下，都应采取必要的措施使恢复过程正常化，并使用一系列手段确保适当的休息和康复。

第三章

学术研究工作

3.1 越野滑雪研究的方法手段

研究方法的选择取决于科学工作的具体任务，并取决于其使用的便利性。该方法应该具有一定的对各种伴随因素影响的抵抗力，也就是说，它应该只反映受试者由实验因素作用所引起的状态。同时，该方法应对所研究的现象具有一定的选择性，应具有容量（提供最多的信息）。该方法应具有可重复性（可靠性），即由同一实验者对同一组别运动员、同一实验者对不同（但相似）组别运动员、不同实验者针对同一组别运动员进行重复研究时得出相同结果的能力。在研究开始之前，实验者应熟练地掌握研究方法。在研究过程中，不是使用一种，而是使用若干种研究方法，这使得能够更加客观、多方面对某一现象进行研究。新方法若未经测试则不能加以使用。在研究之前，有时要求提前创建某些条件。在进行重复研究时，必须创建同首次研究相同的条件。

使用以下科学研究方法：

1. 教育学；

2. 生物力学；

3. 生物医学。

教育学研究方法包括：书面和文献资料的分析和综合；教学实验；教学观察。书面和文献资料的分析和综合是发掘运动训练最一般规律的主要方法。教学实验是专门组织的教学工作安排，目的是确定所研究现象和条件的成因及某些教育、教学、训练方法、手段和形式的教学有效性。教学实验是对所研究现象进行计划性的干预。在研究过程中根据所确立的目标，可以进行形成性或验证性的教学实验。形成性实验是计划对科学和实践中新形势的发展进行研究。验证性实验是为了验证在某些新条件下不同年龄的运动员工作时某一因素或现象的作用。

教学实验可根据其进行条件的变化程度，分为自然实验、模型实验和实验室实验。

自然实验在变化不大的条件下进行。实验参与者甚至可能都注意不到实验条件的变化。

模型实验在变化明显的典型条件下进行，这使得可以将研究现象与各种附带影响隔离开来。

实验室实验在严格的标准条件下进行，这使得能够将研究现象与环境中变化条件的影响隔离开来。

有时必须进行比较实验，以确定某种教学方法或手段的最好效果。比较实验本身又分为序贯实验和平行实验。

序贯实验通过将引入新因素后同一组学生教学过程的有效性与引入之前进行比较，为假设预定证明。

平行实验根据相同模式构建，要提前组织起两个或两个以上的成对研究组。一组使用教学训练过程组织的实验方法（实验组），另一组使用对照方法（对照组）。平行实验有直接和交叉两种。进行直接实验时，当进行一系列课程后，确定所研究因素对实验组和对照组的影响。进行交叉实验时无须创建对照组，因为成对组中的每对或是对照组，或是实验组。

当实验条件严格保持一致时，教学实验会给出精确的结果。

教育观察是借助感官并通过特殊的仪器设备，对研究对象进行系统感知。观察是获取之后用于分析归纳的事实材料的主要方法之一。同时，研究人员对此过程的干预是被排除在外的。在进行教学观察之前，应确定观察任务、确定观察对象、确定观察方法、确定数据记录方法、确定数据分析方法。在观察过程中，必须准确地感知和记录观察到的事实。教学观察的对象只能是在不干扰运动员训练过程的情况下可以记录的其训练的一些方面。教学观察分为公开式和隐蔽式两种。在进行公开式观察时，教师和运动员知道他们正在受到观察；而在进行隐蔽式观察时，要设定没有人被告知关于观察的事情。

进行观察的方法有：笔录、拍照、摄像、录音。

生物力学研究方法包括：握力计法、肌力测定法、肌动电流描记法、速度计法、加速度计法、测角术、速率测量、轮转式全景相机。这些方法已在运动生物力学中得到了很好的阐释。在研究滑雪技术时，轮转式全景相机和握力计法应用最为广泛。

生物医学研究方法包括：体型检查和人体测量术。体型检查这一外部检查可确定姿态、头和肩带位置、脊柱生理弯曲明显度、胸腔和腿部形状、肌肉发育及脂肪沉着。人体测量术可确定体重、身高、四肢长度及身体各部分的宽、深、长和圆周尺寸。在体育实践中，心率测定法得到了广泛使用，这一方法可以确定心率、心律、脉压脉量并测量血压。研究心血管系统最常用的仪器方法是心电图和心音图描记法。使用自行车功率计负载测试（PWC170 测试）和哈佛台阶试验来评估运动员身体工作的效率。在研究外部呼吸系统时，采用确定肺总容量和肺活量（VC）、分钟换气量和最大吸气量的方法。为确定对身体负荷的反应并评估训练水平，对血液 pH 值和血液中乳酸含量进行测定。

在评估身体的功能适应性时，建议遵循一定的逻辑顺序。首先应确定一组试验，利用这些试验可以以足够高的效率、可信性和可靠性来对研究参数进行评估。

使用不同方法来评估力量和发力功率大小。力量综合台是最常用的用于评估发力功率大小的设备之一。内置传感器可测量运动员力量发展的大小。但最常用的设备是三维力量综合台，能够用来测量力的垂直和水平分量。

测量力量和速度可以确定每次蹬力的功率，并能够计算诸如最大功率和平均功率之类的综合指标。

在评估负重测试中特定肌肉群训练的有效性时，所选动作应为越野滑雪运动员的专业动作。

通常，还使用一般测试来评估身体上半身和下半身的力量（仰卧推举杠铃、俯卧在长凳上抓举杠铃、杠铃深蹲或腿部推举）。

当选择试验来确定特定身体素质的发展水平时，应考虑决定其发展的生理因素。例如，在发展滑雪运动员的一项基本身体素质——耐力时，三个因素起着重要作用：

1. 最大摄氧量；
2. 无氧阈值或既可以完成训练负荷而乳酸水平又不会急剧增加的练习强度；
3. 动作经济性或有效能量到机械功的有效转换（Coyle，1995）。

最大摄氧量不仅反映了耐力发展水平，还反映了运动员的有氧训练水平和身体功能状态，利用肺活量计和气体分析仪对其进行测量。最大摄氧量显示了滑雪者机体吸取和吸收氧气的能力。最大摄氧量的最大值只能在大肌肉群参与的身体训练时确定。

为达到最大摄氧量水平的最大值，使用了下列辅助标准：

1. 最大心率 = 220 ~ 年龄 ± 10 分钟。
2. 呼吸系数（每分钟析出二氧化碳与每分钟摄入氧气的比率）大于 1.1。
3. 血浆中乳酸浓度高于 8 mmol/L。
4. 由于疲劳而无法继续进行身体负荷。

越野滑雪运动员的最大摄氧量折算成每 1 千克体重的摄氧量，这样可以更好地反映耐力的发展水平。

在测试滑雪运动员的耐力时，应使用更为专业的测功计（滑轮跑步机）。

在自行车功率计上测试最大摄氧量时，会激活不参与特定动作的各种运动单位，因此，此时的指标会比在滑轮跑步机上测试或进行跑步测试时所获得的指标低。

直接确定最大摄氧量的方法：原地跑步或跑步机，台阶试验（蹬上长凳），自行车测功负荷，滑轮跑步机测试。

定期进行重复测试使得可以对运动员的身体能力进行评估，给出个性化建议，并对训练计划进行修正。

监测身体素质水平的方法分为实验室方法和田野方法。

表 1-3-1　用于监测身体素质水平的测试

测试和方法名称	测试类型
1. 确定最大摄氧量	实验室方法
2. 确定无氧代谢阈值和有氧阈值，计算个人训练心率区域	实验室方法/田野方法
3. 建立乳酸曲线，在逐步测试中确定乳酸的最大浓度	实验室方法
4. 测试腿部肌肉的力量指标（在应变平台 "Tenzo platforma" 上跳跃）	实验室方法
5. 测试腿部肌肉的速度力量指标（两腿蹬地立定跳远、三级跳、十级跳等）	田野方法
6. 人体测量分析（生物电阻抗法、卡钳法 – 皮脂厚度测量）	实验室方法
7. 评估在稳定台、滑轮、雪板和各种器材上的协调能力	实验室方法/田野方法
8. 在手臂测功机上测试专项耐力	实验室方法
9. 评估心脏工作的形态功能特征	实验室方法

参考文献

1. Аграновский, М. А. О периодизации тренировки лыжников // Теория и практика физической культуры / М. А. Аграновский. – 1995. No 2. – С. 101103.

2. Алипов, Д. А. Развитие адаптации к спортивным нагрузкам в начальный период пребывания в среднегорье. Материалы всес. Симпозиума 《Проблемы использования условий гор в системе подготовки спортсменов высокой квалификации》 / Д. А. Алипов. – АлмаАта, 1974. – С. 56.

3. Андреев, В. Н. Конфликтология: искусство спорта, ведение переговоров, разрешение конфликтов / В. Н. Андреев. – Казань: КГУ, 1992. – 289 с.

4. Антонова, А. Н. Лыжная подготовка: учеб. пособие для студентов сред. пед. учеб. заведений / А. Н. Антонов, В. С. Кузнецов. М. : 1999. – 208 с.

5. Артемьев, В. П. Теория и методика физического воспитания. Двигательные качества / В. П. Артемьев, В. В. Шутов. – Могилев, МГУ им. Кулешова А. А. 2004. – 283 с.

6. Багин, Н. А. Лыжный спорт (гонки): Учебное пособие / Под ред. Н. А. Багина. – В. Луки, 1999. – 25 с.

7. Базулько, А. С. Биохимические основы спортивной мышечной деятельности / А. С. Базулько. – Минск: БГУФК, 2006. – 85 с.

8. Баталов, А. Г. Нормирование интенсивности нагрузки. Лыжный спорт / А. Г. Баталов. – М. : ФиС, 1986. – Вып. 2. – С. 4548.

9. Баталов, А. Г. Нормирование интенсивности тренировочных нагрузок в лыжных гонках / А. Г. Баталов. – М. : РИО ГЦИЛИФК, 1991. – С. 3841.

10. Бернштейн, Н. А. Человек в условиях среднегорья / А. Д. Бернштейн. – АлмаАта, издво Казахстан. 1967. – 238 с.

11. Бернштейн, Н. А. Роль оксигемоглобина в адаптации к гипоксической

гипоксии среднегорья // Механизмы адаптации к спортивной деятельности / Н. А. Бернштейн. – М. 1977. – С. 1415.

12. Бернштейн, Н. А. О ловкости и ее развитии / Н. А. Бернштейн. – М. : ФиС, 1991. – 288 с.

13. Бондарчук, А. П. Периодизация спортивной тренировки / А. П. Бондарчук. – 2005. – 303 с Баталов, А. Г. Нормирование интенсивности нагрузки. Лыжный спорт / А. Г. Баталов. – М. : ФиС, 1986. Вып. 2. – С. 4548.

14. Браун, Н. Подготовка лыж. Полное руководство / Н. Браун; пер. с англ. А. Немцова. – Мурманск. – 2004. – 168 с.

15. Бурдина, М. Е. Подходы к моделированию индивидуальных целевых систем соревнований в лыжных гонках в периоды подготовки к зимним олимпийским играм / М. Е. Бурдина // Теория и практика физической культуры. – 2009. No 7. – С. 30.

16. Буссарин, А. Г. Использование фтористых добавок в смазке гоночных лыж: ANALYTIC – SERIAL / А. Г. Буссарин, Ю. П. Денисенко // Теория и практика физической культуры. – 2008. – No 5. – С. 86.

17. Бутин И. М. Лыжный спорт: учебник для студентов образовательных учреждений среднего проф. Образования / И. М. Бутин. – М. : ВЛАДОСПРЕСС, 2003. – 192 с.

18. Грушин, А. С. Все о подготовке лыж / А. С. Грушин // Лыжные гонки. – 1997. – No 5. – С. 1621.

19. Верхошанский, Ю. В. Программирование и организация тренировочного процесса / Ю. В. Верхошанский. – М. : ФиС, 1985. – 176 с

20. Верхошанский, Ю. В. Основы специальной физической подготовки спортсменов / Ю. В. Верхошанский. – М. : ФиС, 1988. – 332 с.

21. Верхошанский, Ю. В. На пути к научной теории и методологии сортивной тренировки // Теория и практика физической культуры / Ю. В. Верхошанский. – 1998. No 2. – с. 2127

22. . Верхошанский, Ю. В. Организация сложных двигательных действий спортсменов // Ю. В. Верхошанский / Наука в олимпийском спорте. – 1998. No 3. – С. 822.

23. Гришина, Н. В. Психология конфликта / Н. В. Гришина. – СПб. :

Питер, 2000. – 192 с.

24. Грушин, А. А. Все о лыжах 《Atomic》 и 《Fischer》 / А. А. Грушин // Лыжные гонки. – 1996. No 1. – С. 1820.

25. Грушин, А. А. Все о подготовке лыж / А. А. Грушин // Лыжные гонки. – 1997. No 5. – С. 1621.

26. Грушин, А. А. Использование искусственного среднегорья при подготовке к соревнованиям по лыжным гонкам // Теория и практика физической культуры. / А. А. Грушин, Д. В. Костина, В. С. Мартынов. – 1998. No 10. – С. 2631.

27. Гужаловский, А. А. Развитие двигательных качеств у школьников / А. А. Гужаловский. – Минск: Нар. асвета, 1978. – 88 с.

28. Гужаловский, А. А. Проблема критических периодов онтогенеза в ее значении для теории и практики физического воспитания // Очерки по теории физической культуры / А. А. Гужаловский. – М. : ФиС, 1984. – С. 211224.

29. Гужаловский, А. А. Основы теории и методики физической культуры / А. А. Гужаловский. – М. : ФиС, 1986. – 356 с.

30. Гурский, А. В. Оптимизация средств и методов подготовки квалифицированных лыжниковгонщиков. Учебное пособие / А. В. Гурский, Л. Ф. Кобзева. – Смоленск: СГИФК. 1989. – 39 с.

31. Гурский, А. В. Лыжные гонки. Учебное пособие / А. В. Гурский, В. В. Ермаков, Л. Ф. Кобзева, Л. И. Рыженкова. – Смоленск: СГИФК, 1990. – 79 с.

32. Дворецкий, В. А. Психологическая подготовка лыжникагонщика. Учебное пособие / В. А. Дворецкий. – Смоленск: СГИФК, 2000. – 120 с.

33. Дворецкий, В. А. Выбор и подготовка современных гоночных лыж / В. А. Дворецкий. – Смоленск: РИОСГИФК. – 2002. – 43 с.

34. Дворецкий, В. А. Смазка лыж для коньковых и классических способов передвижения / В. А. Дворецкий, В. Н. Рыженков. Смоленск: РиО СГИФК. – 2002. – 23 с.

35. Демко, Н. А. Техника конькового хода и пути ее совершенствования: метод рекомендации / Н. А. Демко. – Минск, 1988. – 18 с.

36. Деркач, А. А. Педагогическое мастерство тренера / А. А. Деркач, А. А. Исаев. – М. : ФиС, 1981. – 175 с.

37. Журавлев, В. И. Основы педагогической конфликтологии / В. И.

Журавлев. – М. : Тривола, 1997. – 284 с.

38. Евстратов, В. Д. Лыжный спорт: учебник для интов и техникумов физ культуры / В. Д. Евстратов, Б. И. Сергеев, Г. Б. Чукардин. – М. : ФиС, 1989. – 319 с.

39. Ермаков, В. В. Специальная подготовка лыжникагонщика. Учебное пособие / В. В. Ермаков, А. В. Гурский, И. Т. Яковлев, О. Ю. Солодухин. – Смоленск: СГИФК, 1985. 41 с.

40. Ермаков, В. В. Становление технического мастерства лыжникагонщика: Сборник научных трудов / В. В. Ермаков. – Смоленск: СГИФК. 1979. – 76 с.

41. Ермаков, В. В. Техника лыжных ходов. Учебное пособие / В. В. Ермаков. – Смоленск: СГИФК, 1989. 77 с.

42. Зациорский, В. М. Физические качества спортсмена: основы теории и методики воспитания 3е изд. / В. М. Зациорский. – М. : Советский спорт, 2009. – 200 с.

43. Захаров, А. Д. Специальная психологическая подготовка лыжникагонщика к соревнованиям / А. Д. Захаров // Теория и практика физической культуры. 1985. No 1. – С. 1113.

44. Ильин, Е. П. Психология физического воспитания: учеб. пособие / Е. П. Ильин. – М. : Просвещение, 1987. – 287 с.

45. Киселев В. М. Подготовка спортивного резерва в лыжных гонках: метод. рекомендации / В. М. Киселев, П. М. Прилуцкий, А. П. Слонский. – Минск, 2002. – 42 с.

46. Кобзева, Л. Ф. Планирование спортивного совершенствования в лыжных гонках. Учебное пособие /Л. Ф. Кобзева. – Смоленск: СГИФК, 1998. – 115 с.

47. Колб. Д. Факторы окружающей среды // Спортивная медицина. / Д. Колб. – К. : Олимпийская литература, 2003. – С. 265280.

48. Коркоран, М. Н. Подготовка беговых лыж к соревнованиям: Пер. с франц. А. В. Зубковой. – М. : Спорт Академ Пресс. – 2002. – 143 с.

49. Кузнецов, В. В. Специальная силовая подготовка спортсменов. М. : Советская Россия, 1979. – 204 с.

50. Кузнецов, В. К. Силовая подготовка лыжникагонщика / В. К. Кузнецов. – М. : ФиС, 1982. – 96 с.

51. Ленкова, Р. И. Изучение физиологического эффекта пребывания в

условиях среднегорья лыжниковдвоеборцев. – В сб. : Обоснование современной методики подготовки и технического совершенствования в прыжках на лыжах и лыжном двоеборье. / Р. И. Ленкова, И. И. Александров. – Л. 1977. – С. 110113.

52. Листопад, И. В. Скоростносиловая подготовленность лыжниковгон – щиков разной квалификации и методика ее совершенствования : дис. канд. пед. наук : 13. 00. 04 / И. В. Листопад. – Минск, 1983. – 223 с.

53. Листопад, И. В. Взаимосвязь скорости исчезновения лактата из периферической крови со скоростью передвижения и метаболическим статусом организма высококвалифицированных лыжниковгонщиков / И. В. Листопад // Мир спорта. – 2010. No 4. – С. 3 – 7.

54. Макаренко, А. С. Коллектив и воспитание личности / А. С. Макаренко. – М. : Педагогика, 1972. – 64 с.

55. Макарова, Г. А. Медицинский справочник тренера / Г. А. Макарова, С. А. Локтев. – М. : Советский спорт, 2005. – 586 с.

56. МакДугала Д. Д. Физическое тестирование спортсменов высокого класса / Д. Д. МакДугала, Э. Унгер, Д. Грин. – Киев : Олимпийская литература, 1998. – 430 с.

57. Маликов, В. М. Об одном нетрадиционном подходе к распределению тренировочных нагрузок в подготовительном периоде лыжниковгонщиков // Современная система подготовки спортсменов / В. М. Маликов. – М. : ГЦОЛИФК. – 1974. – С. 4855.

58. Манжосов, В. Н. Лыжный спорт : учеб. пособие для вузов / В. Н. Манжосов, И. Г. Огольцов, Г. А. Смирнов. – М. : Высшая школа, 1979. – 151 с.

59. Манжосов, В. Н. Тренировка лыжниковгонщиков (Очерки теории и методики) / В. Н. Манжосов. – М. : ФиС, 1986. – 95 с.

60. Мартынов В. С. Исследование эффективности методики комплексного и раздельного развития силы и выносливости лыжниковгонщиков // Научноспортивный вестник / В. С. Мартынов, Г. Г. Чернышев. – 1990. No 1. – С. 810.

61. Масленников, И. Б. Лыжные гонки / И. Б. Масленников, Г. А. Смирнов. – М. : ФиС, 1999. – 200 с.

62. Матвеев, Л. П. Основы спортивной тренировки / Л. П. Матвеев. – М. :

ФиС, 1977. – 280 с.

63. Матвеев Л. П. Общая теория спорта и ее прикладные аспекты: учебник для завершающего уровня высшего физкультурного образования / Л. П. Матвеев. – М. 2001. – С. 324.

64. Матвеев, Л. П. Общая теория спорта и ее прикладные аспекты: учебник / Л. П. Матвеев. – 4е изд. испр. и доп. – Спб. : Лань, 2005. – 384 с.

65. Мартынов В. С. Комплексный контроль в лыжных видах спорта. – М. : ФиС, 1991. – 171 с.

66. Мелехова, М. А. Кинетика лактата в крови при напряженной мышечной деятельности / М. А. Мелехова // Проблемы оптимизации тренировочного процесса. – М. : 1978. – С. 7684.

67. Моногаров, В. Д. Генез утомления при напряженной сышечной деятельности // Наука в олимпийском спорте / В. Д. Моногаров. – 1994. No 1. – с. 4758.

68. Мохан, Р. Биохимия мышечной деятельности и физической тренировки / Р. Мохан, М. Гессон. П. Л. Гринхафф / – К. : Олимпийская литература, 2001. – 296 с.

69. Никонов, Ю. В. Подготовка квалифицированных хоккеистов: Учеб. пособие / Ю. В. Никонов. – Мн. : ООО《Асар》, 2003. – 352 с.

70. Назаров, В. Т. Биомеханическая стимуляция / В. Т. Назаров. – Минск: Полымя, 1986. – 96 с.

71. Озолин, Н. Г. Проблемы совершенствования советской системы подготовки спортсменов // Теория и практика физической культуры / Н. Г. Озолин. – 1984. No 10. – С. 48 – 50.

72. Озолин, Н. Г. Настольная книга тренера: Наука побеждать / Н. Г. Озолин. – М. : Астрель, 2003. – 863 с.

73. Петровский, А. В. Социальная психология коллектива / А. В. Петровский, В. В. Шпалинский. – М. : Просвещение, 1978. – 243 с.

74. Пальчевский, В. Н. Лыжные гонки: Новичку, мастеру, тренеру / В. Н. Пальчевский, Н. А. Демко, С. В. Корнюшко. – Минск: Четыре четверти, 1966. – 169 с.

75. Пальчевский, В. Н. Спортивная тренировка в условиях среднегорья: метод. Рекомендации / В. Н. Пальчевский, В. М. Киселев, Л. С.

Романовский. – Минск, 1983. – 28 с.

76. Пилоян, Р. А. Мотивация спортивной деятельности / Р. А. Пилоян. – М. : ФиС, 1984. – 104 с.

77. Пилоян, Р. А. Способы формирования мотивации спортивной деятельности: метод. разработка для слушателей Высшей школы тренеров, факультетов повышения квалификации и студентов ГЦОЛИФК / Р. А. Пилоян – М. 1988. – 26 с.

78. Платонов, В. Н. Физическая подготовка пловцов высокого класса / В. Н. Платонов. – К. : Здоровь'я , 1983. – 264 с.

79. Платонов, В. Н. Подготовка квалифицированных спортсменов / В. Н. Платонов – М. : ФиС, 1986. – 286 с.

80. Платонов, В. Н. Общая теория подготовки спортсменов в олимпийском спорте / В. Н. Платонов. – Киев: Олимпийская литература, 1997. – 584 с.

81. Платонов, В. Н. Гипоксическая тренировка в спорте / В. Н. Платонов, М. М. Булатова. – М. 1995. – С. 1723.

82. Платонов, В. Н. Общая теория подготовки спортсменов в олимпийском спорте: учебник для студентов вузов физ. воспитания и спорта / В. Н. Платонов. – Киев: Олимпийская литература, 1997. – 583 с.

83. Платонов, В. Н. Перспективы совершенствования системы олимпийской подготовки в свете уроков игрXXVII Олимпиады // Наука в олимпийском спорте/ В. Н. Платонов. – 2001. No 2. – С. 517.

84. Платонов, В. Н. Система подготовки спортсменов в олимпийском спорте. Общая теория и ее практические приложения / В. Н. Платонов. – К. : Олимпийская литература. – 2004. – 808 с.

85. Платонов, В. Н. Система подготовки спортсменов в олимпийском спорте. Общая теория и ее практические приложения / В. Н. Платонов. – М. : Советский спорт, 2005. – 820 с.

86. Подготовка скользящей поверхности беговых лыж //ru [Электронный ресурс] . – 2010. – Режим доступа: http: //www. ru/info/skiwaxingistruction. html – Дата доступа: 06. 09. 2010.

87. Поварницын, А. П. Волевая подготовка лыжникагонщика / А. П. Поварницын. – М. : Физкультура и спорт, 1976. – 128 с.